HARALD KORALL

Stirb Schwester

Harald Korall

Stirb Schwester

Tatsächliche Kriminalfälle

Militzke

Die in diesem Buch beschriebenen Fälle haben sich tatsächlich zugetragen. Die Darstellung folgt im wesentlichen den Abläufen der Ereignisse. Täter, Opfer und Zeugen sind dennoch nicht mit den realen Personen identisch und tragen nicht ihren wirklichen Namen. Ihre Biographien wurden vom Autor literarisch gestaltet.

Bibliografische Information Der Deutschen Bibliothek

Die Deutsche Bibliothek verzeichnet diese Publikation
in der Deutschen Nationalbibliografie;
detaillierte bibliografische Daten sind im Internet über
http://dnb.ddb.de abrufbar.

1. Auflage Taschenbuch 2003

Lektorat: Monika Werner
Umschlaggestaltung: Ralf Thielicke
unter Verwendung eines Fotos von Getty Images, München
Satz und Layout: Dietmar Senf, Christina Brückner
Druck und buchbinderische Verarbeitung:
Offizin Andersen Nexö Leipzig GmbH

ISBN 3-86189-607-9

INHALT

DER POSTRAUB VON NAUMBURG

Tod auf der Campingliege

1

Der Weg aus dem Blütengrund hinüber in die Stadt ist manchmal beschwerlich: Die Wiesen ringsum, in denen sich Unstrut und Saale vereinigen, sind nicht selten schlammig, mindestens feucht, und die bucklig gepflasterte Straße unterm Hang geht bald in einen zerfahrenen, unregelmäßig mit Ziegelsplitt ausgebesserten Fahrstreifen über. Der endet unwiderruflich an der Fährstelle. Danach führt nur noch eine graue Doppelspur durch die Wiesen, nicht viel mehr als ein Trampelpfad. Erst an den Brauereigebäuden trifft der auf die Asphaltchaussee, die kurvenreich aus den Hügeln herabkommt und dann gerade über die große Brücke hinweg in die Stadt führt.

Freilich, solange die Fähre verkehrt, ist hier draußen vor der Stadt alles einfacher, kürzer, von Frühling bis Spätherbst, außer bei Hochwasser und auch nicht in den Nächten. Für einen Fünfer (ernsthaft: damals für fünf Pfennige) bringt die Fährfrau jeden ans andere Ufer.

Hugo Gnauck kennt diesen Weg seit seiner Kindheit. Er ist ihn im tiefsten Frost wie im trockenen Sommer gegangen, fast ein ganzes Leben lang. Er hat in der Stadt seine Lehrstelle gehabt und ein paar Freundinnen; später, nach der Gefangenschaft, hat er seinem Lehrherrn, einem alten Malermeister, die Treue gehalten, dann war der Kraftverkehr der stärkere Magnet, der den besseren Lohn zahlte. Und nun ist er eben bei der Post gelandet.

Hugo Gnauck ist mittlerweile vierundfünfzig, er hat Söhne, Enkel. Er hat mit dem Vater gemeinsam den Weinberghang hinterm Haus bewirtschaftet, ein paar hundert Rebstöcke. Er hat, als Vater und Mutter kurz hintereinander starben, vom unvermuteten Erbe ein Stück Nachbarhang preisgünstig hinzuerworben. Der Wein, Wochenend- und Feierabendbeschäftigung, ist immer ein willkommener finanzieller Rückhalt gewesen. Hätte er ihn je aufgeben, gar in die Stadt ziehen sollen?

Am 4. April 1970 läuft Hugo Gnauck wieder seinen Weg durch das Flußtal entlang. Er hat Nachtschicht. Es ist noch einmal kalt geworden, sogar Schnee ist gefallen, fällt noch immer, setzt sich auf Brauen und Haaren fest. Der letzte Schnee hoffentlich in diesem Winter.

Pünktlich zweiundzwanzig Uhr erreicht Hugo Gnauck das am städtischen Ring gelegene Gebäude der Hauptpost, steht an der Personenpforte am Westausgang, legt die Hand auf den Klingelknopf am Torpfeiler. Er ist noch nie zu spät zur Arbeit gelangt, er kommt auch heute nicht zu spät, sogar exakt eine Stunde zu früh. Aber wer in der Sonnabendnachtschicht eingesetzt ist, arbeitet seine Tour auf dem Lkw allein ab, anders als bei den Nachtschichten wochentags, wo sie stets im Doppel fahren. Da ist es besser, überpünktlich zu sein und den Wagen ordentlich vorzubereiten, als hetzen zu müssen.

Hugo Gnauck steht da, wartet, schlägt nicht die Arme über die Schultern, um irgendein Frösteln zu verscheuchen. Er fühlt sich noch immer ganz gesund, niemand sieht ihm die Vierundfünfzig an, auch: Kein Rheuma, kein Kreislauf haben ihm bisher zu schaffen gemacht. Endlich hört er von innen ein Schließen, der Schlüssel bewegt sich im Schloß, und die Tür zum Posthof geht auf. Ilona hat Schicht, die schikke Jungsche, die er seit Jahren schon kennt, seit sie hier als Lehrling begann.

Warum kommst du nicht rein, das Tor ist doch auf.

Das Mädchen winkt auffordernd.

Hugo Gnauck staunt. Er ist nicht auf den Gedanken gekommen, die Tür könnte nicht verschlossen sein. Die Post ist eine ordentliche Institution, sie hat ihre exakten Regeln, Disziplin wird gerade bei ihr verlangt, penible Einhaltung der Vorschriften, Sicherheit. Wenn er sonst hier klingelt, kommt, wer gerade um die Nachtzeit Schicht hat, schließt das große Tor auf, läßt freilich die Flügel dann auf, unverschlossen. Er muß ja sowieso gleich mit seinem Barkas oder W 50 wieder hinaus.

Hugo Gnauck greift nach dem Drehgriff, öffnet, läßt das Schloß hinter sich einschnappen, dann läuft er auf die Hintertür zu.

Ob das für'n paar Tage noch mal Winter gibt?

Ich glaub's nich. Paß auf, das taut rasch, is ja jetzt schon Matsch.

Sie reden Selbstverständliches.

Hugo Gnauck geht hinter dem Mädchen her, das ihm weit vorausläuft. Er kennt hier jeden Meter Weg, gewissermaßen jeden Abstand von Möbel zu Möbel. Wievielmal hat er geholfen, sie umzustellen? Immer gab es da Gelegenheiten, sie umzuräumen. Wie oft wurden da Männer gebraucht, die anfassen konnten. Die Post ist ja nun auch mehr und mehr ein Frauenbetrieb geworden.

Hast du 'ne Zigarette, Hugo?

Hugo Gnauck sieht: Ilona, da auf ihrem Schemel vorm Postverteilertisch, hat ein leeres Zigarettenpäckchen in der Hand, Juwel Filter, schnippst demonstrativ vergeblich dagegen. Sie sagen hier alle du zueinander, kennen sogar manchmal die Nachnamen der anderen überhaupt nicht.

Hast nicht rechtzeitig vorgesorgt, Mädchen, erwidert er. Und ich fürchte, ich kann dir nicht helfen. Ich rauche doch nur Zigarren, weißt du doch, höchstens Pfeife, und selten genug. Willst du 'ne Zigarre, Ilona?

Wird eine harte Schicht, wenn nicht noch ein Wunder geschieht. So ohne Dampf.

Sie lachen.

Hugo Gnauck greift nach dem Garagenschlüssel rechts neben dem Türpfosten. Ein schmaler Wandschrank, dort sind nahezu sämtliche Schlüssel aufgereiht, für die Garagen, die Zwischentüren, die Schalterräume, bloß für die Kassen- und die Privaträume nicht.

Sie legt die leere Zigarettenschachtel auf ihren Arbeitstisch zurück. Manchmal denk ich, sagt sie, du willst uns alle erschrecken. Einfach: Weil du so pflichteifrig bist, so genau.

Sie blickt ihn an. Ihre Hand liegt auf seiner, tätschelt sie, streichelt sie, unabsichtlich? Ihr Mund ist leicht geöffnet, ihre Zungenspitze spielt an der Oberlippe.

Hugo Gnauck spürt für Sekunden, wie es ihn merkwürdig durchfährt. Was soll er dem Mädchen antworten? Hat sie ihre Worte ernst gemeint oder als Herausforderung? Soll er gar sagen: Laß das, Ilona. Soll er sagen: Willst du mich noch zum alten Gockel machen? Da schweigt er lieber. Wahrscheinlich hat diese Hand auf seiner überhaupt nichts zu bedeuten.

Sie erledigen das Folgende ganz selbstverständlich: Er läuft hinüber zu den Garagen, holt den W 50 heraus. Er fährt ihn rückwärts über den Hof, ganz nahe an die Rampe heran, auf die das Mädchen die Kartons mit den Tipscheinen packt: die Lottohoffnungen der Woche. Er hat die Garage längst abgeschlossen, legt den Schlüssel auf das zementierte Podest neben der Rampentreppe. Ilona wird ihn mit hineinnehmen, hoffentlich. Er packt die zehn Kartons auf die breite Ladefläche und schließt die Metalltüren der Rückfront.

Als er davonfährt, sieht er: Auch die Flügel des gegenüberliegenden Osttors stehen weit offen. Hoffentlich schließt Ilona hinter ihm zu. Es ist schon eine verdammte Schlampigkeit bei ihnen allen eingezogen.

Er blickt auf die Leuchtzeiger seiner Uhr. Es ist halb elf. Er hat wie immer sonnabends eine halbe Stunde Vorsprung. Bei dem Schnee auf den Straßen ist die vielleicht bald aufgebraucht.

Plötzlich lächelt er vor sich hin, denkt an die Szene eben vor dem Schlüsselschrank. Ist er also doch noch nicht alt, kriegt er also doch noch Gefühle, wenn ihn einjunges Blut neckt. Oder war's mehr als Zufall, alles andere als eine Neckerei? Unvermittelt erinnert er sich an ein paar Gerüchte: An der Ilona, sagen die, haben sich schon etliche versucht, die meisten mit Erfolg.

2

Die Stadt ist lange Zeit eine Stadt der Beamten und Handwerker gewesen. Nun ist sie auch eine Stadt der jungen Männer. Es gibt einige Internate und Fachschulen, dazu Sonder- und Spezialschulen und Intensivlehrgänge, außerdem die hierorts reichlich stationierten Waffenträgereinheiten. Kann sich da ein hübsches Mädchen der Versuchungen erwehren?

Antje Heinrich ist siebzehn, fast achtzehn. Sie besucht die mittlerweile einzige Oberschule der Stadt. Sie hat Interesse an Sprachen, auch an Chemie, aber am liebsten würde sie Architektur studieren. Ob sie da je eine Zulassung zum Studium bekommt?

Ende März fahren einige der Mädchen der Zwölften über Land zum Tanz, in die nahe Kleinstadt an den Solequellen, eine berühmte Berliner Band hat sich angekündigt, spielt im großen Saal gegenüber dem Kurhaus. Aber die Enttäuschung ist groß: Alle Karten sind ausverkauft. Da ergibt sich unvermutet zumindest für Antje die Chance, hineinzugelangen. Ein Armist hat zufällig noch eine zweite Karte. Ob sie die will? Später begreift sie's: So machen's offenbar viele. Sie besorgen sich rechtzeitig eine überzählige Karte und suchen sich dafür ein Mädchen aus. Dabei gefällt ihr dieser lang aufgeschossene junge mit dem kurzen blonden Haar. Daß er gerade auf sie verfallen ist, sie ausgesucht hat? Und das Verrückteste: Nach seiner Armeezeit will er studieren, und er weiß sogar schon was: Architektur in Weimar!

Später tanzen sie miteinander, stehen auch sonst in den Pausen zusammen. Aber sie deshalb gleich nach Hause bringen? Wenn die Woche gut läuft, können sie ja am Sonnabend ins Kino gehen. Mag er?

Klaus Petermann ist bereits ein halbes Jahr Soldat in der Stadt, nun auf einmal erscheint sie ihm schöner, freundlicher, erträglicher, voll unvermuteter Hoffnung. Dieses schlanke große Mädchen mit den dunklen Augen – vielleicht kann er's ein bißchen halten. Eine halbe Stunde vor Kinobeginn wartet er schon, steht im Schneeregen, spürt Hitze in sich aufsteigen, als Antje tatsächlich kommt.

Später, nach dem Film – er fand ihn ja langweilig und sentimental – , will er mit Antje noch ein Stück durch die Nacht gehen, durch den vielleicht letzten Schnee des Jahres, aber das Mädchen muß nach Hause. Dreiundzwanzig Uhr, hat sie der Mutter versprochen, ist sie daheim, und der Film, überlang und mit verschiedenen Beiprogrammen, hat schon endlos gedauert, da bleiben keine zehn Minuten mehr, dem Wunsch der Mutter zu gehorchen.

Ein paarmal versucht er sie aufzuhalten, zu küssen oder mit nassen Schneebällen zu bewerfen. Doch sie treibt ihn nur voran. Schon spürt er erste Enttäuschung in sich hochsteigen, da schließt sie plötzlich, wie ihm scheint, die nächstbeste Haustür auf, zieht ihn in einen Flur, überfällt ihn mit ihren Zärtlichkeiten, ziemlich ungeschickt, wie er im ersten Augenblick empfindet.

Du wohnst in der Post? fragt er später.

Schon immer, antwortet sie. Mein Vater ist hier der Chef.

Geht denn das?

Hier wohnen? Warum nicht. Eine Dienstwohnung. Wenn man mal gebraucht wird, ist man gleich da.

So stehen sie, flüstern manchmal, schweigen die meiste Zeit, versuchen mit ihren Fingern und Lippen zueinander zärtlich zu sein.

Hast du keine Angst? fragt er einmal.

Vor Mutter? fragt sie, versteht ihn gleich. Aber ich bin doch pünktlich zu Hause.

Sie lacht.

Schließlich fängt er an, flüsternd von sich zu erzählen. Er ist in einer Stadt nahe der Küste aufgewachsen, sagt er. Sein Vater arbeitet bei der Bahn, aber eine Dienstwohnung haben sie nie besessen.

Als sie aufs neue verstummen, schließlich wieder bloß zärtlich zusammenstehn, schrecken sie unvermutet zusammen. Seitab unter ihnen, nein, schräg gegenüber, wird ein Schloß entriegelt, danach eine Tür. Aber niemand betätigt einen Lichtschalter, auch hinter der Tür bleibt es dunkel. Doch jemand tritt in den Flur hinaus, ins Treppenhaus, offenbar ein Mann, er steigt die Kellertreppe hinab, verschwindet hinter einer Tür, kehrt kurze Zeit danach zurück, nichts eigentlich als ein Schatten, im Dunkeln kaum von den dunklen Wänden zu unterscheiden. Antje Heinrich hat sich dicht an Klaus Petermann gedrängt. Hat der Mann sich umgesehen, sie entdeckt? Sie stehen zwischen Haustür und halbhohem Flurfenster, am Treppenabsatz.

Als sie gerade wieder zu flüstern beginnen, öffnet sich die Tür neben ihnen, kaum drei Meter hin, ein zweites Mal. Diesmal ist es ganz deutlich eine Frau, die heraustritt. Ihr Schritt ist nicht so kräftig, ihre Statur ist kleiner, schlank. Sie betätigt auch gleich den Schalter, das Treppenlicht flammt grell auf.

Guten Abend, sagt sie, mustert die beiden, die in der jähen Helligkeit kaum etwas erkennen können, wie ertappt verharren.

Guten Abend, antwortet Antje Heinrich schließlich, während die andere mittlerweile ebenfalls nach unten geht, in den Keller steigt, auf die beiden Türen dort zuläuft, wie sie nun erkennen, eine öffnet, schließt. Wieder rauscht Wasser (da unten befinden sich die Toiletten), dann kehrt sie rasch zurück wie der Mann vorher, blickt sich noch einmal um, ein Mädchen, dunkelhaarig, blaß, in Pantoffeln, einer Art von Hausschuhen jedenfalls, deshalb ist ihr Schritt so leise. Dann streckt sie ihre Hand aus, greift nach dem Schalter, und der Flur liegt jäh wieder dunkel, eine Tür klappt, ein Schlüssel knirscht im Schloß.

Das war eine der Postfrauen, sagt Antje schließlich, das war die Nachtschicht von der Post.

Gibt's denn hier nachts noch zu tun?

Immer, sagt Vater. Da kommen Telegramme an, die sind entgegenzunehmen, telegrafische Geldanweisungen. Und den Fahrern sind früh die Tore zu öffnen. Ich würde mich ja fürchten, so allein.

Allein?

Immer ist die Nachtschicht allein, und meist sind es Frauen. Ich versteh schon: Nun hat die heute nacht ihren Freund mitgenommen.

Ist das nicht verboten?

Eigentlich ja. Niemand Fremdes, niemand als die Schicht darf hier ins Haus, erst recht nachts.

Lagert ihr da drüben etwa auch Geld, riesige Schätze? fragt Klaus Petermann. An die man ohne Schwierigkeiten rankommen kann?

Das Mädchen hat plötzlich keine Lust mehr auf Späße, will erst recht nicht auf solche Anspielungen reagieren. Sowieso ist gleich Mitternacht.

Sie steht noch eine halbe Minute am Treppenfenster, blickt Klaus Petermann nach, der langsam über den weiten Platz vor der Post läuft, sich noch einmal umwendet, die Hände in den Manteltaschen. Sie steht starr, dann rennt sie unvermittelt die wenigen Treppenstufen nach oben, schließt die Wohnungstür auf.

Es schneit noch immer.

3

Klaus Debert ist ein hübscher Kerl. Tiefschwarzes Haar und ein genauso schwarzes Italienerbärtchen machen ihn ansehnlich. Wenn er Frauen zum Tanz auffordert, fühlen die sich nicht selten geschmeichelt. Er hat so eine Art, ihre Augen rasch leuchten zu lassen. Mitunter genügen da bloß ein paar Worte, reicht eine Geste, ein Lächeln, ein Griff. Hat Karla Debert es nicht oft genug bemerkt, nicht gerade heute erst wieder?

Karla Debert ist eifersüchtig, ohne Zweifel. Grundlos?

Kurz vor vierundzwanzig Uhr verlassen die Deberts die Neumarktschwemme, den Schwitzkasten, den Kachelofen, diese Betriebsfeier, das Jahresfest ihrer Handelsorganisation. Zwei Stunden vorzeitig. Karla Debert läuft ihrem Mann einige Schritte voraus, sie hört auch nicht auf sein beschwichtigendes Rufen. Sie ist zornig, und die Kälte der Nacht, dieser jähe Schnee machen ihre Stimmung nicht angenehmer. Natürlich hätte sie unterwegs Stiefel anziehen können, wie es ihr Mann ihr geraten hatte; aber soll sie ihm nachträglich recht geben? Gibt sie ihm nicht oft genug recht? Und wie dankt er's ihr?

Zweihundert Leute, von denen jeder sie kennt, sehen zu, wie ihr Mann sie unmöglich macht, mit einem Halbdutzend Frauen herumflirtet, sie nacheinander an die Bar einlädt, während sie, endlich mal mit entfernt arbeitenden Kollegen zusammen, dienstliche Gespräche führt, im Grunde aber dumm dahockt.

Karla Debert stapft durch den Schnee, hat Mühe dabei, sich im Gleichgewicht zu halten, ein paarmal rutscht sie in ihrer Eile auf den Ledersohlen ihrer Halbschuhe aus, stürzt beinahe, kann sich gerade noch fangen. Aber deshalb klein beigeben, sich an den Arm des Mannes hängen?

Es läuft nicht mehr so gut zwischen ihnen wie zu Beginn ihrer Ehe. Dieser Dauerstreit um die zugige Altbauwohnung in der Altstadt, die Klaus Debert nicht ums Verrecken verlassen will. Und dann dieser verführerische Beruf: Kellner. Wie oft im Monat kommt er verspätet nach Hause, nach Schnaps und Bier riechend, und entschuldigt sich mit Überstunden, langwierigen Abrechnungen oder einem Skat so unter Kollegen? Sie hätte ihm längst nachspionieren, ihre dumme Scham überwinden sollen. Und wenn sie ihn so herumbalzen sieht wie an diesem Abend, sie hätte nicht übel Lust, endlich Ernst zu machen.

Die Stadt ist still, nur manchmal kommen ihnen Pärchen entgegen, auch einzelne Burschen, meist Soldaten. Vor dem Postplatz wechselt

Karla Debert auf die gegenüberliegende Straßenseite. Warum bloß? denkt ihr Mann, stolpert gerade da. Während er sich aufrappelt, den Schneematsch vom Mantel klopft, hört er sie lachen. Ein höhnisches Biest, denkt er.

Als er ein zweites Mal stehenbleibt, sich zu säubern, ist eine andere Stimme plötzlich in seiner Nähe, dicht über ihm.

Bist du das wirklich? Hast ein bißchen zuviel getankt, was, Klaus? In deiner eigenen Kneipe?

Er steht vor der dunklen Backsteinfront der Post. Das zweite Fenster neben dem Haupteingang, sieht er, ist weit geöffnet. Ein Mädchen, eine junge Frau, lehnt, die Arme über Kreuz auf dem Sims, in die Nacht hinaus. Er erkennt das dichte lockige Haar rings um die helle Fläche des Gesichts.

Ilona, sagt er. Sag's nicht weiter, ist sowieso nicht der Rede wert. Ich hab heut Kumpels was zu verdienen gegeben. – Du mußt vielleicht Feuer haben, daß du die Kälte so erträgst, das Fenster aufsperrst.

Immer, sagt sie da lachend, immer hab ich Feuer. Weißt du doch. Ich hab wieder Nachtschicht. Langweilig.

Klaus Debert kennt Ilona gut. Sie hat ein Kind, wohnt mit dem kleinen Jens und ihrer Großmutter in einem Hinterhaus in der Nähe des Doms. Manchmal kommt sie mit einer Freundin zu ihm in die Kneipe, ein verdammt hübscher und gefährlicher Kerl. Aber sie macht sich nicht viel aus jungen Familienvätern, heißt es, mehr aus alleinstehenden Autobesitzern.

Dann will ich mal, sagt Klaus Debert schließlich. Laß dir die Nacht nicht zu lang werden. Ich würd mich ja gern noch ein bißchen mit dir beschäftigen, aber ... Da drüben wartet mein Drachen.

Als er ein paar Schritte weitergegangen ist, entdeckt er: Da steht seine Frau wirklich noch und wartet. Wieviel von dem Gespräch eben hat sie mitgekriegt?

In dieser Nacht haben die Deberts ihren bisher ernsthaftesten Ehestreit, mitten in der Nacht, auf diesem kalten, verschneiten Heimweg. Klaus Debert rennt schließlich davon. Er kommt erst gegen vier Uhr morgens nach Hause. Da liegt seine Frau noch wach, raucht nach Jahren wieder, hat eine geöffnete Flasche Wein neben sich, weint seit Stunden. Aber sie geht nicht zu ihm, als er im Wohnzimmer poltert, sich schließlich auf der Couch zum Schlafen niederlegt. Er kommt ja auch nicht. Wer weiß, wo er war. Vielleicht noch einmal bei dieser Postschickse.

4

Zwei Stunden später erwacht Günther Heinrich durch ein heftiges, ausdauerndes Klingeln. Er glaubt seinen Ohren nicht zu trauen. Wer hat da bloß den Wecker aufgezogen, heute ist doch Sonntag, er weiß es sofort. Hete macht solchen Unsinn, drückt einfach den Weckerknopf nicht rein beim Aufziehen.

Günther Heinrich tastet über den Nachttisch, findet den Schalter des Lämpchens. Da weiß er schon: Es ist nicht das gleichmäßige Schrillen des Weckers, das ihn so früh aus dem Schlaf geholt hat. Vielmehr steht offenbar irgendwer draußen vor der Tür und betätigt den Klingelknopf.

Günther Heinrich sieht auf die Zeiger seiner Armbanduhr: Es ist sechs Uhr fünf. Meine Güte! Da ist der Heizer im Haus, ferner die Nachtschicht vom Entkartungsdienst, und der Fahrer der Frühschicht ist eben gekommen.

Und was ist sonst los? Brennt es? Hat Krapotka Mist gebaut, oder ist was Unvorhergesehenes mit den Autos?

Als Heinrich keine halbe Minute später, ungekämmt, einfach so im Schlafanzug, die Sicherungskette aus der Verankerung schiebt, die Wohnungstür öffnet, sieht er: Draußen steht ausgerechnet Krapotka, der Heizer. Er kratzt sich die Brust unter dem halboffenen Hemd, wünscht einen guten Morgen und bittet um Entschuldigung, aber: Da ist etwas nicht in Ordnung, Chef, sagt er, kommen Sie nur erst mal runter, die Kollegin liegt da unten. Sie ist blutig, ich weiß nicht, was los ist, aber jetzt, wo der Erwin gekommen ist, da haben wir den Schlüssel gesucht, und da haben wir das gesehen.

Heinrich entnimmt nicht viel Zusammenhängendes, Verständliches aus Krapotkas Sätzen, aber er spürt die Verwirrung und das ziemliche Aufgeregtsein des anderen.

Nun versuchen Sie mal, mir das mit ein paar Sätzen und deutlich zu sagen. Ich versteh Sie nicht, Krapotka.

Na, die Ilona liegt unten und tut, als ob sie schläft, rührt sich einfach nicht. Und unter ihrem Kopf ist Blut, so ein riesiger Fleck: Wirklich, Chef, kommen Sie nur erst mal, sehen Sie sich das selbst an.

Heinrich schluckt, schiebt die Hand unter die Schlafanzugjacke, schabt sich nun auch die Haut. Dann läuft er zurück ins Badezimmer, nimmt den Frotteemantel vom Haken, zieht ihn über. Er schlüpft in zwei Straßenschuhe, die im Flur stehen, kehrt nicht noch einmal ins Schlafzimmer zurück, seine Frau zu stören und sich seine Hausschuhe zu holen.

Gehen wir, sagt er dann.

Auf der Treppe blickt er für Sekunden durch das Fenster nach draußen. Vor Mitternacht, erinnert er sich, hat es heftig geschneit, nun macht ein feiner Regen allen Schnee offenbar rasch zunichte, zu Pampe.

Um fünf bin ich gekommen, erklärt währenddes Krapotka, ganz von allein, unbefragt. Wie immer. Aber auf mein Klingeln hat nirgendwer reagiert. Da bin ich schließlich über das Tor, hab mir die Heizungsschlüssel selber geholt, auch die fürs Engelstor, um mein Moped hereinzunehmen. – Bitte schön, Chef. Ist ein ganz schöner Matsch geworden aus dem schönen Schnee von heut nacht, nicht wahr?

Er öffnet die Tür zwischen dem Aufgang zu Heinrichs Privatwohnung und den offiziellen Diensträumen der Post.

Der Schlüssel hat gesteckt, sagt er, hab ihn gleich benutzen können. – Bitte schön, Chef.

Es ist Heinrich noch nie so aufgefallen, wie oft und selbstverständlich, fast unterwürfig sie ihn Chef nennen. Es hat ihn auch noch nie so unangenehm berührt.

In dem schmalen Gang hinter der Tür erwartet ihn Erwin Setzepfand, der Fahrer der Morgenschicht. Normalerweise müßte er jetzt draußen auf der Rampe sein, die Sonntagszeitungen und die Eilpost für seine Tour über die Dörfer aufladen. Er reicht Heinrich die Hand zum Morgengruß: Hier entlang, Chef. Sieht ziemlich schlimm aus.

Vor Jahren ist das Heinrichs Idee gewesen: Mit Hilfe von ein paar Trennwänden und Schränken haben sie die kleinere Halle hier in unterschiedliche Funktionsräume geteilt. Das gab viel mehr Abstell- und Regalfläche, außerdem: Warum muß jeder sehen, was der andere tut, von ihm gestört werden? Doch das Provisorische der Lösung ist immer noch zu erkennen, die Stützpfeiler zwischen den Schränken zum Beispiel, die Zwischenräume darüber.

Bitte.

Erwin Setzepfand schiebt den Vorhang zum Zeitungsraum, wie sie ihn nennen, zurück, läßt Günther Heinrich vorangehen. Der schluckt, schließt die Augen, öffnet sie wieder, ohne daß dies alles mit Bewußtheit geschieht. Auf einer schmalen Liege, einer stoffbespannten Campingliege, ist ein Körper ausgestreckt, ein junges Mädchen. Ilona Kitzner, die schicke Ilona liegt dort auf dem Bauch, den Kopf seitlich gewandt, tatsächlich wie schlafend.

Wieviel sieht ein Mensch, wenn er plötzlich mit dem Schrecklichen konfrontiert wird? Und an wieviel erinnert er sich, wenn er es später beschreiben soll?

Heinrich begreift gleich, was geschehen ist. Die ganze Lage des Mädchens, nun gut, kann täuschen, aber dieser riesige rote Fleck seitlich nicht. Trotzdem geht er hinüber, beugt sich über das Mädchen. Er sieht die Papierbindfäden, ein paar sind locker um den Hals gelegt, danach bemerkt er wie nebenbei: Krapotka und Setzepfand sind unmittelbar hinter ihm eingetreten. Er faßt die Liege nicht an, berührt die bäuchlings darauf Liegende nicht. Er wendet sich schließlich nur um und schiebt die beiden anderen fast aus dem Zimmer.

Das ist nun bloß noch ein Fall für die Kripo, sagt er.

Er läuft in das sogenannte Entkartungszimmer hinüber. Hier empfängt der Nachtdienst Telegrammaufträge, sortiert, entkartet die Post, die Karten eben und die Briefe, für den Frühdienst. Heinrich blickt sich nicht weiter um. Er kennt ja jeden Arbeitsplatz im Haus, auch diesen von Ilona Kitzner. Er weiß nur: Hier steht eins der Telefone. Er ruft die bekannte Notrufnummer an: eins-eins-null.

Wir sollen inzwischen das Rote Kreuz herbitten, erklärt er danach. Sie kommen sofort.

Fünf Stunden darauf weiß er schon nicht mehr zu sagen, wer die Rote-Kreuz-Nummer angerufen hat. Fünf Stunden darauf ist ihm auch entfallen, wie die Tote bekleidet war. Trug sie eine Hose, einen Rock? War über ihren Körper eine Decke gebreitet? Ja. Das ja.

Ich habe, erstaunlich, nur auf ihren Kopf geblickt, sagt er fünf Stunden später, zur Sache vernommen. Freilich erinnert er sich, daß ihn die Worte der anderen (von Krapotka oder von Setzepfand? Oder von beiden?) dazu angestachelt haben: Da guckt das Hirn raus, wirklich das Hirn, Chef, haben sie gesagt. Es ist ihm peinlich, so etwas nach diesen fünf Stunden zu gestehen, obgleich er sofort erkannt hat: Es ist Unsinn, was die beiden da zu sehen glauben. Die Haare des Mädchens, ihr seitlich aufliegendes Gesicht sind blutverklebt, glänzen eigenartig. Nichts mehr.

Ich habe gleich diese Stricke gesehen, sagt er fünf Stunden später, Papierstricke, eigentlich Bindfäden, gewöhnliche Bindfäden. Sie waren um ihren Hals gelegt. Wir verwenden solches Material bei unserem täglichen Dienst. Es gibt mancherlei Gelegenheit, es zu benutzen: Kartons, ungenügend verpackt, müssen nachgeschnürt werden. Zum Beispiel. Ich habe die Kollegen vom Roten Kreuz, als sie dann kamen, als erste der Angerufenen übrigens, sogleich darauf aufmerksam gemacht.

Die Kollegen vom Roten Kreuz wurden durch den südlichen Eingang, den Haupteingang, hereingelassen. Ihr Wagen steht auf dem

Fußweg, die Rundumleuchte ist noch eingeschaltet. (Erst später fährt wer den Wagen auf den rückwärtigen Hof, schaltet die Lampe aus.) Sie haben keine Scheu, Spuren zu hinterlassen. Einer der beiden, der deutlich jüngere, hebt den Arm Ilona Kitzners, läßt ihn aus halber Höhe herabfallen. Exitus, sagt er. Und der andere blickt sich um, sucht offenbar einen Haken, ein sichtbar vorspringendes Stück Stahl in der Wand, an der Decke, doch vergeblich.

Das war kein Selbstmord. Wär ja auch unsinnig mit solchen Strickchen. Das war Mord. Die hat wer brutal erschlagen. Der ganze Kopf ist zerhauen. Zwei Schläge mindestens, mit einer Axt, mit einem Hammer?

Die Männer von der Post zucken zusammen. Sie sind solche offene Redeweise nicht gewöhnt. Sowieso begreifen sie noch immer nicht recht, daß dies alles da ausgerechnet bei ihnen geschehen sein soll.

Ich geh dann erst mal, mich umziehn, sagt Günther Heinrich, wird sich plötzlich seines Aussehens bewußt. Sie werden ja alle nichts anrühren, bis die Kripo kommt.

Warum nur, denkt er, als er die Treppe zu seiner Wohnung hinaufläuft. Warum nur ist das passiert? Hat die kleine Kitzner Feinde gehabt? Vielleicht einen eifersüchtigen Freund? Sie hat ja wohl ein Kind. Aber von irgendwelchen Rivalitäten ist ihm nichts bekannt. Wie wenig man eigentlich seine Kollegen kennt. Weil, was privat ist, niemanden sonst etwas angeht als einen selber?

Günther Heinrich blickt auf seine Armbanduhr, als ihm die Tochter über den Weg läuft, Antje, schon angezogen, im Hauskleid, von der Mutter geschneidert.

Weshalb bist du denn schon auf?. fragt Heinrich. Es ist gerade mal halb sieben.

Bei der Unruhe im Haus. Was ist denn los da unten?

Ach, Kind, frag lieber nicht.

Haben sie etwa bei uns eingebrochen?

Eingebrochen ... Daran hat er noch gar nicht gedacht.

Schließlich erklärt er: Es ist viel schlimmer. *Da unten liegt der Nachtdienst in seinem Blute, die Kitzner.* (Genauso ist seine Formulierung, genauso steht es später im Protokoll.) Kennst du die vielleicht? Ach, die wirst du noch nie gesehen haben.

Aber der Vater irrt sich. Sie ist sogar eine der letzten gewesen, die mit Ilona Kitzner gesprochen haben, heute nacht hier unten an der Treppe.

Du hast da mit einem Armisten gestanden, eine Stunde lang? Währenddes hat deine Mutter alle fünf Minuten oben vom Fenster nach dir Ausschau gehalten.

Tatsächlich?

Du wirst es aussagen müssen. Auch daß dieser andere, dieser Mann da, hinunter zur Toilette lief. Ach, Mädchen, und alles wird Mutter erfahren.

Der Vater hat keine Vorwürfe für sie?

Sie blicken sich an. Sie haben beide bis zu diesem Zeitpunkt offensichtlich nur ungenau gespürt, wie groß eigentlich ihre Zuneigung füreinander ist.

5

Hugo Gnauck hat in dieser Nachtschicht alles in allem einhundertfünfzig Kilometer zu fahren, wenn nichts dazwischenkommt. Aber was soll dazwischenkommen? In dieser Nacht ist es nur der leichte, wattige Schnee, der unter den Rädern des Wagens sogleich zerschmilzt, der zu vorsichtigem Fahren zwingt.

Hugo Gnauck sucht sich zu konzentrieren, er singt, summt Lieder. Wenn bei Capri ... Ausgerechnet dieser uralte Schinken, in der Gefangenschaft vor Ewigkeiten ihr sentimentales Lagerlied. Er sollte sich eins dieser Autoradios einbauen lassen, daß er auf andere Gedanken kommt. Es sind diese Lottoscheine hinten auf der Ladefläche, sagt er sich wieder, die ihn so nachdenklich stimmen. Wieviel fremdes zufälliges Glück er da vielleicht in dieser Nacht mit sich führt, zehn-, hunderttausend Mark? Er hat sein Leben nie auf solchen Zufall eingerichtet, den Erfolg immer nur in beständiger eigener Anstrengung gesucht.

Auf dem Bahnhof von Naumburg warten die Lottokartons von Zeitz auf den Weitertransport. Die Nachtschicht dort bescheinigt Hugo Gnauck auf der vorgedruckten Beilage zu seinem Fahrauftrag die An- und Abfahrtszeiten dieser Nacht: dreiundzwanzig Uhr und dreiundzwanzig Uhr zehn.

Scheißwetter, wa?

Besser als keins.

In Weißenfels hat wieder eine Frau Dienst. Sie wartet mit einer freudigen Nachricht: Ihr Mann, auch so ein Hobbyweingärtner, hat jetzt dieses Sprühmittel für die Reben. Er kann Hugo Gnauck davon einiges ablassen. Wieviel Kilo braucht er?

Trotz solcher Absprachen und der Übernahme der Eilpost geht in Weißenfels alles ziemlich schnell. Später, im Hauptpostamt Halle, entlädt Gnauck die gesamte Ladung und sucht sich auch dort die Eilpost für seine drei Kreise heraus. Erst bei der Druckerei im Osten der Stadt bleibt Zeit für eine längere Pause mit Kaffee und Nachtstulle und für einen Schwatz. In der Druckerei gibt's die Sonntagsausgabe des Neuen Deutschland, die wurde hier noch gedruckt, die übrigen Berliner Sonntagszeitungen erhält er später samt der Frühpost beim zweiten Besuch auf dem Haupbahnhof, bei der Bahnpost.

Der Rückweg führt über Zeitz. Alles geht glatt, nichts kommt dazwischen. Die Post in Zeitz verläßt er fünf Uhr fünfzig, in Naumburg ist er kurz vor sieben (noch einmal auf der Bahnpost), das Hauptpostamt erreicht er eine knappe Viertelstunde danach. Er fährt durch Friedrich-Engels-Straße und Engelstor, wie sie es nennen, auf den Posthof, hält neben dem Garagentrakt, dann läuft er erst einmal austreten.

Wie er zurückkehrt, hört er Stimmen aus dem Wirtschaftstrakt, offenbar aus dem Speisesaal. Er blickt hinüber auf den Wagen, der dort mitten auf dem Hof steht, fremd und überhaupt nicht dahingehörend. Vielleicht läuft im Speisesaal ein Rot-Kreuz-Lehrgang? denkt er, hat aber gleich Zweifel: Ein Lehrgang am Sonntagmorgen, und so früh?

Nachdem er das Garagentor hinter seinem Lkw ordnungsgemäß abgeschlossen und gesichert hat, begegnet er Krapotka. Ilona ist tot, weißt du schon? sagt da der Heizer. Hingemacht. Ganz blutig.

Was redest du da? fragt Gnauck.

Er läuft hinüber zum Hintereingang des Hauptgebäudes, begegnet dort seinem Chef, Amtmann Heinrich. Genauer gesagt: Er sieht ihn dort auf der Rampe stehen, rauchen. Was ist mit Ilona? fragt Gnauck, während ihm plötzlich Kälte über den Rücken strömt.

Aber Heinrich reagiert kaum, gibt jedenfalls keinerlei Antwort, raucht wortlos weiter. Da schiebt Gnauck die ohnehin geöffnete Tür zum hinteren Flur weit zurück und rennt hinein, betritt schließlich den langen Gang zur Schalterhalle. Doch er kommt nicht weit. Leute, Fremde, Männer in Zivil, stehen im Gang. Einer fragt gleich: Wer sind Sie? Was wollen Sie hier? Und er drängt Gnauck zurück.

Trotzdem hat der noch zwei, drei Blicke nach nebenan werfen können, in den Raum links hinter dem Vorhang, den Zeitungsraum, wie sie ihn nennen, weil dort die Zeitungspakete zwischengelagert werden. Da liegt Ilona auf dieser Liege, den Kopf zum Fenster gewandt. Vor Stunden noch hat sie ihre Hand merkwürdig auf seine gelegt, und er hat sich sonstwas dabei gedacht. Gnauck schluckt tief und heftig. Er sieht die Blutlache, die nun schon getrocknet ist, unter dem leicht erhöhten Kopfende der Campingliege.

Da bin ich wohl der letzte gewesen, der Ilona gesprochen hat, sagt er draußen auf der Rampe zu Günther Heinrich.

Du? antwortet der, zündet sich mit einiger Mühe eine neue Zigarette an. Du meinst, als du losgefahren bist, so nach zehn? Meine Tochter, wie es scheint, hat sie noch eine reichliche Stunde später gesprochen.

Deine Tochter?

Ja. Zufällig. Hat's dir übrigens schon wer drin gesagt? Der die Ilona umbrachte, hat zwei Geldsäcke mitgehen lassen. Einhundertdreißigtausend Mark. Offenbar hat das Mädchen deshalb sterben müssen.

Zwei Wochen bis zum Geständnis

Am Tatort

Hauptmann Rother ist Anfang der Vierzig, untersetzt, immer ordentlich gekleidet, Krawatte und dunkles Jackett gehören zu seinem Äußeren (manche spotten: vielleicht sogar im Bett), er mag gutes Essen und ein frisches Bier, der wachsende Bauch verrät seinen immer gesunden Appetit. Hauptmann Rother hat drei Kinder, einen Jungen, zwei Mädchen. Nicht nur von ihnen verlangt er Fleiß, Anstrengung und Disziplin, erst recht von seinen Untergebenen.

Manchmal staunt er, daß sie ausgerechnet ihn zum Leiter der Morduntersuchungskommission im Bezirk berufen haben. Er hat, wie es heißt, ein loses Mundwerk, ist kein bedenkenloser Parteigänger und Genosse, versteckt seine Meinung nicht hinter erwünschten Phrasen, da schluckt mancher Vorgesetzte oder Fremde, wenn er ihn respektlos reden hört. Aber man ist wohl um seine Erfolge nicht herumgekommen, ein paarmal hat er in scheinbar aussichtlosen Fällen den Täter doch noch aufspüren können. Da hat man ihn schließlich zum Chef gemacht. Allzu weit wird er's wohl nicht treiben mit seinen naßforschen Reden.

Hauptmann Rother trifft am frühen Vormittag in Naumburg ein. Eine knappe Stunde Fahrt aus der Bezirksstadt hierher, der Schnee ist da längst getaut, die Straßen sind naß. Die beiden Wagen der Mordkommission parken in der Engelsstraße kurz vorm Tor des Posthofes, der Hauptmann wird über die Hintertreppe in die Nebenräume der Post geführt. Er nimmt die Äußerlichkeiten mit schnellen Blicken wahr: das Treppenhaus mit dem Privataufgang, den Durchgang in den offiziellen, viel größeren dienstlichen Teil des Hauses, den Tatort, das Entkartungszimmer... Das Gesicht der Toten ist zur Seite gewandt. Das

Mädchen liegt, als schliefe es. Wieder so ein junges Ding, denkt Rother.

Ein Raubmord offenbar, die Umstände sind wohl eindeutig.

Der Arm eines der hiesigen Polizisten, die den Raum sichern, weist zur Seite.

Rother geht um die Campingliege herum, sieht auf das auch noch im Tode hübsche Gesicht Ilona Kitzners, die Blutlache, diese merkwürdigen dünnen Papierstricke. Dann betrachtet er den dünnwandigen, offenstehenden Blechschrank. Er mustert die Fächer, aus denen, wie er längst weiß, die Beutel mit dem Geld verschwunden sind. Am meisten aber fallen ihm die verbliebenen Geldsäckchen auf, eng gewebte Sackleinwand, am oberen, gerafften Ende versiegelt, jedes einzelne Säckchen mit Aufklebern versehen. Also hat der Täter nur halbe Beute gemacht, nicht alles Geld mitgenommen? Weshalb nicht?

Wieviel Tausende lagern denn da noch? Und wer weiß, daß sie an einem so leicht zugänglichen Platz aufbewahrt werden? Sicherlich jeder im Haus und jeder zweite Kunde.

Amtmann Heinrich schluckt angesichts der begründeten Vorwürfe. Anders kann er Rothers Fragen nicht begreifen.

Ein Fahrer holt am Wochenende aus den umliegenden Dörfern und kleinen Städten, aus den Sparkassenniederlassungen und Postfilialen, was dort an Geldvorräten nicht übers Wochenende gelagert werden darf: jeweils fünfzig-, dreißig- oder achtzigtausend Mark, so ungefähr, geordnet nach Werten. Nur die ausgesonderten defekten Scheine kommen unsortiert an. Der Fahrer bringt das Geld in einem normalen Postauto hierher in die zentrale Post, in diesen eng gewebten Säcken.

In diesen billigen Blechschrank?

Das sind vielleicht mal hundertzwanzig-, mal hundertachtzigtausend Mark. Es gibt da eine Ordnung, nach der darf keine Mark übers Wochenende in den jeweiligen örtlichen Niederlassungen lagern.

Und was für eine Ordnung bestimmt, wie das Geld hier im Hause gesichert wird?

Der Nachtdienst – zum Beispiel – hat den Schlüssel zum Schrank ständig bei sich zu führen, ja, richtig am Körper zu tragen, auch die Tagschicht vom Sonntag.

Und einen exakt gesicherten Tresor gibt es nicht im Haus, bloß so einen Blechkasten, den jeder erste Axthieb aufschlagen kann? Ach, Herr Amtmann …

Amtmann Günther Heinrich schwitzt inzwischen. Das Körperwasser läuft ihm über Stirn und unrasierte Wangen, schießt ihm den

Rücken hinab. Er fühlt sich durch und durch naß, und das unangenehme Gefühl wächst, je mehr er Rother antworten muß.

Später läßt sich Rother den ordentlichen Safe zeigen. Der steht im Kassenraum, aber darin sind nur die paar Zehntausende eigener Posteinnahmen aufbewahrt. Warum nicht auch dieses auswärtige Geld? Platz ist darin genug. Was hätte es für Umständlichkeiten bewirkt, hier alle Einnahmen aufzubewahren? Zusätzliche Bereitschaftszeiten auch in der Kasse, eine simple Veränderung der Zuständigkeiten? Da hat freilich Rother längst begriffen: Er hat es auch hier wieder mit einem Übermaß an Vertrauensseligkeit und Schlamperei zu tun. Natürlich ist es jahrelang gut gegangen, daß sie das Geld aus den Kreisfilialen rasch zugänglich in diesem Blechschrank aufbewahrten, es nicht mit dem anderen, eigenen mischten. Nein, er kann dem Amtmann die Vorwürfe nicht ersparen, auch wenn er sie nicht ausspricht. Aber Heinrich hat in seinem Bereich leichtfertig Umstände geduldet, die das Geschehene geradezu herausforderten. Was wäre, wenn diese Gelder ordentlich in den vorhandenen Tresor gebracht worden wären? Lebte Ilona Kitzner dann noch? Heinrich wird sich die Antwort darauf selbst geben müssen.

Ein merkwürdiger Zeuge

Mittags gegen halb eins, sie sind nun also rund drei Stunden in der Stadt, will plötzlich Gerhard Peukert Hauptmann Rother sprechen.

Bitte, sagt Rother.

Der andere um die Vierzig, hantiert auffällig mit einem Taschentuch, wischt sich übers Gesicht, über die Hände, knetet das Tuch.

Bitte, sagt Hauptmann Rother noch einmal, nehmen Sie doch Platz.

Bitte. Die Aufforderung spricht sich so leicht aus. Doch wieviel Überwindung kostet es, ihr zu folgen?

Nach einiger Schwerfälligkeit will Gerhard Peukert schließlich darlegen, worauf es ihm ankommt. Er ist Stellvertreter von Amtmann Heinrich, nun ja, einer seiner Stellvertreter, für das Ökonomische verantwortlich. Er wohnt auch hier im Haus. Der Chef und drei leitende Angestellte, ergibt sich schließlich, wohnen hier im Haus. Anderwärts, zum Beispiel in der nahen Chemie, gibt es ganze Siedlungskomplexe, in dem die verantwortlichen Leute erreichbar wohnen, hier bei der Post ist die Lage noch günstiger. Der weitläufige Komplex des Hauses gestattet in seinem Obergeschoß – durch jeweils verschiedene Eingänge erreichbar – seit langem den Familien der leitenden Angestellten nahe Unterkunft.

Und warum erzählen Sie mir das alles? fragt Hauptmann Rother. Wollen Sie nicht endlich zur Sache, zum Kern kommen?

Da erfährt er schließlich: Gerhard Peukert, der Ökonom, hat, wie man so sagt, ein Verhältnis mit der schönenjungen Ilona unterhalten, die zwei Jahrzehnte Altersunterschied haben keine Rolle gespielt. Gerhard Peukert hat manchmal die unteren Räume inspiziert, wenn er Direktor vom Dienst war, da hat es sich so ergeben.

Was hat sich ergeben? Haben Sie mit ihr geschlafen?

Nun ja, der Hauptmann versteht doch. Sie haben sich eben da unten vergnügt. Es war leicht, Ilona zu gewinnen. Besser und genauer gesagt: Eigentlich war es umgekehrt. Eigentlich gewann sie immer die anderen, also auch ihn.

Von welchen anderen Verhältnissen wissen Sie noch?

Herr Hauptmann. Gerede, Gerüchte, mehr war's vielleicht nicht. Soll ich jemanden hereinreißen, verdächtigen?

Es geht hier um Mord, Herr Peukert. Also: Wer waren Ihre Konkurrenten, ob erfolgreich oder nicht?

Vielleicht, wenn Sie so genau fragen, habe ich mir da doch nur etwas eingebildet. Nein, ich kann wirklich keine Namen nennen.

Und Sie in dieser Nacht? Wie haben Sie diese Nacht verbracht? Waren Sie bei Ilona?

Da wird Peukert wieder rot und zugleich redselig. In dieser Nacht ist er mit seiner Frau bei Bekannten gewesen, sie haben einen Geburtstag gefeiert. Erst kurz vor zwei sind sie zurückgekommen, haben noch ein bißchen gesessen, getrunken in ihrem Wohnzimmer im Oberstock, von dort blickt man nicht in den Posthof, nur auf die Seitenstraße. Erst später, vom Schlafzimmer aus, hätten sie das Postgelände beobachten können, aber da hätten sie anderes zu tun gehabt. Der Herr versteht?

Er sei ja kein Idiot, erwidert der grantig, so daß sich Peukerts Stirn und Hals noch tiefer röten und er das Tuch in seinen Händen wieder heftig knetet.

Ihre Frau kann das alles bestätigen, Ihnen das notwendige Alibi geben?

Natürlich, natürlich. Aber muß das bei einer solchen freiwilligen Aussage sein? Kann man nicht wenigstens jede Anspielung auf sein Verhältnis zu Ilona Kitzner vermeiden? Das muß sich doch machen lassen …

Gerhard Peukert hat das Gefühl, daß ihm der Schweiß in Bächen unterm Hemd am Körper entlangschießt, als er das Zimmer von Hauptmann Rother verläßt. So unsicher hat er sich seit Jahren nicht gefühlt, derart malade, ohne Boden unter den Füßen. Was wird aus seiner Stellung, seiner Ehe, wenn sein Verhältnis zur Toten noch nachträglich publik wird?

Kreise ziehen

Hauptmann Rother ahnt das natürlich noch überhaupt nicht: Er wird diesen Fall später verschiedentlich *das Beispiel einer soliden, geradlinigen Ermittlungsarbeit* nennen. Eine Fülle von Bezugspersonen zum Opfer, eine Fülle von Leuten, die am Tatort oder in seiner Nähe aus- und eingingen, aber schon nach ein paar Tagen ist die Spreu vom Weizen gesondert, die Verdachtsspuren sind ziemlich sicher, der Täterkreis ist eingegrenzt, es fehlen nur noch die eindeutigen Beweise …

Am Anfang freilich …

Man wollte in der Post, wird Rother später manchmal erzählen, man wollte wenig von Männerbekanntschaften des Opfers wissen, vor allem die Leitung des Postamts schien ziemlich blauäugig. Dabei hatten wir bereits nach ein paar Stunden wenigstens ein halbes Dutzend Namen von guten Freunden, die sich mit Ilona Kitzner eingelassen, mindestens intimere Kontakte zu ihr gesucht hatten. Dieser Ökonomische Direktor war nur der erste. Bis über die Kreisgrenzen hinaus war bekannt, daß Ilona Kitzner ihren Interessenten die Kontakte leicht machte, bis über die Kreisgrenzen hinaus war genauso bekannt, daß sie nachts auf Schicht öfter allein neben einem Blechschrank voller Geld saß. Natürlich konzentrierte sich unsere Aufmerksamkeit vor allem auf diesen Mann, der nachts den Weg zur Kellertoilette der Post im Dunkeln fand. War er der letzte, der mit dem Opfer zusammen war, war er der Täter? Was war in diesen Stunden in der sogenannten Entkartung geschehen? Es war von verschiedenen Leuten geraucht, auch getrunken worden. Wir hatten einige Kippen, freilich keine Gläser …

Hauptmann Rother hat eine Arbeitsmethode, die er mit Eifer betreibt, für die er bekannt ist und die mancher belächelt: Er malt Kreise. Er malt kleine Kreise und große, einen im andern, einen um den anderen herum. Er liebt nun mal die Anschauung und die Anschaulichkeit. Der Mensch hat fünf Sinne, sagt er, er kann nicht nur denken, er kann auch sehen. Zum Beispiel. Also soll er's tun.

Manche nennen Rothers Zeichnungen auch Schießscheiben. Aber viele haben wegen der möglichen Mißdeutung doch ein bißchen Hemmungen vor diesem Wort. Schließlich geht es bei allem um Menschen.

Der kräftige Punkt in der Mitte zum Beispiel kennzeichnet die Tote, das Opfer. Und je nachdem, wie nahe der einzelne ihr stand, zu ihr Berührung hatte, erhält auch er seinen Punkt oder (gewichtiger) sein Kreuz in diesem System von Ringen. Dazu wird das Ganze durch ein paar Striche in zusätzlich abgegrenzte Felder, klare Segmente gegliedert: Familie, Arbeitsbeziehungen, private Kontakte, Sonstiges (Zufälle).

Amtmann Heinrich zum Beispiel. Er gehört selbstverständlich in den Bereich Arbeit. Er ist der Vorgesetzte der Geschädigten. Heinrich wohnt sogar im selben Haus – wie Peukert. Er ist zur möglichen Tatzeit (zwischen zwei und drei, sagt der Gerichtsmediziner, zwei Uhr einunddreißig, sagt eine schlaflos in ihrer Wohnung herumwandernde Zeugin von gegenüber, zwei Uhr einunddreißig ging im Posthof plötzlich das Licht aus), ist sogar die ganze Nacht über im Tatgebäude – wie Peukert. Hat Heinrich ein Motiv, eine zusätzliche Beziehung zum Opfer? Aber er braucht das Mädchen nicht zu töten, wenn er ernsthaft an das Geld will. Er würde sich anderes einfallen lassen. Amtmann Heinrich erhält einen Punkt im Segment Arbeit. Auf dem dritten Ring, auf dem vierten? Peukerts Kreuz jedenfalls steht näher zum Mittelpunkt.

Oder Hugo Gnauck. Hugo Gnauck hat noch mit Ilona Kitzner gesprochen, bevor er seine Schicht antrat, er hat von ihr die Lottokartons übernommen, ehe er mit seinem Lkw von Stadt zu Stadt fuhr. Ausgerechnet zwischen zwei und drei Uhr nachts ist Hugo Gnauck auf der Fahrt nach Zeitz sogar noch einmal am Postamt vorbeigefahren, zur vermuteten Tatzeit. Hat er da etwas Außergewöhnliches, hat er da überhaupt etwas bemerkt? Licht zum Beispiel? Nein? Und er hat auch nicht angehalten, ist nicht noch einmal ins Haus gegangen, um Ilona vielleicht Zigaretten zu bringen, weil sie Stunden zuvor schon keine mehr besaß? Wirklich nicht?

Hugo Gnauck erhält einen Platz auf dem zweiten Ring, ein Kreuz: Er hat Kontakte zum Opfer in der Tatnacht gehabt. Oder gehört sein Kreuz auf den dritten Ring? Antje Heinrich jedenfalls ist ein Kreuz im Sektor Zufälle, Ring zwei. Und Klaus Petermann, der Soldat? Hat er sich etwa mit Absicht an sie herangemacht, um Zugang zur Post zu finden? Klaus Petermann hat Antje an diesem Abend erst zum zweiten Mal getroffen. Und er ist etwa zwölf Minuten nach seinem Abschied in der Post durchs Tor seiner Kaserne gegangen. Das haben rasche Recherchen eindeutig ergeben. Nein, Klaus Petermann ist nie ein Fragezeichen für Rother, er kann nie und nimmer der Täter auf dem ersten Innenring sein. Viel eher ist der Täter jener Mann, der, ohne Licht einzuschalten, nachts die Posttoilette benutzte. Er kannte die Geschädigte offenbar näher. Aber kannte Klaus Petermann Ilona Kitzner? Nichts spricht dafür.

Also: Wer ist der Täter?

Und was wissen sie vom Opfer?

Bald hat Rother eine Reihe von Protokollen und Notizen in seinen Händen.

Ilona Kitzner

1

Ilona war lieb, gut, ich hab mich nie mit ihr gestritten, na ja, wenigstens selten. Als ihre Mutter starb, meine einzige Tochter aus der zweiten Ehe, als dann ihr Vater wieder heiraten wollte und auszog, hab ich viel angestellt, das Mädel zu behalten. Es ging auch ohne Umstände. Das Mädel bei mir zu haben, war immer mein sehnlichster Wunsch. Ihre Mutter, meine Tochter, starb kurz nach Ilonas Jugendweihe. Unterleibskrebs.

Wir wohnen seit zwanzig Jahren in dieser Wohnung, also auch Ilona. Als mein Schwiegersohn wegzog, bekam Ilona vom Amt das frühere Wohnzimmer ihrer Eltern zugewiesen. Sie wohnte danach dort auch mit ihrem Jungen, mit Jens. Ich habe ständig für sie gesorgt, Mittagessen, einkaufen, einfach alles. Nicht nur, wenn Ilonas Schicht ungünstig lag.

Ja, ich habe Ilona sexuell aufgeklärt. Ich habe sie immer schon dahingehend erzogen und ihr ständig gesagt, sie solle mir keine Schande machen, auch deswegen vor allem nicht, weil sie keine Mutter mehr hat.

Aus den Aussagen der Großmutter Hedwig Leipold

1963 starb meine erste Frau, und meine Schwiegermutter meinte, ich sollte nicht wieder heiraten. Ich war damals zweiundvierzig. Ich nahm dann nur meinen Sohn mit in meine neue Ehe. Er hat seine Schwester später einige Male heimlich besucht, weil ein Freund, ein Schulkamerad, im selben Haus wohnte. Ich habe darüber mit ihm gesprochen, als mir's bekannt wurde, und der Junge hat's dann auch unterlassen, Kontakte zu halten. Ich weiß nicht, wo meine Tochter arbeitete, ich weiß nur, sie hat bei der Post gelernt. Es hat mich auch nicht interessiert. Ich habe nur Ärger mit der Ilona gehabt. Ich bin Meister in der Chemie, Genosse, meine Tochter hat sich anders entwickelt. Einmal hat sie den Versuch gemacht, die DDR illegal zu verlassen, sie ist deshalb auch verurteilt worden.

Meinen Sohn Hans-Herbert möchte ich entschuldigen, er hat Grippe. Deshalb ist er nicht mit zur Vernehmung erschienen. Ich habe erst jetzt durch die

Kriminalpolizei erfahren, daß meine Tochter nicht mehr lebt. Ich weiß nur, daß sie auf dem Hauptpostamt gelernt hat. In der fraglichen Nacht gestern hatte ich Schicht.

Aus den Aussagen des Vaters Herbert Kitzner

Ilonas Noten während ihrer Ausbildung zeigten durch außerbetriebliche Interessen Höhen und Tiefen. Anerkennenswert, daß sie trotz der Geburt ihres Kindes und der damit verbundenen Schwierigkeiten in der Endphase der Lehrzeit diese erfolgreich in der vorgesehenen Zeit beendet hat … Ihrem eigenen Wunsch entsprechend wurde sie schließlich in einer ortsgebundenen Tätigkeit eingesetzt, an einem festen Arbeitsplatz, in der Entkartung.

Kollegin Kitzner war in ihrer Arbeit ordentlich und gewissenhaft, stets einsatzbereit, vor allem bei Ausfällen anderer. Sie war in ihrem Wesen freundlich und aufgeschlossen und ihrem Alter entsprechend auch lebenslustig. Sie hat jungen Mitarbeitern Sympathien entgegengebracht, aber es gab keine Anzeichen eines unmoralischen Verhaltens ihrerseits. Ihre gesellschaftliche Einstellung war positiv.

Aus der Beurteilung des Hauptpostamtes
(nach dem Tode Ilona Kitzners)

Am 11. Mai 196 7 bekam Ilona ein Kind. Sie hatte einen Soldaten im Volksgarten kennengelernt, und danach war es passiert. Der Vater ihres Kindes, hat sie gesagt, war beim Wachdienst in Berlin beschäftigt, er hatte eine Narbe auf dem rechten Handrücken. Ich ging zum Wehrkreiskommando, ich meldete die Umstände. Später bekam ich eine Absage. So ein Rotkopf mit einer Narbe auf der Hand war nicht zu ermitteln.

Einige Wochen nach der Geburt von Jens gab ich eine Anzeige auf: Junge Mutti sucht Vati für ihr Söhnchen. Da meldeten sich allerhand.

Von ihrem eigenen Vater hatte Ilona nie was zu erwarten. Der zog nur den Jungen vor. An dem Mädel fand er immer was auszusetzen. Ihre Haare waren zu lang, und sie ließ sie nicht abschneiden und so. Ihr lag auch nichts mehr an dem Vater. Wenn sie sich in der Stadt begegneten, guckte jeder woanders hin.

Noch einmal: Aus den Aussagen Hedwig Leipolds

Wenn Ilona einen Mann sah, der ihr gefiel, war sie sofort Feuer und Flamme, und der Kerl von vorher war vergessen. Es ging aber nie lange. Ihre Oma dachte: Die wird nie heiraten, und sie wollte sie doch versorgt wissen. Ich selber sah's so: Ilona spielte mit den Männern. Zuletzt war sie zur Kur. Da schrieb sie ein paarmal verzweifelte Briefe. Sie wollte sich das Leben nehmen, weil alles so kompliziert war.

Ihr Kind war von einem sowjetischen Soldaten, von einem von der Garnison hier, wohl einem Kraftfahrer. Das weiß vielleicht nur ich, ihre Großmutter schon gar nicht. Sie hatte überhaupt manches mit den »Freunden« zu tun. Einmal hat einer vor ihrem Haus gestanden und ihr die Fensterscheibe mit einem Stein zertrümmert, da war sie fuchtig. Ein andermal kam einer ins Krankenhaus, Besuch machen, als sie die Gelbsucht hatte.

Einmal hat der richtige Vater die beiden fotografiert, Ilona und ihren Jungen, sie hat mir voll Stolz die Aufnahme gezeigt, aber eine Aufnahme mit dem Kraftfahrer gab es nicht.

Aus den Aussagen der Freundin Ingeborg Leventlow

2

Am vierten April hat Ilona Kitzner erst einmal Frühschicht. Die beginnt um sechs Uhr. Anderthalb Stunden vorher weckt ihre Großmutter sie. Das handhaben sie immer so: Der Wecker steht bei der Großmutter, damit das Kind nicht aufschreckt, das mit Ilona im selben Zimmer schläft. Hedwig Leipold macht deshalb auch kein Licht an, sie legt sich dafür gleich in Ilonas Bett neben den Jungen.

Ilona Kitzner will, wenn sie Frühschicht hat, alles in Ruhe angehen: sich waschen, kämmen, Frühstück und Kaffee bereiten, frühstücken. Deshalb treibt es sie jedesmal so zeitig aus den Federn. Sie geht auch diesen Tag ruhig an, nichts deutet auf eine Veränderung, keine Unruhe ist in ihrem Verhalten. Freilich spricht die Großmutter an diesem Morgen nicht mehr mit ihrem Enkelkind, sie sieht es auch nicht mehr, sie hört es nur ab und zu hin und her laufen, leise, wie üblich.

Kurz nach halb sechs steht Ilona Kitzner vorm Flurspiegel, sprüht sich das Haar ein. Das hört auch der mittlerweile wache Jens. Mami bespritzt die Haare, hörst du's? beruhigt die Urgroßmutter den Jungen. Später klappt draußen die Flurtür. Da weint das Kind: Die Mami hat nicht noch einmal ins Zimmer reingesehen und nicht Tschüs gesagt.

Sie stehen dann gemeinsam auf, Hedwig Leipold zieht den Jungen an, gibt ihm Essen, nimmt ihn mit in die Stadt zum Einkaufen. Um elf Uhr wird der Urenkel erneut gefüttert: Mittagessen, Kartoffelbrei. Hedwig Leipold nimmt ihre Mahlzeit eine halbe Stunde später ein; der reichliche Rest Kartoffelbrei, das Essen für Ilona, wird in der Backröhre des Gasherds warmgehalten.

Ilona Kitzner trifft pünktlich gegen halb eins zu Hause ein, sie bemerkt es gleich: Du hast schon Badefeuer gemacht, Oma? Die nickt: Aber iß erst mal, Mädel, ich bade derweil den Jens. (Sie baden immer sonnabends, und die Reihenfolge ist dieselbe. Erst kommt Jens dran, danach steigt Hedwig Leipold in das Wasser, zuletzt ist Ilona am Zuge.)

Nach dem Essen legt sich Ilona ein bißchen hin – nur für eine halbe Stunde! –, sie ist müde, hat ja noch die Nachtschicht, Hedwig Leipold weiß das natürlich. Sie läßt das Mädel auch noch eine Weile länger liegen, fast eine Stunde, dann erst weckt sie Ilona: Das Wasser wird sonst kalt, geh baden, Ilona. Kannst doch danach noch mal ausruhen.

Aber das will Ilona Kitzner nicht. Von Sonnabend zu Sonntag ist nicht viel Arbeit auf Schicht, und da existiert eine Pritsche nebenan, auf die kann sie sich legen, ein bißchen hindösen, vielleicht sogar einduseln.

Ungefähr fünfzehn Uhr verläßt Ilona mit dem kleinen Jens das Haus, gegen siebzehn Uhr kehrt sie zurück. Eine halbe Stunde später bekommt das Kind sein Abendbrot, pünktlich wie immer, da achtet Hedwig Leipold sehr darauf; frühe Ordnung ist gut für ein ganzes Leben, sagt sie manchmal. Währenddessen schneidet Ilona Schnitten ab und stellt Wurst bereit für sich und die Großmutter und erzählt. Sie sind mit dem neuen Kraftfahrer zusammengewesen, der noch ortsfremd ist, erst im Volksgarten, danach auf der Butterwiese. Was ist denn das nun wieder für ein Clown? fragt Hedwig Leipold. Willst du dir den angeln, an Land ziehen? (Oder sagt sie gleich: Kerl?) Aber Ilona lacht nur, erwidert, ein bißchen abfällig: Das ist doch ein Dicker. Geh mir mit dem. Es war alles Zufall.

Um achtzehn Uhr wird der kleine Jens ins Bett gelegt, obgleich er sich noch wehrt, noch den Sandmann erleben will: Womit kommt er heute? Doch Ilona redet ihm das aus. Sie weiß: Hat er erst mal den Sandmann gesehen, gibt es kein Ende vorm Fernseher oder nur eins mit Tränen und Aufregung für die Großmutter.

Danach essen Ilona und Hedwig Leipold. Achtzehn Uhr dreißig, das ist ihre Zeit. Es stehen Leberwurst, Mettwurst und Käse auf dem Tisch. Sie trinken nichts dazu, sie trinken selten einmal etwas dazu, höchstens Pfefferminztee. Dann räumt Ilona ab, läuft in die Küche, um sich Schnitten für die Nacht zu schmieren und einzupacken. Der Rest Zeit bleibt, sich vorm Flurspiegel zurechtzumachen. Das dauert bei Ilona immer sehr lange, beinahe eine halbe Stunde. Sie kämmt sich ausgiebig, besprüht ihr Haar, lackiert ihre Fingernägel. Sie legt viel Wert auf ihre äußere Erscheinung.

Es ist jetzt manchmal ziemlich kalt auf Arbeit, gerade übers Wochenende kühlen die Räume aus. Ilona zieht deshalb eine Strickjacke über, dann tritt sie in die Wohnstube und verabschiedet sich mit einem Kuß und ein paar Worten von der Großmutter. Das macht sie immer so, und es ist auch an diesem Sonnabend nicht anders: Ilona ist ruhig, freundlich, ein liebes Kind, wie sie auch eine liebe Mutter ist. Kein Zeichen von Hektik an ihr, von Aufregung, Erwartung, Eile oder gar Angst.

Es ist gegen neunzehn Uhr fünfundvierzig, als Ilona Kitzner ihre Wohnung das letzte Mal verläßt. Sie braucht keine zehn Minuten Arbeitsweg bis zur Hauptpost.

Zur Sache vernommen

1

Sie also sind Otto Seidelmann?

Otto Seidelmann, ja. Altes Eisen, aber noch immer gebraucht.

Otto Seidelmann ist siebzig, also längst Rentner, doch er arbeitet aus verschiedensten Gründen noch bei seiner alten Dienststelle, manchmal sogar volle Schichten. (Ein Zubrot zur kärglichen Rente, alte Kontakte nicht aufgeben, Personalmangel bei der Post – nun ja, es gibt mehrere Gründe.)

Am vierten April hat Otto Seidelmann Tagdienst, von exakt zwölf Uhr mittags bis exakt zwanzig Uhr abends. Pünktlich löst ihn Ilona Kitzner ab, vielleicht eine Viertelstunde vor ihrem Nachtschichtbeginn kommt sie, es fällt ihm keine Besonderheit an ihrem Verhalten auf. Sie zählen gemeinsam das vorhandene Bargeld nach, reichlich zweitausend Mark, sie erledigen das übliche Schriftliche, ein paar Zahlen, zwei Unterschriften.

Sie haben nicht noch irgendwas Gemeinsames während dieser Übergabe getan, gewissermaßen zum Abschied: einen Kaffee getrunken, eine Zigarette geraucht?

Ja, sie hatte überhaupt keine Zigaretten mehr, da haben wir zwei von mir geraucht. Dummerweise waren es auch meine letzten, da konnte ich ihr keine lassen.

Was für eine Sorte haben Sie gemeinsam geraucht?

F 6.

Und von den Geldbeständen im Blechschrank haben Sie gewußt?

Von diesen plombierten Säcken? Natürlich. Ich habe sie doch entgegengenommen und verstaut, auch quittiert. Es geht ja nicht anders, es wird immer so gehandhabt. Die Fahrer holen das Geld von den Zweigstellen, eben auch von den Sparkassen, den Filialen im Kreis, und da es am Wochenende nicht mehr bei der Handelsbank eingezahlt werden kann, heben wir's einstweilen bis Montag auf.

In diesem Blechschrank in der Entkartung?

Immer. Im Grunde weiß jeder Angestellte davon.

An diesem Sonnabendabend, also gestern, waren Sie mit Ilona Kitzner allein bei der Übergabe?

Eigentlich ja.

Was heißt hier: eigentlich?

Nach Minuten fällt es Seidelmann ein: Natürlich hat sich an dem Abend noch der Theile da rumgetrieben, Dietmar Theile.

Rumgetrieben?

Theile ist seit wenigstens einem Vierteljahr bei ihnen beschäftigt. Nicht alle mögen ihn. Er fährt den Eilbotenwagen, erledigt die Besonderheiten (natürlich im Wechsel mit anderen). Am Sonnabendabend hat er kurz vor ihrer Übergabe seinen Wagen in die Garage gebracht. Dann hat er den Schlüssel abgegeben, ihn auf den Schlüsselkasten in die Entkartung gelegt; so ist das bei ihnen üblich. Und dann hat Ilona Kitzner plötzlich gesagt: Der kann jetzt nicht nach Hause gehen, der hat ja unheimliche Kopfschmerzen, ich koch ihm noch einen Kaffee. Ja, und Theile selber ging und holte das Wasser für den Wassertopf.

Von Freunden der Frau Kitzner haben sie einige kennengelernt? Viele fragten da zum Beispiel am Schalter nach ihr?

Am Schalter? Ach wo. Ilona war ordentlich. Manchmal kam eine Freundin und erkundigte sich. Aber männliche Personen? Nein.

Und daß Theile ein Freund von ihr ist, mit ihr vertraut, gibt es dafür Anzeichen?

Otto Seidelmann lacht: Theile? Der hat sechs Kinder zu Haus. Der hat keine Zeit für Freundinnen.

Otto Seidelmann erhält ein Kreuz.

Auf welchem Kreis? Und wohin kommt das Kreuz für Dietmar Theile?

2

Und wohin das Kreuz für Detlev Birke?

Auch Detlev Birke ist Stellvertreter des Amtmanns, auch er wohnt im Dienstgebäude der Hauptpost, auch er hat nächtlich Zugang zu sämtlichen Diensträumen. Zumindest gelangt er, wenn er will oder es sein muß, an die notwendigen Schlüssel heran. Ist auch er ein Freund von Ilona Kitzner?

Detlev Birke ist knapp vierzig, kinderlos, seine Frau arbeitet als Zustellerin. Geht ihre Ehe gut?

Sie sind Raucher, Herr Birke. Was für Sorten bevorzugen Sie?

Ich rauche eigentlich alles, nur keine Zigaretten mit Filter.

Und Stumpen? Oder Zigarren?

Die schon gar nicht.

Detlev Birke ist vielleicht einsfünfundsechzig groß, er hat die schmächtige Gestalt, den forschen Gang, mit dem unlängst um Mitternacht ein Mann zur Toilette ging, ohne die Beleuchtung einzuschalten. Ist Detlev Birke dieser Mann?

Sie sind gestern abend zu Hause gewesen?

Ich habe mit meiner Frau ferngesehen. Was? Nun ja, diesen anderen Kanal, eine Quizsendung. Schließlich brachten sie noch einen Agentenfilm, der hat uns weniger interessiert, sowas ist immer sehr einseitig gemacht, da sind wir zu Bett.

Sie sind noch einmal aufgestanden, haben sich einen Schlaftrunk aus dem Kühlschrank geholt, Sie haben etwas gehört, sind unruhig aufgeschreckt? Nein, dies alles nicht? Seit wann kennen Sie Ilona Kitzner?

Sie hat als Lehrling bei uns angefangen, ein halbes Kind noch. Da sagt man du, kann es sich auch schwer wieder abgewöhnen. Ich glaube, ich habe auch jetzt noch ganz normal du zu ihr gesagt.

Ilona Kitzner läßt ein Kind zurück. Wissen Sie, wer der Vater ist?

Wir haben im Betrieb ein paar hundert Beschäftigte, wir haben nicht wenig Fluktuation unter dem Personal, da kennt man sich nicht bei allen aus. Von dem Kind weiß ich, auch daß Fräulein Kitzner mit ihrer Großmutter zusammenlebte. Aber wer der Vater ist?

Und wann haben Sie von Fräulein Kitzners Tod erfahren, von dieser Tat?

Heute morgen, dreiviertel sieben, wir lagen noch im Bett. Da klopfte Frau Peukert bei uns an die Wand. Das ist ein hellhöriges Haus, und unsere Schlafzimmer liegen Wand an Wand. Ich sollte sofort in die unteren Diensträume kommen, hat Frau Peukert gerufen. Ich bin in Hausschuhen losgelaufen, wollte durch die Zwischentür, aber die war verschlossen. Da ging ich noch einmal zurück, zog Straßenschuhe an, lief außen über die Verladerampe. Ich sah dann auch Kollegin Kitzner liegen, wenigstens die Füße, die unter der Decke hervorlugten, aber einer Ihrer Kriminalisten forderte mich auf, den Vorhang wieder zu schließen.

Sie haben den Tatort betreten, dort geraucht?

Alles andere als das, ich war viel zu aufgeregt, ich hatte auch keine

Zigaretten bei mir. Erst später habe ich geraucht, als ich im Auftrag von Amtmann Heinrich die notwendigen Arbeitsabläufe organisierte, den Sonntagsdienst, die üblichen Zeitungs- und Postzustellungen. Warum fragen Sie nur immer danach, was ich rauche?

3

Sie sind Klaus Debert, sechsunddreißig, verheiratet, keine Kinder, als Kellner beschäftigt?

Ja, im Winzerstübchen. Aber wir heißen im Grunde nur noch so, bei uns wird schon lange kaum noch Wein ausgeschenkt, dafür mehr Bier und Schnaps. Dazu gibt es ordentliche Hausmannskost. Ich weiß nicht, ob Sie als Auswärtiger uns kennen, Herr Hauptmann. Sehr zu empfehlen für Dienstreisende. Wir sind billig.

Schildern Sie den Ablauf des vergangenen Tages, besser: der vergangenen Nacht aus Ihrer Sicht, sagen wir: ab achtzehn Uhr. Wo haben Sie sich aufgehalten?

Wir waren zu diesem Fest meiner Frau, wir waren eingeladen bei der Handelsorganisation, meine Frau ist dort angestellt. Sie ist dort im Büro, Lagerleiterin. Ziemlich angesehen. Leider ist sie manchmal der Ansicht, daß ich das nicht genügend respektiere. Es gab auch gestern am Abend schon zu Hause einen kleinen Streit. Ich hatte mir noch eine Schnitte geschmiert und eine Flasche Bier geöffnet, das fand nicht ihren Beifall. Es gäbe doch genug zur Feier, ob ich nicht abwarten könnte. Das schon, sagte ich, aber ich kenne die Eile, mit der eure müden Krieger von der Handelsorganisation bedienen. Da war natürlich gleich Polen offen, auf ihre Organisation läßt sie nichts kommen, und so trafen wir ziemlich verspätet zum Fest ein.

Wann etwa?

Es muß gegen halb acht gewesen sein. Wir platzten mitten in die Reden, und alle starrten uns an. Natürlich war ich der Schuldige.

Sie hatten auch danach noch Auseinandersetzungen mit Ihrer Frau?

Der Abend war von Anfang an verpatzt. Meine Frau setzte sich demonstrativ zu ihren Leuten, ließ mich links liegen, da wollte ich's ihr ein bißchen zeigen. Ich tanzte jede Tour, keinmal mit ihr, natürlich trank ich auch etwas.

Haben Sie die Gaststätte Neumarkt bis Mitternacht irgendwann verlassen?

Ein paarmal bin ich raus an die frische Luft. Hält man ja nicht aus, den Mief in dieser niedrigen Bude. Die Schwemme, den Kachelofen, den Schwitzkasten nennen wir sie. Kein empfehlenswertes Etablissement, Herr Hauptmann.

Sie sind nicht allein gegangen, heißt es.

Ach. Woher wissen Sie denn das, mit wem haben Sie da gesprochen? Mit meiner Frau etwa? Hab ich das alles der zu verdanken, daß ich jetzt hier bei Ihnen sitze, mich peinlich bis auf die Haut befragen lassen muß? Na dann, prost Mahlzeit dreizehn Jahre glückliche Ehe. Die gehn wohl nun doch langsam zu Ende.

Kommen wir zum Eigentlichen, Herr Debert. Kurz nach Mitternacht hatten Sie von neuem einen erheblichen Streit mit Ihrer Frau in der Nähe der Hauptpost. In der Folge haben Sie sich voneinander getrennt. Wo haben Sie sich von halb eins an aufgehalten?

Ich bin durch die Stadt gerannt, durch den Schnee, durch den Matsch. Was sollte ich tun? Auf Knien heimrutschen, um Vergebung winseln? Später bin ich ja nach Hause. Irgendwann war ich dort. Ich wollte nicht alles riskieren. Meine Güte, wenn Kinder da wären, ging's sicherlich besser, da hätte sie Blitzableiter für ihre Launen. So haben wir in der Ehe nur uns, mäkeln aneinander herum.

Sie kennen Ilona Kitzner?

Ja, natürlich. Ich habe vor dem Streit mit meiner Frau mit ihr gesprochen. Sie sah aus ihrem Fenster in der Hauptpost.

Sie kannten Ilona Kitzner näher, intim?

Mein Gott, die alten Kamellen. Lang, lang ist's her.

Nun wollten Sie, von Ihrer Frau getrennt, anderwärts Unterschlupf finden. Man hat Sie noch einmal vor der Hauptpost gesehen, reichlich zwei Stunden später, Leute, die von der Feier in der Gaststätte Neumarkt heimkehrten.

Ja, ich hab noch einmal vor ihrem Fenster gestanden, hab wie ein Dummer Steinchen geworfen und gerufen. Vergeblich. Da war kein Licht mehr, und niemand antwortete. Darauf bin ich in mein Winzerstübchen, ohne Schlüssel, von hinten rein, hab mir die Klamotten zerrissen und die Hand verletzt, hab vor Zorn ein paar Schnäpse eingegossen und schließlich auf demselben Weg die Bude wieder verlassen. Vier wird's gewesen sein, als ich daheim war. Ich bin nicht mehr zu meiner Frau ins Schlafzimmer, obgleich da noch Licht brannte.

Wir haben Ihren zerrissenen, blutbefleckten Mantel. Sie haben ihn ins Gestrüpp vor Ihrem Haus geworfen. Beten Sie, daß daran nicht das Blut von Ilona Kitzner ist.

4

Dietmar Theile hat am Sonntag nach der Tatnacht dienstfrei. Er wohnt in einem Dorf, knapp zwanzig Kilometer weit weg. Er kommt gewöhnlich mit einem Moped zur Arbeit, fährt mit dem auch jeden Tag wieder zurück zu Familie und Wohnung. An diesem Sonntag aber wird er mit einem Wartburg abgeholt, einem Polizeifahrzeug, allerdings nicht von seinem Dorf, vielmehr mitten in der Stadt: Vor den Städtischen Kliniken wird er höflich in den Wagen gebeten.

Ich kann doch rasch wieder zurück? fragt er und erklärt: Seine Frau liegt hier im Krankenhaus, sie hat gestern entbunden. Wir haben sie eben besucht, die ganze Familie. Nun werden die beiden Kleinsten bei der Schwiegermutter bleiben, aber um die andern muß er sich selber kümmern. Um den größeren Rest der Familie, lacht er.

Das ist Ihr sechstes Kind? fragt Hauptmann Rother später, als er Theile selbst vernimmt.

Mein sechstes eigenes, ja. Gottseidank gibt's da noch Birgit, das Mädchen aus der ersten Ehe meiner Frau. Die ist schon vernünftig und fleißig wie eine Erwachsene. Die hilft uns allen enorm.

Dietmar Theile redet ungehemmt, er antwortet auch auf Fragen, die noch gar nicht gestellt sind. Als ob er sie im voraus ahnte. Er ist jetzt Postzusteller, sagt er, er bringt das Eilige, Besondere zu den Leuten mit seinem Trabant: Telegramme, Einschreiben, Eilbriefe. Da hat man auch besondere Schichten, nichts Gleichmäßiges. Aber es lohnt sich, bringt mehr ein als alle Arbeit vorher. Deshalb nimmt er auch die weiten Wege jeden Tag in Kauf, von zu Hause hierher in die Stadt und retour.

Die Landgenossenschaft, bei der Sie gearbeitet haben, hat Sie leicht gehen lassen? Die brauchen doch dort ihre Leute, mehr manchmal als irgendwer sonst.

Nun ja, sagt da Theile. Er ist kein bequemer Mensch. Wer eine so große Familie hat, derart abhängig ist, der müßte vielleicht die Gusche halten, sich ducken. Er nicht. Er hat schon immer gesagt, was er dachte. Er macht's auch hier. Ob er hier schon Schwierigkeiten gehabt hat deshalb? fragt Rother dazwischen. Nein, erstaunlicherweise nicht. Hier bei der Post herrscht eine andere Atmosphäre, hier sind ein paar verständigere Leute, die die Richtung bestimmen. Damals bei der Genossenschaft hat man einen Dummen gesucht und geglaubt, er würde ihn machen. Man hat ihm alles mögliche unterstellt: Diebstahl, Arbeit in die eigene Tasche. Er war Melker, hat sich rumgestritten, auch vor der Konfliktkommission, sogar noch vor der Gemeinde. Man hat ihm recht geben müssen. Aber was hat es genützt? Schließlich ist er der Klügere gewesen und weiteren Auseinandersetzungen aus dem Wege gegangen. Er hat eben gekündigt. Nun lebt er hier richtig auf: solche Ruhe, Ordnung, kein Streit mit irgendeinem Kollegen.

Und gestern, vor allem abends?

Gestern, am Sonnabend, ist er der einzige Fahrer vom Dienst gewesen, vierzehn Stunden lang, von sechs Uhr morgens bis zwanzig Uhr abends. Er hat nicht einmal seine zwei Stunden Mittagspause einhalten können. War's da ein Wunder, daß ihn am Abend Kopfschmerzen quälten? Die Unmasse Arbeit, dazu die Familie, die Geburt des neuen Kindes. Ja, die Kitzner wollte ihm einen Kaffee kochen, aber er hat schließlich dankend verzichtet. Bei seiner Schwiegermutter, hat er gesagt, kriegt er das alles auch. Ja, kann sein, er ist noch mit dem Topf losgegangen, um Wasser zu holen, aber er hat nicht mehr auf den Kaffee gewartet. Wann er das Postgebäude verlassen hat? Vielleicht vor Opa Seidelmann, vielleicht erst nach ihm? Er hat ihn jedenfalls nicht mehr gesehen.

Haben Sie gestern abend im Postgebäude geraucht? Sie rauchen doch?

Gestern abend nicht. Das hätte mich umgehauen. Bei den Kopfschmerzen.

Nachdem Sie die Post verlassen hatten, sind Sie jedenfalls noch zu diesem Kiosk im Park gegangen.

Ja, ich habe dort drei Schachteln Salem gekauft, die kriegt man ja nicht immer und überall, aber dort liegen meist welche für gute Kunden. Und eine kleine Flasche Rum-Verschnitt für sechs Mark fünf hab ich gekauft. Doch ich bin damit nicht noch mal zurück in die Post. Ich wollte später auf mein Neugeborenes wenigstens mit mir selber anstoßen. Zuvor bin ich jedenfalls noch zu meiner Schwiegermutter, nach den Kleinsten gucken und mich für heute, Sonntag, verabreden, für den Besuch im Krankenhaus. Eine Stunde vor Mitternacht war ich schließlich daheim. Mit dem Moped schaffe ich die Strecke in drei Viertelstunden. Ich habe dann noch eine Schnitte gegessen, mich hingelegt. Nein, ich weiß nicht, ob mich jemand bemerkt hat, etwa unsere Große. Wir schliefen diese Nacht alle ganz ruhig. Früh habe ich unser Vieh gefüttert, so um sechs. Danach habe ich mich noch mal hingelegt. Erst halb zehn haben wir gemeinsam gefrühstückt.

Ilona Kitzner kannten Sie ziemlich gut?

Einmal habe ich sie mit meinem Dienstwagen, dem Trabant schnell nach Hause gebracht. Und einmal haben wir im Lämmerschwänzchen zusammengesessen, einen Kaffee getrunken. Sie hatte ganz vernünftige Ansichten, es war nicht schwer, mit ihr ins Gespräch zu kommen.

Das entscheidende Kreuz

Man kann, man muß nicht alle Einzelheiten dieser umfangreichen Ermittlungen nachzeichnen. Hauptmann Rother, der Leiter der Mordkommission, ist jedenfalls später auf die Ergebnisse und den zügigen Ablauf ihrer Recherchen ziemlich stolz. Er wird sie beispielhaft nennen.

Natürlich gehen sie Irrwege. Und mancher Umstand, von dem sie viel erwarten, führt sie erst einmal wenig weiter.

Diese Gegenüberstellungen im dunklen Flur der Hauptpost zum Beispiel. Klaus Debert, Dietmar Theile, Detlev Birke sowie zwei andere gleich große, untersetzte Personen – ein Polizist aus Halle und ein weiterer Mitarbeiter der Post – müssen zweimal, einzeln und in unterschiedlicher Reihenfolge, aus den Posträumen kommen, hinunter in die Toilette gehen und zurückkehren. Klaus Petermann, der Soldat, benennt ausgerechnet den Mitarbeiter der K als denjenigen, der nach seiner Meinung dem nächtlichen Wanderer in Gestalt und Auftreten am ähnlichsten sieht. Und Antje Heinrich erschrickt, daß sie Detlev Birke, den lieben Onkel Detlev ihrer Kinderzeit, verdächtigt hat. Auch Klaus Debert und Dietmar Theile kommen für sie durchaus in Frage. Allerdings, sie ähneln zwar beide dem Nachtwanderer in vielem, doch dann ist es mal der Gang, mal die Statur, die sie schwanken lassen. Am Ende sind beide jungen Leute sehr unsicher, möchten am liebsten alle ihre Vermutungen wieder zurücknehmen.

Oder diese Kippenreste im Aschenbecher. Sieben ausgedrückte Zigarettenenden haben sie auf dem Arbeitstisch in Ilona Kitzners Entkartungszimmer gefunden. Wenigstens drei Personen haben dort geraucht. Die eine rauchte Juwel Filter, das war eindeutig Ilona Kitzner selbst. Die Kippen tragen unverkennbar die Spuren ihres Lippenstifts, die leere Schachtel wird noch vorgefunden, das Labor weist ihre Speichelspuren nach. Sie hat auch eine der zwei Filterzigaretten der Sorte F 6 geraucht. Die zweite F 6 rauchte Otto Seidelmann. Wer aber rauchte die übrigen zwei Zigaretten, Marke Turf, deren Reste sich im Aschbecher fanden? So viele Leute sie auch nach ihren Rauchgewohnheiten und ihren Lieblingsmarken befragen, so viele Proben schließlich ausgewertet werden – diese beiden Kippen bleiben lange eine zweifelhafte Sache. Man weiß nur: Der sie rauchte, hat Blutgruppe A. Das wenigstens sagen die Gerichtsmediziner.

Und Klaus Debert? Klaus Debert, anfangs vielleicht durch Umstände und Zeugen am stärksten belastet, scheidet bald aus dem Kreis der möglichen Hauptverdächtigen aus. Man muß ihm seine Version der Ereignisse dieser Nacht wohl doch glauben. Als er ergebnislos Steinchen gegen das Postfenster wirft, liegt Ilona Kitzner vermutlich schon tot auf ihrer Campingliege. Man findet die sicheren Spuren von Klaus Deberts Einbruch in seine eigene Kneipe, das Blut auf seinem Mantel ist wohl doch ausschließlich sein eigenes, und in der Post kennt er sich alles andere als gut aus. Wie er bei diesen Gegenüberstellungen herumgeirrt ist …

Dem wirklichen Täter aber sind die örtlichen Umstände der Post bestens bekannt, nicht nur die Toiletten. Und Ilona Kitzner hat ihn erwartet, ihren Liebhaber, ihren Mörder, und sie hat ihm vertraut. Auf ihrer Campingliege hat sie sich schon auf ihn vorbereitet, den Büstenhalterverschluß gelöst, den Pullover nach oben gestreift, die Unterwäsche nach unten. Oder war das der Täter? So jedenfalls haben sie die Tote unter ihrer Decke gefunden. Aber es ist nicht mehr zum Verkehr gekommen. Als es ans Letzte gehen soll, das sie mit Lust und ohne Widerstand erwartet, erschlägt er sie. Heimtückisch. Mit einem stumpfen, viereckigen Gegenstand. Mit einem Hammer, der Rückseite eines Meißels, mit einem Kanteisen? Zweimal schlägt er zu. Zwei viereckige gesplitterte Einbrüche weist die Schädeldecke auf. Dabei hätte ein Schlag genügt. Aber der Täter hatte wohl sicher gehen wollen.

Und diese Stricke, diese Bindfäden?

Natürlich lenken sie nur ab. Sollen sie ernsthaft auf einen Selbstmordversuch hinweisen? Mit solchen Fädchen, selbst vierfach geschlungen, kann man niemanden wirkungsvoll fesseln, geschweige denn töten. Und doch: Dienten sie vielleicht einem ersten unbeholfenen Versuch, Ilona Kitzner vom Leben zum Tode zu befördern? Ihr Hals weist Male auf, die von diesen Stricken herrühren können …

Hauptmann Rother hat seine Kreise immer von neuem gemalt, seine Zielscheiben von Grund auf erneuert, immer wieder auf frischen großen Blättern neu begonnen. Er hat seine Punkte und Kreuze immer weiter auswärts auf die äußeren Ringe setzen müssen, nun stutzen sie alle, als sie betrachten, was übriggeblieben ist: Auf dem innersten Kreis stehen lediglich noch drei Kreuze, und die bedeuten drei Namen: Debert, Theile und Lieske.

Lieske ist ein neuer Zusteller, der sich in den letzten Wochen nachweislich intensiv um Ilona Kitzner bemüht hat. Er ist seit Freitag nicht in der Stadt gesehen worden (oder hat er sie erst Samstagnacht, nach der Tat fluchtartig verlassen?), seine Wohnung ist jedenfalls verwaist, sein Alibi konnte noch nicht überprüft werden. Und Debert? Dessen Aussagen kennen sie nur zu gut. Nun warten sie, was die Gerichtsmediziner zum Blut auf seinem Mantel sagen.

Was heißt das alles?

Treibt mir unverzüglich den Lieske auf, sagt Hauptmann Rother, er wird sich ja nicht vollständig in Luft aufgelöst haben. Und macht den Medizinern Feuer unter den Hintern. Im übrigen nehmen wir uns noch mal den Theile vor, klopfen seine Aussagen ab.

Dietmar Theile, vierzig Jahre alt, seit knapp vier Monaten bei der Post.

Theile ist ihnen von Anfang an so wichtig gewesen, daß sie ihn am frühen Sonntagnachmittag vor dem Krankenhaus abgepaßt haben, noch ehe er sein sechstes Kind hat sehen können, sein sechstes Mädchen. Immerhin war er einer der letzten, die in der Mordnacht mit Ilona Kitzner Kontakt hatten.

Sie vernehmen ihn nicht nur einmal, sie verhören ihn gleich dreimal, behalten ihn sogar die ganze Nacht über bei sich: Die Gegenüberstellung mit Antje Heinrich und Klaus Petermann im Treppenaufgang der Post soll unter gleichen Lichtverhältnissen wie in der Tatnacht vorgenommen werden. Freilich ergaben sich in Theiles Aussagen schon damals Widersprüche. Die haben sich in der Zwischenzeit noch deutlich verstärkt.

Sie haben, Herr Theile, nur ein gelegentliches, rein kollegiales Verhältnis zu Ilona Kitzner unterhalten, nichts Privates, Intimeres? Da sind uns mittlerweile allerdings ganz andere Beobachtungen und Erklärungen bekannt geworden. Die Wirtin vom *Munteren Rössl* zum Beispiel hat Sie beide mehrfach in ihrer Gaststätte bedient. jedesmal haben Sie Kaffee und Zitronenlikör getrunken. Und im Februar war Ilona Kitzner nach ihrer überstandenen Gelbsucht vier Wochen zur Kur. Wie war das: Hatten Sie da brieflichen Kontakt zu ihr?

Weshalb sollte ich?

Sie haben einen postlagernden Brief von Frau Kitzner erhalten, Ihre Kollegin Ungewitter hat Ihnen den im Schalterraum ausgehändigt.

Sie hatten ihr von der Entkartung aus gute Wünsche in die Kur geschrieben, ich sollte ein paar Worte dazusetzen. Da habe ich geschrieben: Gruß, Paul. Daraufhin hat sie vielleicht gedacht, sie müßte mir antworten. Ich habe den Brief sofort zerrissen. Öffentlich. Ich habe die Schnipsel aus meinem Post-Trabi geworfen.

Und was haben Sie mit dem zweiten und was mit dem dritten Brief gemacht? (Das fragen sie ihn freilich erst eine Woche später.)

Ilona Kitzners Großmutter, Frau Leipold, hat zu Protokoll gegeben, ich lese Ihnen die Stelle wörtlich vor: *Einmal, vor Kurantritt, wollte Herr Theile Ilona und ihre Koffer zum Bahnhof fahren. Er kam, klingelte, da mußte ich ihm erklären: Ilona ist schon mit der Straßenbahn weg, begleitet von ihrer Freundin.* Was haben Sie dazu zu sagen? Ihre Beziehungen zu Frau Kitzner waren doch wohl alles andere als zufällig.

Zwei Tage nach der Mordnacht finden sie, keine vierhundert Meter von der Hauptpost entfernt, im nun längst überall geschmolzenen Schneematsch einen Hammer, einen Zimmermannshammer mit gespaltener Spitze: das Tatwerkzeug? Lassen sich Blutablagerungen auf dem Eisen nachweisen? So ein Hammer ist doch wiederzuerkennen. Die rechte Spitze ist zur Hälfte abgebrochen. Außerdem trägt der Griff grüne Farbablagerungen. Wie sind die entstanden?

Nun haben sie neue Fragen an Dietmar Theile: Was besitzt er für Werkzeug, was in der Wohnung auf seinem Dorf, was dort im dazugehörigen Schuppen? Was für Hämmer, Schraubenzieher, Zangen führt er auf seinem Moped mit, mit dem er oft zur Arbeit fährt, was im Uralt-Moskwitsch, der ihm genauso gehört?

Ihr Moskwitsch ist mehrmals umgespritzt worden. Welche Farben haben Sie jeweils verwendet? Wer hat die Lackierung vorgenommen?

Was für ein Glück, wenn die Farbspritzer auf dem abgebrochenen Zimmermannshammer vielleicht mit der Lackierung des Wagens übereinstimmen…

Herr Theile, Sie haben erklärt: Nachdem Sie die Post am Sonnabendabend verließen, haben Sie sich zunächst am Parkkiosk Zigaretten Ihrer Sorte Salem gekauft und diese kleine Flasche Weinbrand-Verschnitt. Danach sind Sie mit dem Einkauf zu Ihrer Schwiegermutter in die Stadt gefahren, um sich dort für den gemeinsamen Krankenhausbesuch am Sonntag zu verabreden.

Genauso war es.

Die Verkäuferin vom Kiosk kann sich an Sie aber nicht erinnern. Auch hatte sie nach ihrer Erinnerung an jenem Abend keine Salem vorrätig. Haben Sie die Zigaretten nicht vielmehr bei der Wirtin vom *Munteren Rössl* erstanden, und zwar Zigaretten der Sorte Juwel Filter, der Sorte, die, wie Sie wußten, Frau Kitzner am liebsten rauchte? Danach sind Sie in die Post zurück, um Frau Kitzner die Zigaretten zu bringen. Sie hatte ja keine mehr, war unerwartet völlig abgebrannt, ausgerechnet zu Beginn ihrer Nachtschicht. Sie wußten auch das. Sie hatten doch miterlebt oder erfahren, daß sie sich von Ihrem Kollegen Seidelmann eine seiner letzten F 6 hatte geben lassen.

Das alles ist nicht richtig. Gegen zehn Uhr habe ich mich von meiner Schwiegermutter verabschiedet. Dann bin ich mit dem Moped nach Hause gefahren. Knapp fünfundvierzig Minuten brauche ich für die Strecke. Birgit war auf, meine Stieftochter, sie kochte mir noch einen Tee. Das läßt sich nachweisen. Kurz vor elf war ich zu Hause.

Aber Birgit, die Stieftochter, sie wissen es, hat längst der Familie erklärt: Der Vater ist erst nachts gegen drei nach Hause gekommen. Freilich steht sie Tage später nicht zu dieser Aussage, sagt offiziell nur, und sie will in ihrer Aussage von niemandem beeinflußt worden sein: Der Vater ist eine Stunde vor Mitternacht in die Wohnung gekommen, sie hat ihm, plötzlich munter geworden, noch einen Tee gekocht, dann haben sich alle hingelegt. Da können sie nichts mit ihrer früheren Erklärung anfangen. Oder doch?

In seiner ersten Aussage war von diesem Tee noch keine Rede. Da hatte er sich noch selbst eine Schnitte geschmiert und nicht gewußt, ob jemand seine Rückkehr bemerkt hatte, *etwa unsere Große.*

Gott sei Dank sind da ja auch noch die Dorfnachbarn. Nach ihren Aussagen brannte ausgerechnet nachts um drei Licht in der Wohnung der Theiles.

Das ist schon ein paarmal passiert, daß wir nicht ausgeknipst haben, erklärt Theile.

Aber doch nie so spät!

Am Nachmittag des fünfzehnten April, keine zwei Wochen nach der Tat, packt Hauptmann Rother unvermittelt seine schönen großen Blätter mit den unterschiedlichen Gemälden, den Ringen, Kreuzen und Strichen zusammen. Sie brauchen solchen Firlefanz nun nicht mehr, sagt er ironisch. Sie wissen im Grunde doch längst, was los ist. Er wird schon einen Haftbefehl unterschrieben bekommen.

So geschieht es. Am Morgen des nächsten Tages wird Dietmar Theile in seinem Dorf verhaftet. Man erwartet ihn vorm heimischen Kuhstall, wo er das eigene bißchen Vieh versorgt. Sie haben nun genug Verdachtsgründe, heißt es im Haftbefehl. Dietmar Theile hat bei der Gegenüberstellung im Keller dem Mann, der nachts durch die Post zur Toilette lief, in Statur und Verhalten nicht unähnlich gesehen. Die Zigaretten, die Ilona Kitzner in ihrem Entkartungsraum nicht geraucht hat, deren Kippen sich jedoch zusätzlich im Aschbecher fanden, weisen die Blutgruppe A eines Sekretors auf, Theiles Blutgruppe aber ist A. Außerdem haben nun mittlerweile wenigstens vier Leute Theile intime Kontakte zu Ilona Kitzner bescheinigt. Man hat sie sogar am Nachmittag vor der Tatnacht noch zusammen gesehen.

Und so weiter.

Bei der Aufforderung, mit zur Dienststelle zu kommen, verhielt sich der Angeschuldigte ruhig und äußerte lediglich, daß sein Vorgesetzter zu informieren sei, damit eine Vertretung organisiert wird. Er stellte keine zusätzlichen Fragen und machte keine Bemerkungen.

Sie vernehmen ihn, sie bieten ihm Kaffee an, sind freundlich, aber entschieden. Sie fragen ihn nach seinen Gewohnheiten, konkreten Tagesabläufen, den genauen Umständen seiner Arbeit. Wollen sie ihn in Widersprüche verwickeln? Was hat er wann getragen, woraus besteht seine Garderobe, wann hat er seinen Moskwitsch gekauft, wann sein Moped? Hat er finanzielle Probleme, Schulden, wie hoch sind seine Einkünfte?

Eine Protokollantin sitzt dabei, die seine Antworten Wort für Wort mitstenografiert. Daraus basteln sie später das offizielle Protokoll, das manchmal ein bißchen steif und gespreizt wirkt: Polizeideutsch ist anders als Alltagssprache. Den Protokollinhalt aber hat Dietmar Theile voll anerkannt, Seite für Seite hat er in den folgenden Tagen genau gelesen, gelegentlich geringfügige Korrekturen anbringen lassen und abgezeichnet.

Wir hatten nie geldliche Sorgen. Meine Frau Minnie und ich, wir waren bei der Genossenschaft angestellt, wir kriegten unser Monatliches und die Prämien am Jahresende. Wir haben höchstens mal kurzfristig geborgt, zweihundert Mark fürs Laufende oder tausend Mark für das Auto. Wir haben es immer rasch zurückgeben können.

Verabredete Zusammenkünfte zwischen Ilona und mir hat es nie gegeben. Bei schlechter Witterung im Winter haben manche Kollegen andere abgeholt oder nach Hause gebracht. Die Initiative bei Ilona ging immer von ihr aus: Hast du in meiner Gegend dienstlich zu tun? Manchmal habe ich auch die Mitnahme verweigert, wenn ich woanders beschäftigt war. Am 25. März war ich mit meiner Tochter in der Stadt, Birgit hatte Schulung zur Motorradprüfung. Während sie büffelte, ging ich bummeln. Da stößt mich Ilona an: Machst du denn hier? Da sind wir ins Stadtcafé. Ein Ehepaar saß am Tisch, das kannte ich von einerfrüheren Tätigkeit im Sägewerk. Wir blieben eine Stunde im Café. Es kam keine eigentliche Unterhaltung zustande. Ilona mokierte sich nur über die Gäste, über ihre Kleidung und ihr Aussehen. Ich zahlte.

Es gibt Aussagen von Ihnen, wonach Ilona Kitzner Ihnen als ziemlich locker erschien. Einmal soll sie sogar eine Wette eingegangen sein, Sie erfolgreich anmachen zu können. Wie war das? Zeigte das leichte Mädchen Ihnen gegenüber deutliches Interesse, tauschten Sie Zärtlichkeiten mit ihr aus, etwa im Pkw?

Das ist nie passiert. Sie hat auch nie versucht, sich mir zu nähern. Ich bin grundsätzlich gegen solche Verhältnisse. Ich habe mir mal eine Geschlechtskrankheit zugezogen, ich will deshalb von fremden Frauen nichts mehr wissen. Ich will mir ein Nebenverhältnis schon gar nicht auf meiner Arbeitsstelle anschaffen. Ich kann mir das auch finanziell überhaupt nicht leisten.

Sie verhören ihn am Ende insgesamt dreiundzwanzigmal, mitunter drei-, viermal am selben Tag, einmal vierzehn Stunden lang. Ich bleibe bei meinen bisher gemachten Aussagen, vermerken die Protokolle immer am Anfang. Dann wird das bislang Besprochene noch einmal besprochen, wird auf Weiteres eingegangen.

Sie sagen, Sie haben die Kuranschrift von Ilona Kitzner von niemandem erfahren. Es fand sich aber bei Ihnen ein Zettel: 3456 Katzau, Kreis Zerbst. Das ist exakt die Anschrift von Frau Kitzner.

Ich weiß nicht, wie der Zettel in meine Geldbörse gekommen ist.

Die Adresse ist auf die Rückseite eines Ausgabelegs der Deutschen Post geschrieben. Der Zettel wurde also offensichtlich in der Post verfaßt, in Druckschrift.

Ich sehe ein, daß ich den Zettel nur von jemandem innerhalb der Post erhalten haben kann.

Warum haben Sie verschwiegen, daß Sie die Kuranschrift von Frau Kitzner kannten?

Ich kann mir das nur so erklären, daß ich diesen Zettel von Ilona selbst schon einige Tage vor ihrer Abreise erhalten habe, daß ich ihn dann einsteckte und nicht wieder an ihn dachte. Nur so ist es möglich, daß ich in meinen bisherigen Aussagen immer davon sprach, Ilonas Kuranschrift nicht zu kennen.

Mehrfach beruft er sich plötzlich auf sein angeblich schlechtes Gedächtnis.

Sie haben nur einmal ein Café mit Ilona Kitzner besucht, sagen Sie. Aber es gibt Aussagen, daß Sie sich mehrfach mit ihr auch im *Munteren Rössl* aufgehalten haben.

Wenn solche Aussagen vorliegen, so will ich das nicht bestreiten. Ich räume die Möglichkeit ein. Aber ich bin nur für kurze Zeit in den Abendstunden mit Ilona dort gewesen, im Höchstfalle dreißig Minuten. Wir haben nur auf einen Husch eine Tasse Kaffee getrunken. Da ich nur einmal und für kurze Zeit mit

Ilona in dieser Gaststätte gewesen bin, ist mir diese Gaststätte bei meinen bisherigen Aussagen entfallen. Ich besuche diese Gaststätte auch nie allein.

Seine zehnte Vernehmung beginnt um zweiundzwanzig Uhr abends. Sie wird siebeneinhalb Stunden dauern, bis in die Morgenstunden. Es ist sein achter Tag, seine achte Nacht in der Untersuchungshaft. Ist er weich geworden, flach geklopft, platt, sauer, down? Plötzlich beginnt er, nach ein oder anderthalb Stunden nichtssagendem Geschwätz, ausdauernd zu erzählen …

Ich wurde am fünften April erstmalig zur Vernehmung geholt. Mir war damals schon der Gedanke gekommen, daß ich mit der Tat an Ilona etwas zu tun haben könnte, doch hatte ich keine richtige Erklärung dafür. Ich habe mir seit der damaligen Vernehmung bis zum heutigen Tage ständig ernsthaft Gedanken gemacht und überlegt, wie ich damit zusammengekommen sein kann. Bei dieser damaligen Vernehmung wurde mir lediglich bekannt, daß die Ilona tot ist. Näheres hierzu konnte ich nicht erfahren. Als ich dann am siebenten April meinen Dienst im Hauptpostamt wieder aufnahm, erzählten mir die Kollegen dort einiges zur Tatausführung.

Wer hat Sie informiert?

Am Dienstagmorgen standen zwei Kollegen in der Entkartung. Sie wußten, daß ich bei der Polizei verhört worden war, und fragten nach Einzelheiten. Ilona ist tot, sagte ich, nur soviel habe ich erfahren. Da sagten die Kollegen und wiesen auf den Zeitungsraum, da drüben ist es passiert, da

ist sie erschlagen worden.

Am nächsten Tag fuhr ich einen Kollegen zur Polizei, weil Fingerabdrücke gemacht werden sollten. Nach meiner Rückkehr sagte man mir, daß insgesamt hundertdreizehntausend Mark entwendet worden waren. Auch sagte man: Die Summe setzt sich aus drei Positionen zusammen. Wie war denn das Geld verpackt? fragte ich Murnau. Da sagte er. Die kennst du doch auch, diese Säcke.

Sie sind zu der Auffassung gelangt, selber mit der Tat etwas zu tun zu haben. Wieso?

Seit einigen Jahren ist es vorgekommen, daß ich Handlungen begehe, von denen ich hinterher nichts mehr weiß. Ich möchte einen Fall schildern, der drei, vier Jahre zurückliegt. Ich hatte damals einen Streit mit meiner Frau. Worum es ging, weiß ich nicht mehr. In den Tagen danach erwartete meine Frau, daß ich mich entschuldigte. Wofür? fragte ich. Obwohl mir die Erinnerung an den Streit geblieben war, wußte ich nicht mehr, daß ich meine Frau auch geschlagen hatte.

Wieso bringen Sie diese Vorkommnisse in Zusammenhang mit dem Tatgeschehen an Ihrer Kollegin Ilona Kitzner?

Da ich bereits am fünften April zur Polizei geholt wurde, schlußfolgerte ich, daß ich im Verdacht war, mit der Tat in Zusammenhang zu stehen. Ich halte es für nicht ausgeschlossen, daß ich die Tat begangen habe, daß ich mich jedoch auf Grund der bereits in der zurückliegenden Zeit vorhandenen Erinnerungslücken bei Tätlichkeiten nicht mehr daran erinnern kann. Selbst wenn mir vorgehalten wird, daß es nicht möglich ist, daß solches Tatgeschehen in Vergessenheit geraten kann – ich bleibe dabei, daß ich gegenwärtig nichts Näheres hierzu sagen kann. Ich werde mich bemühen, alles in die Erinnerung zurückzurufen.

Die Vernehmung wird am frühen Morgen gegen halb sechs abgebrochen. Nach ein paar Stunden Schlaf wird Theile am selben Mittag um zwei wieder vorgeführt. Hauptmann Rother hat weniger Zeit zum Ausruhen gefunden. Gespräche mit Vorgesetzten waren zu führen, Absprachen. Nun erklärt plötzlich Dietmar Theile aus heiterem Himmel:

Nach vielem Überlegen möchte ich jetzt ein Geständnis ablegen. Ich habe mich tagelang, insbesondere seit meiner Inhaftierung und durch die bisherigen Vernehmungen selbst zermürbt und möchte die Last von mir loswerden. Ich will ganz ehrlich sein und das Versteck des von mir geraubten Geldes der Polizei selber zeigen. Beschreiben kann man das Versteck wohl nicht…

Siebzehn Uhr dreißig unterbrechen sie die Beschuldigtenvernehmung, fahren fünf Minuten später mit zwei Polizei-Pkws los. Nach Süden, sagt Theile, Richtung Autobahn, unter ihr durch. Oben auf der Höhe wird das Land nur von ein paar Waldzungen unterbrochen. Felder und Weiden reihen sich aneinander, ein unübersichtliches Mosaik, durch Straßen und Dörfer getrennt. Nach einer reichlichen halben Stunde sagt Theile: nach rechts, gleich danach: nach links. Dann sagt er: halt. Zwischen Pflaumenbäumen liegt ein Weg, vierhundert Meter hin stehen die ersten Häuser eines Dorfes. Da bin ich zu Hause, sagt Theile. Links neben dem Weg erstreckt sich eine kleine betonierte Weidetränke, offensichtlich kaum mehr benutzt, sieben Meter lang, einen halben Meter hoch. Erdreich liegt darin, eine verrottete Schicht. Als die beiseite geräumt ist, entdecken sie den Plastebeutel, blau, prall gefüllt, zweifach verknotet. Als Rother den Beutel öffnet, sind darin die Geldsäcke der Deutschen Post. Er öffnet sie, da sehen alle die Scheine: Hunderter, Fünfziger, Zwanziger, Zehner, gebündelt und banderoliert.

Die Rückfahrt verläuft ziemlich stumm, ohne Vorkommnisse.

Ich fuhr zu meiner Schwiegermutter. Wir beredeten den Ablauf des Sonntags, den Besuch im Krankenhaus. Dann fuhr ich natürlich nicht nach Hause. Ich stellte mein Moped am Holzplatz ab, keiner sollte erkennen, wohin ich zurückkehrte. Wußte ich, ob jemand während der Nacht in die Post kam?

Ich lief durch die kleine Pforte, die war noch geöffnet. Ilona stand an der Rampe, sie wartete auf mich. Ich hatte ja versprochen, ihr Schnaps und Zigaretten zu bringen. In der Entkartung brühte ich Kaffee, sie machte tatsächlich noch schriftliche Arbeiten. In den Kaffee, drei, vier Tassen, schüttete ich den Verschnitt hinein, ihr gab ich weniger. Die Flasche haben wir restlos ausgetrunken. Ich legte sie in meine Aktentasche, wollte sie später beseitigen, niemand sollte etwas von meinem Besuch merken. Da waren wir uns einig.

Danach mußte ich meine kleine Notdurft verrichten. Ich lief zur Toilette im Keller. Als ich zurückkam, lag Ilona schon locker auf der Campingliege. Da sind Leute im Treppenaufgang, sagte ich, ich kenne sie nicht. Da ging sie nachsehen. Ach was, sagte sie danach, mach dir keinen Kopf. Das sind Leute vom Haus.

Ich wollte dann abhauen, aber sie sagte: Bleib ruhig da. Sie hatte sich wohl schon auf mich vorbereitet, an ihrer Kleidung hantiert, aber ich habe keine sexuellen Beziehungen zu ihr gehabt, so unverständlich das klingt. Nein, wir haben keine Zärtlichkeiten ausgetauscht. Ich habe vielmehr den Hammer genommen, ich habe ihn nicht mitgebracht, er lag da, ich bin dabei aufgestanden und vor das Feldbett getreten. Soweit ich mich erinnern kann, lag sie etwas seitlich. Gleich nach dem ersten Schlag rührte sie sich nicht mehr. Ich weiß nicht, wie oft ich zugeschlagen habe.

Ich habe Ilona erschlagen, weil ich in den Besitz des Geldes kommen wollte, das sich in der Entkartung befand. Ich hatte manchmal gesehen, wie Ilona mit dem Geld umging und wie sie die Geldsäcke in dem dünnen Blechschrank verstaute.

Wir hatten kein Licht in der Entkartung, die Nachtbeleuchtung von draußen reichte, sich zu sehen. Ich stopfte zwei Geldsäcke, die größten, unter meine Lederjacke, mehr schaffte ich nicht. Schade. Ich löschte das große Hoflicht, kletterte über das verschlossene Tor. Die Rumflasche und den Hammer mit den Fingerabdrücken warf ich irgendwann weg in den Park. Ich will nun ehrlich sein, ich nahm die Flasche wegen dieser Fingerabdrücke und meiner Angst mit. Zu Hause schob ich das Moped in die Garage und sah in der Küche nach, wieviel Geld ich mitgebracht hatte. Ich habe den einen Postsack im Ofen verbrannt. Warum bloß den einen? Ich weiß nicht. Dann habe ich das Geld in den großen Plastesack gesteckt. Über das Versteck habe ich nicht lange nachgedacht. Ich erinnerte mich an die alte Tränke, die keiner mehr benutzte. Auf dem Weg dorthin schneite es. Das nasse Weiß verdeckte sofort alle Spuren, auch das verrottete Gras und die Erde, mit denen ich meine Beute in der Tränke zudeckte.

Sie hatten sich alles in allem drei Wochen lang in den Posträumen einquartiert, nun fällt die Spannung von ihnen, sicherlich auch von den

Postleuten. Was noch bleibt, ist fast Entspannung, ist Kleinarbeit, Fleiß. Die gefundenen Zusammenhänge untermauern, exakt belegen, nacharbeiten. Nicht zuletzt auch das Täterbild klären ...

Überflüssig zu sagen: Es blieben gegen Klaus Debert keine ernsthaften Verdachtsmomente, das Blut an seinem weggeworfenen Mantel war natürlich nur sein eigenes. Und der plötzlich in Verdacht geratene, aus der Versenkung aufgetauchte Siegfried Lieske, gerade mal zweieinhalb Wochen im Hauptpostamt angestellt, hatte zwar ein heftiges und keineswegs hoffnungsloses Interesse an Ilona Kitzner. Aber am entscheidenden Wochenende hatte er als Trauzeuge an der Hochzeit seiner Schwester teilgenommen, dreihundert Kilometer weit weg, nördlich von Berlin. In der Tatnacht hatten sie Polterabend gefeiert, auch er.

Der Täter

1

Er ist in dieser Stadt geboren. Er kennt sie genau. Er streunt über ihre Straßen und Plätze, er kennt die Räuberecken der Jungen, Dutzende heimliche Verstecke vor allem in den weitgedehnten Parks und Wäldchen, erst recht auf den weidenbestandenen Wiesen am Fluß.

Er wächst ziemlich ungebunden auf. Er hat neben einigen Halbgeschwistern eine einzige leibliche Schwester, aber die ist eben ein Mädchen und älter. Von seinem Vater ist daheim selten die Rede, und wenn schon, dann nur mit giftigen Worten: Der Bock hat sie verlassen, er treibt sich sonstwo mit jüngeren Mösen rum. So bleibt ihm nur sie allein, die Mutter, aber sie ist meist auf Arbeit oder mit dem Haushalt beschäftigt. Immer hat sie zu wischen, zu waschen, vielleicht will sie so den Schmutz ihrer täglichen Beschäftigung aus allen Poren und Rocksäumen schwämmen: Sie ist Kohlenausträgerin, bei einem Privatkrauter angestellt, eine kräftige Frau mit derben, massigen Schultern.

Als der Junge eingeschult wird, ist auch das letzte der Stiefgeschwister längst aus dem Haus, zwei Jungen, ein Mädchen, viel älter alle, Kinder aus früheren Ehen der Mutter. Ich hatte eben kein Glück mit den Kerlen, sagt die Mutter, alle rannten mir davon. Und sie hebt hilflos ihre breiten Hände. Keinen konnte ich halten.

Die Hände kennt der Junge gut. Sie haben einen harten Schlag. Aber er brauchte ein bißchen mehr Zuneigung und Zärtlichkeit, nicht nur diese Ruppigkeit und die hilflosen Schläge. Oder etwas Hilfe bei den Schularbeiten.

Als der Junge die Volksschule verläßt, hat er seine letzte, die siebente Klasse zweimal besucht und trägt noch immer die verwaschene Jungvolkuniform, die ihm der Halbbruder Gerhard vermacht hat, ehe er Soldat wurde, um an der Ostfront zu fallen. Gerhard ist das einzige Opfer, das der Krieg von ihnen fordert. Sonst kommen sie mit dem Schrecken davon. Die Bomben und Granaten, die 1945 ringsum reichlich in der Stadt detonieren, zerstören ihnen nicht einmal die kleinste Fensterscheibe.

1945... Zu der Zeit macht der Junge bereits eine Lehre als Fahrradmechaniker. Die Mutter bezahlt seinem Meister fast ein Jahr lang ein Lehrgeld, damit er den Jungen nur ja behält. Im Februar 1947 legt der die Notprüfung als Geselle ab, gerade mal mit der Note befriedigend. Wochen darauf schreibt er bereits aus der britischen Besatzungszone: Er hat da Arbeit im Bergbau gefunden. Mit sechzehn ist er unter Tage als Schlepper tätig, später als Lehrhauer.

1951 kehrt er zurück, voller Geschichten. Er hat schon früh eine auffällige Neigung zur Großmäuligkeit, und er kann schwadronieren, erzählen. Doch er ist nicht der schwerkranken Mutter wegen zurükkgekommen, wie er, den guten Sohn herauskehrend, erst mal vorgibt, sondern dieser Wismutschächte wegen unten im Erzgebirge. Ihr Goldgräberruf ist bis in die Gruben zwischen Ruhr und Rhein gedrungen.

1953 bekommen ihn Mutter und Stadt wieder. Es hält ihn wohl nirgendwo lange. Da schleppt er dann gemeinsam mit der Mutter anderen Leuten die Kohlen in die Keller, in diesen offenen derben Jutesäcken noch, und staunt: Wie die Kraft der Alten Rücken und Armmuskeln spannt!

Monate darauf bleibt sie eines Morgens einfach tot im Bett liegen, und der Junge ist von einem Tag auf den anderen allein. Die Verwandtschaft hat sich längst gen Westen begeben, auch die drei Jahre ältere Schwester.

Aber er hat doch Freunde?

Kumpels, ja, Saufkumpels in den Kneipen. Schon mit siebzehn hat er in den Wohnheimen an der Ruhr reichlich Spaß am Deputatschnaps und am Bier gefunden. Warum soll er nun von dem lassen, was Freude bringt?

Und die Frauen und Mädchen?

1953 gibt eine von ihnen vor, von ihm schwanger zu sein. Da heiratet er sie. Doch er findet bald Wärme nicht nur im neuen heimischen

Bett. Wieso auch nicht? Wenn einen ein Weib so schändlich aufs Kreuz legt, einfängt, mit Lügen überfährt! Nichts ist mit diesem angeblichen Kind unter ihrem Herzen! Nichts!

Dazu ist der Kadi nicht weit: Prügelei, Körperverletzung, Urkundenfälschung, alles mehrfach. Auch die Zahl der Arbeitsstellen wächst. Wer behält schon gern einen Saufaus und Krakeeler? Er geht weg vom Kohlehandel, arbeitet in einem Sägewerk, beim Hoch- und Tiefbau, in verschiedenen Bereichen der Bauunion bei der Reichsbahn, sogar auf einer Diesellok.

1958 zerbricht die Ehe dann endgültig, sang- und klanglos, und die fehlenden Kinder machen jeden Sühnetermin überflüssig. Wochen später schon kriecht er bei der nächsten Frau unter, und er heiratet sie, gerade mal zwei Monate mit ihr zusammen.

Tut ihm unrecht, wer ihn so beschreibt? Er will das ja seit jeher: Heimat, Ruhe, eine Stelle zum Unterschlüpfen. Er hat doch Sehnsucht nach einer Frau, nach einer festen Familie. Er hat solche Geborgenheit nie kennengelernt: die Geschwister älter und unterwegs, der Vater ein Leben lang sonstwo. Und er ist ja auch sensibel, verletzlich. Mit fünfzehn ist er auf den Dachboden geklettert, hat sich ein Seil zur Schlinge geknüpft. Erst in letzter Minute hat ihn ein Nachbar erwischt, vorm Schlimmsten bewahrt. Das ist doch kein Schauspiel gewesen. Und natürlich hat er die Mutter gern gehabt. Doch was hat er von ihr bekommen, auch wenn er sagt: Ich habe kein schlechtes Zuhause gehabt, Mutter hat immer für uns gesorgt?

1962 will sich auch seine zweite Frau von ihm scheiden lassen. Immer bloß diese Schwüre und Vertröstungen, die leeren Worte, die angebliche Reue. Ein Jahr hat er wieder gesessen, Betrug, Urkundenfälschung und Körperverletzung, sie hat's durchgestanden, nun aber ist Schluß. Es hat ja sowieso kein Ende mit seiner Sauferei, kaum daß ihm der Lohn in die Finger gerät. Er ist weich, verführbar, ohne jede Disziplin. Und wie lange sollen sich andere Weiber auf ihre Kosten amüsieren, wenn er wieder zu einer gekrochen ist?

Scheiden? Er trinkt, er tobt, er jammert. Er wirft einen Hammer nach ihr, zerrt ihr die Ohrringe raus, krakeelt selbst mit den Kindern (zwei hat sie aus vergangenen Beziehungen mit in die Ehe gebracht), daß die Leute vorm Haus zusammenlaufen, gaffen. Er packt sie, setzt sie auf die heiße Herdplatte, daß sie vor Schmerz brüllt. Er schwänzt fünf Tage die Arbeit oder wird wegen Trunkenheit davongeschickt.

Als ihre Scheidungsklage dann wirklich eintrifft, als das Papier auf dem Tisch vor ihm liegt, die unmißverständliche Auflistung seiner

Schwächen und Übergriffe, sein ganzes Sündenregister, bringt es ihn wie ein Blitz zur Besinnung: Die meint das ja ernst, die erzählt das ja nicht nur so zum Quatsch, die will ihn ja ernsthaft aus dem Haus haben und weg von den Kindern!

Er ist nun zweiunddreißig, er hat zwei Kinder, und die Frau ist häuslich, fleißig, anstellig. Soll das auf einmal wieder zu Ende sein, soll er alles noch einmal von vorn beginnen?

Gewissermaßen über Nacht ändert er sich, nimmt er sich zusammen. Er trinkt kaum noch Alkohol, wenigstens keinen Schnaps, läßt sich von niemandem mehr dazu verleiten. Er hilft im Haushalt, holt Kohlen, heizt regelmäßig, kümmert sich um die Kinder. *(Das sowieso, die Kinder mag er, auch die nicht seine sind, die Kinder hat er niemals angegriffen. Da hat er auch rasch zärtlich sein können.)* Als der Scheidungstermin da ist, kann er das Gericht überzeugen: Er hat nun endlich begriffen, was er da aufs Spiel setzt. Er wird sich ändern, gegen seine Charakterschwächen angehen.

2

Sie wohnen mittlerweile auf dem Lande, seit 1961, seit er aus dem Strafvollzug zurückgekehrt ist. Es ist auch wegen der Wohnung. Ein Dorf kann einer immer größer werdenden Familie offenbar leichter ansprechende Unterkunft bieten, weil: Wer in der Landwirtschaft arbeitet, wird von der Landwirtschaft auch mit allem Nötigen versorgt. Die kümmern sich um ihre Leute.

Er ist jetzt einer von ihren Leuten. Er kann bald Lkw und Traktor fahren, Motorrad und Auto, er macht die entsprechenden Fahrprüfungen. Er legt eines Tages die Prüfungen für den Melkerberuf ab, ist Facharbeiter, einige Zeugnisnoten sind sogar gut. Auch seine Frau arbeitet in der Landwirtschaft, sie stammt ja vom Dorf. Sie werden beide Mitglieder in dieser ländlichen Genossenschaft, verdienen nicht schlecht. Diese Jahresendausschüttungen zum Beispiel: Sie können sich neue Möbel leisten, ein Motorrad, eine ES 250, die sie wieder abstoßen, einen ordentlichen Gebrauchtwagen dafür erstehen, einen Moskwitsch. Manchmal fangen sie schon an und träumen von einem eigenen Haus.

Ein eigenes Haus? Warum nicht. Unabhängig sein …

1964 wird ihr drittes gemeinsames Kind geboren, wieder ein Mädchen, 1965 ihr viertes. Er bringt seiner Frau Tulpen ins Krankenhaus, grinst an ihrem Bett. Du schaffst wohl nur Mädchen? sagt er. Nun ja, auch sie hat große Sehnsucht nach einem Jungen.

Ein allseits glückliches Leben, endlich? Hat er noch die Kurve gekriegt?

Übrigens: 1960 stirbt ihr zweites Kind, nach einer vergeblichen Tumoroperation, ein Junge, Rolly. Hat er da wirklich zu ihr gesagt: Du schaffst wohl nur Mädchen?

Es gibt genug Widersprüche auch in seinen früheren Aussagen. *Manchmal hat er Birgit grundlos geschlagen*, das voreheliche Kind, *wie mich*. Auch das steht in den Protokollen.

Vieles spielt sich eben nicht mehr vor aller Augen ab. Er schlägt seine Frau nicht mehr im Flur des Genossenschaftsbüros, weil sie ihm nachspioniert: Haben sie ihm wieder einen Vorschuß hingeblättert?

Dabei: Er braucht keinen Vorschuß, er hat zwei Hähne geschlachtet, Kopf ab, zack, und verkauft, damit er wieder an Alk rankommt. Genauso mach ich's mit dir, wenn du nicht endlich die Klappe hältst, von selber Ruhe gibst. Vor aller Ohren hat er's gesagt.

Gewiß, das war vorher, vor dieser Ehescheidungsklage. Aber nun hat er auch noch viermal innerhalb von zehn Jahren die Anstellung gewechselt. Warum?

Von Schmunkwitz ging ich weg, weil ich den Rinderstall abgeben sollte, gerade als ich ihn in Schuß gebracht hatte.

Und von Börnitz?

Börnitz war ein Wohnungsproblem. Unsere Birgit hatte ein Rheumaleiden, die kam ja um in dieser Nässe in Börnitz auf Dauer, da mußten wir ihretwegen weg. Wir haben das gern auf uns genommen.

In Langenhagen hatten Sie immerhin eine geräumige Vierraumwohnung, guten Verdienst, Ihren höchsten bisher.

Ich kam mit dem Brigadier nicht zu Rande, wir stritten uns um die freien Tage, wir stritten uns um sonstwas.

Die Genossenschaftbauern in Langenhagen führen allerlei Gründe für ihren langwährenden Unmut an: Im Frühjahr 1968 schon begann die Vernachlässigung der Tiere, erfolgten Weideaustrieb und Fütterung nicht pünktlich. Und im letzten Herbst wurde Getreideschrot entwendet, nur scheinbar verfüttert. Und die Unpünktlichkeiten nahmen zu. Immerwährender Grund: Alkohol. Manchmal wurde Tage hintereinander erst mittags der Stallmist geräumt. Und der Streit um die Futterdiebstähle beschäftigte nach der Konfliktkommission auch das Kreisgericht.

Was heißt das alles?

Er hat sich überhaupt nicht geändert. Allen Beteuerungen zum Trotz.

Aber dann geschieht das Erstaunliche: In der Stadt, beim Hauptpostamt, in dieser neuen Stelle ist er gern gesehen. Er ist verläßlich, erfüllt seine Aufgaben, er begreift sie schnell, erledigt sie zügig. Viereinhalb Monate lang arbeitet er ohne die geringste Beanstandung. Man weiß, er muß seine Genossenschaftswohnung in Langenhagen räumen, es gibt auch schon entsprechende Gespräche deshalb: Er soll nun wieder eine Wohnung hier in der Stadt erhalten.

Er wird zunächst bei der Güterkraftpost über Land eingesetzt. Als Hinweise auf sein Vorleben eintreffen, zieht man ihn von den unkontrollierbaren, meist nächtlichen Fernfahrten ab. Er wird Telegramm- und Eilzusteller. Schließlich will man ihn sogar in die unmittelbare Kontrolle eines Dienststellenleiters geben. Aber die schwere Arbeit am Bahnpostamt – als sogenannter Überlader – hält er gesundheitlich nicht aus. Untauglich, sagt der Betriebsarzt. Warum soll er da nicht wieder in die Telegramm- und Eilzustellung zurück? Er ist arbeitswillig und einsatzbereit, alles andere als einfältig, begriffsstutzig, alles andere als faul. Nicht wenige Kollegen setzen sich für ihn ein, vor allem die vier Schichtler in der Entkartung.

Eine von denen, die ganz deutlich für ihn sprechen, ist Ilona Kitzner.

3

N… den 18. 4. 70

Meine liebe Molle und Kinder

Du wirst nun schon erfahren haben was loß ist, aber bitte glaube du nicht daran. Ich mache mir Sorge um dich und klein Lieschen, was macht Gunny, Christelchen und alle anderen Liebe Molle Bringe mir am Freitag zwischen 8 u 12 Uhr Frische Wäsche den grauen Anzug die schwarzen Schuhe und die graue Strickjacke unterwäsche und das Blaue Hemd mit den dunkeln Knöpfen. Weiter meine Brille aus den Wagen die brauch ich. Dann mußt du von hier die Wagen und Mopedpapiere mitnehmen und die Zahlkarte von Annelieschen. Laß dir von Max oder Siegfried das Ladegerät von den Wagen abklemmen, und Hole das Moped von der Post stell es zu Mutti oder Fährst du es selbst nachhause. Meine liebes habt ihr an Sonnabend geschlachtet, wenn nicht so denke dran das das Schwein weg muß. Mach dir nicht soviel gedanken denk an deine gesundheit und an die Kinder, gib mir bitte gleich antwort, und am Freitag die Sachen nicht vergessen. Du wirst es schon irgendwie machen das du kommst. Seid alle vielmals gegrüßt und geküsst

Von Eueren Vati

4

Aus den seinerzeit nahezu wortwörtlichen Nachschriften seiner Aussagen:

Vor einem Jahr, da wäre beinahe dasselbe geschehen, was jetzt geschehen ist. Da habe ich auch nach dem Hammer gegriffen. Und ich habe nach meiner Frau geschmissen und dann hinterher dagestanden und das nicht mehr gewußt.

Genauso ist das mit dieser Kitzner gewesen, mit Ilona. Wenn man das rückgängig machen könnte ... Ich kann mir das selbst nicht erklären. Das sage ich nicht bloß heute, das habe ich schon vorher gesagt. Ich hatte nicht die Absicht, daß das, was passiert ist, passieren sollte. Aber daß jetzt, nachdem das geschehen ist, alles auf mir ruht, das sehe ich selber ein. Ich kann jetzt nicht sagen, so oder so, und in Wirklichkeit ist es anders gewesen. Und die Frau kann ja nichts mehr sagen.

Sie wollte jedenfalls weg aus der Stadt. Sie hat sich schon paarmal übern Westen unterhalten, schon vorher, daß sie da jemanden drüben hätte, aber wen, weiß ich nicht. Da hatte sie schon von einer Freundin oder jemandem einen Briefschreiben lassen, den hat sie sich selber zugeschickt, daß es so aussieht, als wenn sie eingeladen ist, daß sie weg kann. Da haben sie auch gesagt, ich hätte den Brief geschrieben. Ich habe aber keinen Brief an die Frau geschrieben, das hat die alles selber gemacht. Das ist alles so verwickelt und verzwickt. Ob sie nur Verkehr haben wollte mit mir? Ich weiß das nicht. Ich habe keinen Verkehr gehabt mit ihr Ich habe ihr auch so nicht näher gestanden. Ich kann nur das sagen, ich habe vorher mit der Frau nichts gehabt. Sie war lustig; wo sie jemanden necken konnte, tat sie's. Ich hab zu ihr schon paarmal gesagt, wo es andre gehört haben, sie sollte das lassen, aber es hatte ja keinen Zweck. Und nun sagen die das nicht, die das damals gehört haben, die ziehen sich alle aus der ganzen Affäre raus.

Ich sollte den Abend zu ihr hinkommen, sie wollte sich unbedingt mit mir aussprechen. Ich bin mehrfach durch die Fahrten bei der Post abends nicht nach Hause gekommen und nachts über bei meiner Schwiegermutter geblieben. Ob die Frau das nun rausgekriegt hat oder was, ich weiß das nicht. Was sie für Absichten damit gehabt hat, mich zu sich zu bestellen, das ist mir unerklärlich, und das wird auch immer unerklärlich für mich bleiben.

Sie hat gesagt: Du gehst hier nicht raus, ohne daß ich eine klare Antwort habe. Und vor allen Dingen, daß ich mit ihr zusammenleben wollte, sollte ich sagen, sonst würde sie erst mal meine Frau anrufen. Und dann den Chef oder so, und da setzte sie sich auf meinen Schoß. Ein paarmal setzte sie sich so, und ich hab sie immer wieder runtergeschuppt.

Ich bin, wie soll ich mich ausdrücken, ich bin ebenfamiliär, von zu Hause aus schon. Und ich hab 'ne große Familie. Und meine Frau ist herzmäßig auch nicht ganz intakt, jede Aufregung wollte ich meiner Frau ersparen. In dem Moment, wo die andere, die Kitzner, die Frau, jetzt im Krankenhaus angerufen hätte, oder ich hätte was von der Post gekriegt, das wäre erst mal 'ne Aufregung gewesen für meine Frau.

Ich weiß dann nur noch so viel, daß sie mich in den Arm gebissen hat, Ilona, mein ich. Ob ich ihr eine geklatscht habe zuerst, das kann ich nicht mehr sagen. Ich habe in dem Fall nur meine Frau gesehen. Zum Beispiel die Fahrerlaubnis. Daß ich überhaupt die Fahrerlaubnis habe, das habe ich im Grunde meiner Frau zu verdanken. Die hat mir in jeglichem Fall, wo ich nicht mitgekommen bin, geholfen, die hat mir in jeglichem Fall unter die Arme gegriffen. Nein, es hat Zeiten gegeben, da bin ich wochenlang zu Hause gewesen, da bin ich keinen Schritt aus dem Hause gegangen. Da konnte meine Frau gar nicht auf den Trichter kommen und sagen daß ich fremd gewesen bin.

Geld, Geld, Geld. Ich war noch gar nicht bei der Post, da hatte ich schon ein Haus in Aussicht, dreitausend Mark kam das. Aber es hat nicht geklappt und hat nichts mit diesem Geld zu tun, mit diesem Geld von der Post.

Wie das mit diesem Geld gekommen ist, ich kann Ihnen das nicht sagen. Das ist Tatsache, aber das glaubt mir keiner Das muß alles im Handumdrehen gewesen sein. Ich weiß, ich kriege eine harte Strafe, und ich habe mich auch mit allem abgefunden. Aber das werde ich zeitlebens nicht vergessen. Zeitlebens werde ich mir den Kopf darüber zerbrechen, warum und wie das gekommen ist.

Sie können sich kein Bild davon machen. Das ist ein kleiner Raum gewesen. Da war nicht direkt ein Tresor, nur ein Blechschrank. Da hatte sie das Geld vor sich auf den Tisch gestellt, die zwei Geldsäcke. Hier, sagte sie, das kriegt deine Familie, da kaufst du dich von deiner Frau los, daß es ihnen nicht schlecht geht, und mit dem anderen fangen wir ein neues Leben an. Ich habe vorher nicht gewußt, daß die Frau ein Kind hatte, das habe ich erst im Laufe dieses Gesprächs erfahren. Und ich wußte auch nicht, wieviel Geld das in den Säcken war. Ich sollte mich nur mit dem Geld von meiner Familie regelrecht loskaufen. Sie wollte auch was haben vom Leben.

Ich war abgespannt an dem Tag. Ich hatte den Tag auch Kopfschmerzen. Immer fahren, fahren, fahren. Ich war vorher schon durch meine Arbeit im Stall mit den Nerven runter. Da bin ich fix explodiert. Wenn sie mir da dumm gekommen sind, da bin ich schnell durch gewesen. Vielleicht da auch an dem Tag. Ich weiß nur so viel, daß Ilona sich bei mir im Arm direkt festgebissen hat, und da habe ich sie runtergestoßen oder ihr 'n paar gescheuert oder was. Und dann weiß ich nur, daß ich meine Aktentasche packte, und da habe ich wohl auch das Geld mitgenommen, bin naus, fort, alles war eins. Und dann habe ich das Geld dahin gebracht, an diese Stelle, ich konnte es ja nicht im Hause behalten. Erstens mal waren dort die Kinder, vor allem aber hätte ich ja mit dem Gelde gar nichts anfangen können.

Ich bin nicht an dem Schrank gewesen, das war die Frau selber. Wo wir uns unterhalten haben, hat die noch verschiedene Arbeiten gemacht, Kontrollen oder was. Es war halbdunkel in dem Raum, Licht kam nur von draußen. Ich weiß nicht, ob sie noch 'nen Transport fertig machen wollte. Sie brauchte auch den Schrank gar nicht aufzumachen, denn der Schlüssel stak. Der war nur angelehnt, der Schrank. Und wo sie dann die Tür zurückschlug, flogen ihr schon die Säcke entgegen.

Sie trug den Schlüssel wirklich nicht an ihrem Körper Das hat mich schon ein anderer Vernehmer gefragt. Der sagte mir, da sei Wäsche zerrissen gewesen. Aber das stimmt nicht. Ich habe die Frau gar nicht angefaßt. Und ich habe auch keinen Verkehr mit ihr gehabt. Ich sage nur so viel, wenn man mit einer Frau nähere Beziehungen eingeht, da muß doch gewöhnlich Sympathie dasein. Aber ich fühlte nichts für diese Frau.

Wie die Stricke an den Hals gekommen sind, kann ich nicht schildern. Ich kann das nicht erklären, überhaupt die ganze Tat. Und das habe ich auch angegeben, daß ich einmal oder zweimal oder dreimal zugeschlagen habe. Das muß ja gewesen sein, weil die Frau so gefunden worden ist. Aber ich weiß es nicht. Ich weiß nur, daß ich zugeschlagen habe. Und ich habe auch nicht die Absicht gehabt vorher. Du hast den Mord begangen, um an das Geld ranzukommen. Das ist mir von der Kriminalpolizei gesagt worden, und das ist, was in mir fressen tut. Du bist es eben gewesen, du hast das eben gemacht wegen dem Geld. Aber ich habe mir vorher nichts überlegt. Ich habe keine Absicht gehabt vorher. Es hat sich alles so ergeben.

Jedenfalls ist festgestellt worden, daß ich derb zugeschlagen habe. Ich will nicht sagen, ich habe eine leichte Hand. Ich habe körperliche Arbeit gemacht, also habe ich eine harte Hand, schon möglich. Ich weiß nicht, ob ich erst den Hammer und dann die Flasche weggeworfen habe, oder umgekehrt. Es dauerte dann jedenfalls ziemlich lange, ehe ich das Moped in Gang brachte. Ich hab's angetreten, nicht angeschoben. Es ließ sich dann auch schlecht fahren durch den Schnee, den Schneematsch. Natürlich war ich kolossal aufgeregt. Ob durch die Tat oder überhaupt? Ich weiß nicht.

Daß ich bestraft werden muß, harte, ich weiß das. Es war ganz gemein und schlecht. Auch wenn Sie mich nicht geholt hätten, ich wäre selber zur Polizei gegangen, in der Verfassung war ich. Ich hätte das nicht verheimlichen können oder was. Aber das glaubt mir ja keiner. Alles das glaubt mir ja keiner, Sie nicht und zehn andere nicht. Ich habe frei gehabt, und da ist mir das alles erst zu Ohren gekommen, und wie ich das mit dem Hammer gehört habe auf der Post, da habe ich dann nachher gewußt, daß ich es selber gewesen bin. Nach zwei, drei Tagen habe ich das erst so gewußt.

Kurzer Schluß

Nun müßte man eigentlich weiter von den Menschen erzählen, die mit diesem Fall Berührung hatten. Einige sind mit dem berühmten blauen Auge davongekommen, andere ganz ungeschoren. Die Leitungskräfte des Hauses haben sich in Selbstkritik geübt und ganze Maßnahmenkataloge vorgelegt, wie Ordnung und Sicherheit im Hauptpostgebäude und darüber hinaus gewährleistet werden können: keine Frau allein in den Nachtdienst, wenig Geld im Hause behalten, das Vorhandene samt und sonders in den Stahltresor. Und so weiter. Amtmann Heinrich erhält wenige Tage nach ihrem Auffinden von Hauptmann Rother die gesamte geraubte Summe zurück. Kein vom Gebrauch noch so ramponiertes Scheinchen fehlt. Am selben Tag schließt die Parteiorganisation den Genossen Mörder aus ihren Reihen aus, Genosse Amtmann Heinrich erhält später eine Rüge: wegen Schlamperei und Verletzung der Aufsichtspflicht. Ihre Stellen und ihre Gehälter aber behalten alle. Da könnten sie wahrhaftig allerlei Dankgebete an dem alten Futtertrog verrichten, der ihr Geld unversehrt und unbemerkt über drei windige Wochen hinweg bewahrt hat.

Und im Privaten? Roswitha Peukert zum Beispiel, gutgläubig, wird nie etwas von den Eskapaden ihres Gatten erfahren. Aus Antje Heinrich und Klaus Petermann wird niemals ein Paar. Dafür geht die Ehe der Deberts bald gründlich krachen, und Klaus Debert, der schöne Klaus, wird Schwierigkeiten haben, allein durchs Leben zu schlingern. Hugo Gnauck dagegen denkt manchmal und erschrickt: Ob ihm alten Knacker die freundliche Handauflegerin Ilona Kitzner eines schönen Tages auch noch hätte gefährlich werden können?

Um den kleinen Jens Kitzner will sich erst einmal die vierundsiebzigjährige Oma Hedwig Leipold kümmern, sie sieht darin unerwartet die letzte große Aufgabe ihres Lebens. Und was wird aus den unschuldigen Kindern des Mörders?

Übrigens werden die Polizeiakten und Protokolle des Falles bald vielgefragte Schriftstücke. Aus unterschiedlichsten, selbst aus fadenscheinigsten Gründen hofft man an sie heranzugelangen. Hauptmann Rother weiß, warum. Sie haben die Liebesgewohnheiten und die zwei Dutzend Partnerschaften Ilona Kitzners ziemlich gründlich festgehalten. Da hofft nun sogar manche trockene Polizistenseele lüstern auf Unterhaltung oder gar Belehrung.

Das Bezirksgericht, viele Monate später, läßt sich von den verschleiernden Bemühungen und den angeblich unscharfen Erinnerungen Dietmar Theiles nicht täuschen. Er ist zielgerichtet vorgegangen, er hat eine Beziehung zu seinem Opfer von vornherein in der Absicht aufgebaut, es zu töten und sich das in der Post lagernde Geld anzueignen. Heimtücke also und niedere Beweggründe: Mord. Das Entscheidende: Die Tatwaffe, der Zimmermannshammer, ist Dietmar Theiles eigener Hammer. Die grünen Farbflecke am Griff und an den gespaltenen Spitzen sind beim Umspritzen des Moskwitsch entstanden. Der Hammer hat beim Spritzvorgang auf dem Boden der Garage gelegen. Zur Tat hat ihn Theile absichtsvoll mitgebracht. Eine glasklare Beweisführung, sagt Hauptmann Rother. Da bleiben ein paar bis zum Schluß des Verfahrens ungeklärte Umstände unwesentlich, die Rolle der Bindfäden um Ilona Kitzners Hals etwa. Dietmar Theile wird zu einer lebenslangen Freiheitsstrafe verurteilt. Als das Fernsehen der DDR nach Jahren daran denkt, eine eigene Kriminalfilmreihe aufzubauen (den Polizeiruf 110), gerät man auch bald an diesen Stoff vom Naumburger Postraub. Ja, man will schließlich die Reihe sogar mit dieser Geschichte starten. Aber gleich mit einem Mordfall beginnen, wo doch die Zahl der in der Filmreihe zugelassenen Morde sowieso arg limitiert ist? Also wird das Filmopfer nur schwer verletzt, kommt mit dem Leben davon. Auch wird sein Charakter kräftiger, härter, nicht so locker gezeichnet, mit weniger Freiheiten vor allem in seinen Partnerschaften.

STIRB, SCHWESTER

Flucht und Verhaftung

1

Er rennt, stürzt die Treppe zum Parterre hinunter. Arme und Hände zur Seite gebreitet, streift er sich mühsam die Lederoljacke um, muß einen Augenblick ungelenk verharren, um sie sich über die Schulter zu stülpen, da steht die alte Frau vom linken Eingang, die schon Ewigkeiten hier wohnt. Wortlos steht sie, starrt auf ihn, seine Eile. Vom ersten Stock kommt währenddes immer noch dieses laute Rufen der Schwester: Hilfe, Hilfe. Weg, will er selber schreien, weg, weg, da tritt die alte Frau schon von allein zwei Schritte zurück, preßt den Rücken erschrocken an ihre Wohnungstür. Ach, Olaf. Aber der hat längst keinen Blick mehr für sie. Nur hinaus, denkt er, hinaus und aufs Rad. Und dann fort nach Hause, erst mal in die eigene Wohnung.

Das Rad lehnt an der Schuppenmauer, die Straße ist unendlich lang, gefährlich lang, wenn einem wer folgt. So biegt er rasch ab durch die Querstraßen, bis er die Nordwestallee erreicht. Die erweist sich freilich als mäßig belebt. Ein, zwei Straßenbahnen, nur wenige Autos vor jeder Ampel.

Er tritt gleichmäßig in die Pedale, er hat Übung, Kraft. Mindestens zweimal am Wochenende ist er so mit dem Rad unterwegs, halbe Tage mitunter, sonnabends, sonntags. Er kennt die Umgebung der Stadt, die kleinen Abfahrten, die langen Aufstiege, die Wäldchen, Taleinschnitte, den Fluß.

Was bleibt ihm sonst, sich die Zeit zu vertreiben? Auch wochentags ist er manchmal so nach der Schicht unterwegs gewesen, wenn die Abende lang genug hell waren. Aber das liegt nun schon weit zurück, die Arbeit, die Vorwürfe, die fremden, ihm nie wohlwollenden Menschen. Dazu alles andere. DAS ANDERE.

Gott sei Dank, denkt er, daß das ganze Theater nun endgültig vorüber ist.

Der Radweg, obgleich parallel zur Allee verlaufend, also vollkommen gerade, hat etliche Tücken, Huckel und Buckel, ausgefahrene Stellen.

Er ist nicht so oft hier langgefahren, daß er sie alle kennt. Manche Unebenheit überrascht ihn. Trotzdem hält er sein rasches Tempo durch, auch an den Fußgängerüberwegen.

Er greift ein paarmal mit der Rechten nach hinten, schiebt den abgesteppten Saum der Lederoljacke fort, spürt dort das Messer. Ja, er hat es mitgenommen, eingesteckt, sich hinten in den Hosenbund geschoben. Er hat es nicht vergessen. Dann legt er die Hand wieder vor sich auf den Lenker, starrt unwillkürlich darauf, entdeckt das Blut. Es zieht sich in Streifen über den Handrücken. Sein eigenes Blut? Oder fremdes, ANDERES?

Er schabt mit dem Handrücken zwei-, dreimal über den Lenkergriff, dann kehrt er ihn um, mustert die gewölbte Haut von neuem. Es ist wohl doch fremdes Blut. Ob es auch anderswo an ihm haftet, etwa an Hose, Hemd, Schuhen?

Er bemerkt nichts Auffälliges.

Er fährt höchstens zwei Kilometer, auch mit diesem Umweg, dann ist er zu Hause. Mannweilerstraße sechs, Hinterhaus, zweiter Stock. Er lehnt das Rad so eilig an die Regentonne, daß es umstürzt. Soll es liegenbleiben. Darauf kommt es nun auch nicht mehr an. Die Hauptsache, der alte Gottfried steht nicht an der Treppe oder öffnet neugierig die Tür, um hinter ihm herzustieren, wenn er kommt. Der alte Gottfried ahnt alles, sieht alles, redet über alles. Der alte Gottfried weiß schon lange viel zuviel von ihm. Aber er muß ja nicht die Treppe hinaufpoltern, -stolpern, sich nicht unvernünftig benehmen, sich nicht bemerkbar machen. Er hat doch Zeit, vorsichtig zu sein, er hat doch alles längst bereitgelegt: Ausweise, Wechselhemden, die Segeltuchtasche. Schon seit Monaten liegt alles parat. Zwei, drei Minuten, dann hat er das Notwendigste gepackt, *eingesackt*, zwei, drei Minuten, dann kann er das Haus für immer verlassen.

2

Gegen Morgen ist er dann dort, wohin er von Anfang an wollte: Berlin. Dumm, wieviele Umwege er gebraucht hat – Magdeburg, Brandenburg, Werder. Aber es fuhr kein anderer, schnellerer, kein direkter Zug.

Der Morgen ist kühl, sehr kühl für so einen Maitag. Ihn fröstelt. Er steigt schon in Schönefeld aus, er kennt die große Stadt nicht mehr. Einmal ist er mit seiner Schulklasse hergefahren, ein Ausflug, lang ist es her, die Jahre seitdem haben alle Erinnerung verblassen lassen. Oder kommt alles wieder, wenn er erst an der richtigen Stelle aussteigt, am Alex, am großen Tor hinter den Linden?

Aber das große Tor ist keine Zugstation, er erinnert sich. Man erreicht es erst nach einiger Anstrengung zu Fuß.

Er quert die Überführung, steigt die Stufen zum S-Bahnsteig hinunter. Richtung Friedrichstraße, künden die Fahrsteigschilder an. ja, genau dorthin will er.

Es ist kurz nach fünf Uhr, der Bahnsteig ist kaum belebt. Noch sind keine Fernzüge angekommen. Er drückt sich schließlich in ein Fenstereck, möchte sich am liebsten ausstrecken, schlafen, er hat die ganze Nacht kaum ein Auge geschlossen. Doch warum sollte er's jetzt, wo es aufs wahrscheinliche Ende zugeht? Er muß ganz wach bleiben.

Er liest die Stationsschilder, wiederholt ein paarmal die Namen. In Schöneweide verläßt er den Zug, erst einmal, weil viele aussteigen.

Bald begreift er's: Er ist noch zu weit draußen, weitab vom Zentrum der Stadt. Er hat sich geirrt.

Er sucht sich auf dem ausgehängten Stadtplan zu orientieren: Natürlich, er hat noch nicht mal die Hälfte der notwendigen Strecke hinter sich gebracht.

Einmal hat er sich mit seinem Vater unterhalten, länger als ein Jahr ist das her. Diese Botschaften liegen meistens in der Stadtmitte, manche in einer Seitenstraße. Doch es existieren mittlerweile so viele; weiß der Teufel, wo man sie alle untergebracht hat. Junge, warum willst du das wissen?

Eben so.

Schon vor einem Jahr hat er es wissen müssen. Einmal, hat er gedacht, wird er es brauchen. Nun braucht er es.

Gegen sieben steigt er am Bahnhof Friedrichstraße aus. Wo er sich bis dahin herumgetrieben, aufgehalten hat? Vielleicht könnte er es selber kaum richtig erklären. Er hat in Magdeburg über zwei Stunden lang im öffentlichen Wartesaal herumgesessen, in Brandenburg auf einer Bahnsteigbank. Er hat eben Übung darin, Zeit zu verbringen. Und wo hält man sich in einer Stadt auf, die man kaum oder gar nicht kennt?

Irgendwo dort an diesem Tor ist die Mauer, die Grenze. Wenn man durch sie hindurchkommen, sie durchbrechen, überwinden könnte? Vielleicht. Er hat es sich vorgenommen, er wird sie sich ansehen.

Kurz vor halb acht hat er ein paar dieser Botschaften gefunden, die bolivianische ist nicht darunter. Dabei: Die bolivianische wäre die beste. Aber natürlich wagt er niemanden danach zu fragen, erst recht keinen der Polizeiposten, die sich da immer in der Nähe aufhalten. Und auf keinem der Stadtpläne waren Hinweise auf irgendwelche ausländischen Missionen vermerkt, nur die sowjetische war einmal gekennzeichnet.

Kurz vor halb acht hat er sich für die österreichische Botschaft entschieden. Der österreichischen Botschaft, scheint ihm, kann er sich am unauffälligsten nähern. Drei, vier rasche Schritte nur, und er ist drin.

Als er davorsteht, liest er auf dem Messingschild: Geöffnet ab neun Uhr. Erst. Da hat er also noch über eine Stunde Zeit. Was soll er bis dahin tun? Vielleicht doch noch nach dieser bolivianischen Botschaft suchen? Oder nach einem Punkt, wo er über die Mauer kann?

Vielleicht kauft er sich aber auch erst mal was zu essen, ein paar Brötchen, ein Stück Wurst. Er spürt plötzlich seinen Hunger. Er hat die ganze Nacht über nicht geschlafen, und er hat genauso wenig etwas zwischen die Zähne bekommen. Das letzte war dieses Abendbrot gestern spät nachmittags im Garten der Eltern. Vor ALLEM.

Die Mutter. Komm, greif zu, iß, hat sie im Garten gesagt. Du hast dich früher nicht so geziert, wenn es Selbstgebacknes gab. Aber er hat keinen Appetit gespürt, weder beim Kaffee, noch als die Mutter vorgefertigte Schnitten auf den Tisch stellte, aufgeschnittene Gurken dazu, polnische Silberzwiebeln. Hätte er nur zugegriffen, sich zusätzlich ein paar Brotscheiben einpacken lassen, die Mutter hätte ihn sogar gelobt. Aber er hat nur auf die Geburtstagsgeschenke der Zwillinge gesehen und gedacht: Heute wird es klappen. Er hat sich aufs Rad geschwungen ohne Abschied, hat die Zwillinge mit ihren Rädern an der großen Ampelkreuzung eingeholt. Auf der Straße gegenüber hat er gestanden, ihre zornigen Blicke gespürt. Oder ihren Haß, ihre zynische Selbstsicherheit?

Er ist auf anderem Wege als sie zur Elternwohnung gefahren, damit sie nicht mißtrauisch wurden, er hat an der Tür geklingelt und ihr Staunen mit einem Lächeln besänftigt. Was treibt dich denn noch einmal zu uns, Olaf? haben sie gefragt, und er hat geantwortet: Gucken. Und vielleicht haben sie gedacht, er wollte sich vor den Fernseher setzen, sich die Zielankunft der üblichen Radfernfahrt mit Peggy ansehen, aber er hat nur diese stille Freude in sich gespürt, daß schließlich auch der zweite Zwilling anwesend war. Nach dem Umweg zu einer Bekannten in der Nachbarschaft ist sie rasch zurückgekommen. Dann sind die Mädchen nach nebenan gegangen, Geschenke anzuprobieren, die neuen Pullis, *Modenschau machen.* Und er läuft in die Küche und kehrt wieder. Die Hände locker auf dem Rücken, steht er in der halb geöffneten Tür, die glucksenden Schwestern im musternden Blick, und die Handflächen umgreifen das Messer, das längste aus dem Küchenschrankfach, aus der einen Faust ragt ein Stück Griff hervor, aus der anderen die Klingenspitze.

Gegen halb neun wird dieses Gefühl der Leere im Leib, in den Därmen noch einmal ganz stark, aber er hat keinen geöffneten Kiosk gefunden, wo sie ihm wenigstens eine Bockwurst verkaufen oder eine Limonade, auch keine andere Verkaufsstelle mit einem bescheidenen Morgenangebot. Dafür hat er diese Mauer gefunden, die ihn seit langem beschäftigt, die sie ihm so oft beschrieben haben und die er selbst schon hat beschreiben müssen, in der Schule, den Schutzwall. Nun ist er enttäuscht. Er ist die lange Straße im Schatten der Linden hinuntergelaufen, er hat das Tor langsam näherkommen sehen, schließlich fast erreicht. Aber die Verheißung darüber vor Augen, das vorwärts galoppierende Pferdegespann, hat er erkennen müssen, daß er nicht weit herangelangen wird, daß da Zäune stehen, Gitter, vor dem Tor sogar in mehrfacher Staffelung, daß auch Soldaten patroullieren oder Polizisten. Nein, das hat ihm keiner bisher erzählt, daß die Mauer unzugänglich verstellt ist, daß man sie nicht einmal berühren, anfassen kann. Auf den gelegentlichen Fernsehbildern und in den Büchern war sie immer nahe und hoch, manchmal sogar bunt mit Sprüchen und Figuren besprüht. Natürlich, das war der Wall von der anderen Seite. Warum hat er sich ihn dann von Osten her genauso vorgestellt, bloß nicht so farbig, nur grau?

Er geht an diesem Zaun entlang, läßt die Finger über die Drahtmaschen gleiten, blickt über das leere Grün der Grasflächen dahinter; er entdeckt die montierten Scheinwerfer, den nächsten Postenturm, den nächsten Zaun.

Eine knappe Stunde später begreift er und fängt unvermittelt zu zittern an, bleibt stehen: Er hat sich im fremden Gewirr der Straßen verlaufen, er findet die Botschaft, die nun seine einzige Hoffnung ist, vielleicht nirgendwann wieder. Er ist noch einmal in die Nähe der Mauer geraten, unversehens lag sie am Ende einer Straße, aber er hat sie gemieden. Er ist an vielstöckigen Häuserfronten vorübergelaufen, Wohn- und Bürogebäuden von erdrückender Endlosigkeit (später sagen sie ihm: Er war im Regierungsbereich). Er wird nun langsam müde, der hintere Riemen der linken Sandale reibt schmerzhaft die Haut. Aber er darf nicht nachlassen in seiner Suche. Er muß erst einmal wieder auf die Allee gelangen, die Allee mit den Linden, wenigstens auf die. Die österreichische Botschaft liegt auf der anderen Seite dieser langen Allee mitten durch die Stadt.

Es ist mittlerweile um vieles wärmer geworden, die hohen Gebäudefronten werfen harte Schatten, die schon angenehm kühl wirken angesichts der schweißtreibenden Hitze auf den sonnenbeschienenen Seiten der Straßen. Immer wieder sucht er diesen Schatten.

3

Gegen zehn Uhr fünfundvierzig nimmt der Streifenpolizist Klaus Lage plötzlich wahr: Um die Straßenecke schräg gegenüber biegt ein schlaksiger Kerl, ein Junge von etwa zwanzig, zweiundzwanzig. Er trägt Lederoljacke, Jeans, dazu diese Jesuslatschen, von denen der Streifenpolizist bereits am Morgen in der Lageeinweisung vernommen hat: Gesucht wird ein junger Mann in Lederoljacke und Jesuslatschen, landesweit. Da ist ihm gerade diese Fußbekleidung in Erinnerung geblieben. Man trägt als junger Bursche jetzt Turnschuhe, man trägt vielleicht noch knöchelhohes Wildleder, auf keinen Fall aber geht man so bloß. Doch der da drüben auf der anderen Straßenseite hat tatsächlich nichts weiter an den nackten Füßen als solche dünnen Ledersohlen mit noch dünneren Riemchen darüber.

Klaus Lage, der sich zwischen den parkenden Autos unverfänglich zu nähern versucht, rechnet mit etlichem Widerstand des anderen, mit Flucht. Aber dann geht alles reibungslos, ohne Widerstand ab. Kann ich mal Ihre Papiere sehen? fragt Lage, da greift der Junge in sein Kunststoffjackett, bringt nicht das befürchtete scharfe Messer hervor, vielmehr ordnungsgemäß seinen Ausweis, und Lage liest den nun schon erwarteten Namen. Er möchte die Hand auf die Schulter des anderen legen und sagen: Sie sind verhaftet, wann verhaftet man schon einmal einen Mörder, aber er weiß ja, einer allein macht so etwas nicht. Also gibt er den Ausweis zurück, dankt sogar, sagt: Das wird aber schwierig sein, so als Nichtberliner. Ich meine: hier eine Anstellung zu finden. Später wird er mit Stolz von seinen geschickten Finten berichten.

Danach steht er im dichtverzweigten Gebüsch am Rande eines Kinderspielplatzes, ruft ungeduldig in sein Sprechfunkgerät. Wo bleibt ihr denn? ruft er. Der marschiert jetzt wirklich auf das Ministerium zu. Wer weiß, vielleicht plant er dort noch einen Überfall? Beeilt euch. Doch der Funkstreifenwagen Toni 04/268 ist rechtzeitig zur Stelle, eine Minute darauf wird der junge Mann mit den Jesuslatschen vorläufig festgenommen, direkt vorm Polizeiministerium, fast vor dem Haupteingang. Als man ihn abtastet, entdeckt man das lange scharfe Küchenmesser unterm Hosengürtel, hinten über seinem Gesäß. Er läßt alles stumm mit sich geschehen. Doch schon im Streifenwagen, auf dem Weg ins Revier, wird er unvermittelt redselig, stößt er ungehemmt Worte hervor. Mit dem Messer da, sagt er zum Beispiel, genau mit dem Messer da hab ich's gemacht. Endlich ist es passiert. Endlich ist Ruhe.

Oder bricht es erst gründlich auf dem Revier aus ihm hervor, beim ersten Anhören? Dort protokolliert man jedenfalls sein Geständnis.

Ich, Olaf Schuchardt, habe gestern mit einem Küchenmesser auf meine beiden Schwestern eingestochen. Ich habe vorher schon manchmal mit dem Gedanken gespielt, meine Schwestern zu töten. Dann wollte ich ihnen wenigstens eins auswischen. Sterbt, Schwestern, habe ich gedacht. Grund für mein Handeln waren jahrelange Auseinandersetzungen und Streitigkeiten. Silke hatte vor vier Monaten geäußert, daß mich meine Schwestern umbringen würden. Da wollte ich allem zuvorkommen. Ich möchte nervenärztlich untersucht werden. Ich bestehe darauf. Ich habe möglicherweise meine Nerven verloren.

Die Anhörungen. Aussagen und Protokolle

Der Vater

Uns gehört dieser Garten in der Anlage am Knie, ich habe ihn von meinem alten Herrn übernommen. Die wechselnden Vereinsvorstände dort haben über die Jahrzehnte hinweg alle Stadterweiterungspläne und Verkaufsabsichten relativ unbeschadet abwehren können, so ist die Stadt an unserem Stück Grün immer wieder vorübergewachsen.

Ich habe diesen Garten immer wichtiger genommen als Reisen oder ein Auto. Demnächst habe ich die Laube umbauen wollen, mit Holz täfeln. Ein Freund hat mir die Fugenbretter besorgt. Ich bin achtundvierzig, in zwei Jahren ist Silberhochzeit. Die wollten wir auch in der Anlage feiern, mit vielen Freunden. Nun werden wir unser Leben lang nicht mehr ans Feiern denken.

Am 22. Mai, es war dieser Pfingstmontag, hielt ich mich schon vom zeitigen Vormittag an draußen im Garten auf. Ich war mit dem Rad gekommen. Ich finde immer eine Beschäftigung dort. Gießen, jäten, so etwas fällt ständig an, dazu mußte ich endlich einmal die Himbeeren frisch hochbinden. Meine Frau traf gegen elf Uhr ein, auch mit dem Rad. Sie brachte den Kartoffelsalat für ein rasches Mittagessen mit und hatte noch zwei Torten gebacken für die nachträgliche Geburtstagsfeier unserer Zwillinge. Wir hatten eine kleine Auseinandersetzung deshalb. Eine Torte hätte samt dem schon vorhandenen Kuchen meines Erachtens gereicht, so war es auch abgemacht. Aber meine Frau meinte, sie wolle ihren Kindern Pfingsten die Tortenstücke nicht vorzählen, ich wisse doch, wie sie alle nach ihrem Gebackenen griffen. Vor allem Olaf würde wieder dabei sitzen und heißhungrig alles in sich hineinfuttern, als hätte er tagelang gefastet.

Ich erinnere mich genau, daß in diesem Zusammenhang zum ersten Male an diesem Tag von unserem Sohn die Rede war.

Der Tag war warm, mild, ich leistete mir mittags ein Bier zur Bockwurst. Sonst wird bei uns nirgendwann Alkohol auf den Tisch gesetzt. Wir mögen den alle nicht sehr, auch die Kinder nicht. Dann kamen die Gäste, meine Schwester und eine Nachbarin, und schließlich in reichlichem Abstand die Kinder, zuerst die Zwillinge. Sie hatten sich bei diesem Jugendtreffen in Berlin aufgehalten, so konnten wir ihren Geburtstag vom vergangenen Wochenende jetzt erst nachfeiern, ihnen ihre Geschenke übergeben, Spray und je einen Pullover. Es geschah nacheinander, wie sie eben eintrafen. Silke hatte es sich nicht nehmen lassen, vor uns noch einmal ihren Freund in der Stadt zu besuchen, Matthias. Ihn lernten wir später am Abend kennen, als das Schreckliche passiert war. Das Mädchen hat ihn uns nicht mehr vorstellen können.

Als wir schon bei Kaffee und Torte saßen, tauchte auch Olaf auf, als letzter. Peggy, ausgerechnet an diesem Tag auf Arbeit, hatte ihre Schicht im Krankenhaus nicht tauschen können und wollte von dort direkt nach Hause kommen.

Olaf schien gleich ein wenig verstört. Er brachte wie üblich nach vier Wochen seine schmutzige Wäsche zum Waschen mit, er setzte sich seitwärts, nicht an den Tisch zu allen, und mußte von meiner Frau geradezu überredet werden, nach einem Stück Torte zu greifen. Später, vielleicht wieder nach einer halben Stunde, mitten im Nachbarschaftstratsch, fiel es dann seiner Tante als erster auf: Hast du denn keinen Glückwunsch für deine Schwestern, Olaf, auch kein Geschenk? Da erwiderte er barsch: Krieg ich denn was von denen? Sind die's denn wert?

Diese uralte Spannung zwischen den Geschwistern, dachte ich. Ihretwegen hatte ich Olaf seine eigene Wohnung in der Nähe des Hauptbahnhofs besorgt. Der Teufel wußte, was ihm nun wieder in die Quere gekommen war. Regten ihn die Geschenke auf oder auch nur die beiden Torten, die die Mutter der Zwillinge wegen gebacken hatte? Ein paarmal schon hatten ihn solche Kleinigkeiten bedrückt, hatte er herumgesessen, in sich versunken, kaum ein Wort mehr von sich gegeben.

Olafs Verhalten dämpfte die Stimmung ringsum, machte betroffen, freilich nicht lange. Oder war er doch daran schuld, daß alle schließlich schon gegen sechs Uhr aufbrachen?

Erinnere dich an unseren Alfred, seinen Onkel. Der war mit Zwanzig genauso wortkarg wie Olaf, ein Muffel. Aber mit Dreißig heiratete er. Nun hat er vier stramme Söhne. Olaf zeigt eben auch noch keinen Familientrieb.

So suchte ich meiner Frau die Nachdenklichkeit zu nehmen, während wir gemeinsam den Abwasch erledigten, aufräumten. Aber ich verstand meine Frau ja. Der Junge ließ sich selten genug bei uns sehen, nun mußten wir wieder vier Wochen warten, bis sich erneut genug schmutzige Wäsche bei ihm angesammelt hatte.

Gegen neunzehn Uhr verschlossen wir schließlich den Bungalow und fuhren mit den Rädern in die Wohnung zurück. Als wir in unsere Straße einbogen, sahen wir den Riesenauflauf vor unserem Haus, Polizei und andere Fahrzeuge, und Simone glitt uns in die Arme, konnte schon nicht mehr weinen. Silke ist tot, wir haben sie schon tot ins Krankenhaus gebracht. Peggy wird vielleicht durchkommen. Und alles hat Olaf auf dem Gewissen, der verrückte Olaf. Mit dem Küchenmesser hat er auf sie eingestochen. Stirb Schwester! Irgend so was hat er geschrien. Und wenn ich im Zimmer gewesen wäre, hätte es mich genauso erwischt. Warum nur, warum?

Die Mutter

Olaf wurde geboren, da war ich nicht viel älter als siebzehn. Die Zwillinge kamen, da wurde ich grad mal neunzehn. Es hat mir nie leid getan. Kinder soll eins früh kriegen, da hat man noch was vom Leben, wenn sie aus dem Haus sind. Die Weisheit hab ich von meiner Mutter. Die kriegte mich erst mit Mitte Dreißig, und sie hat mich immer mit einer Art Heißhunger geliebt: So ein spätes Kind! Aber ein paarmal brach's aus ihr heraus. Sie hätte sich gern ein anderes Leben gewünscht, freier, nicht so gebunden. Dann wurde ja auch Vater bald krank, war so oft bettlägerig, schließlich invalide. Aber Mutter hat selten geklagt, alles mit Ruhe und Geduld ertragen.

Ich klage auch nicht, will nicht klagen, obgleich ich so viel Grund dazu hätte. Wie oft liege ich nachts wach, grübele, starre durch das Muster der Gardinen in die Lichter der Nacht draußen: Warum nur, warum? Warum ausgerechnet wir? Ich weiß, mein Mann liegt oft genug genauso, aber wir wagen uns nicht mehr anzusprechen, krampfen die Augenlider zusammen. Wir haben schon so viele Nächte zerredet.

Olaf war nie ernsthaft krank. Masern, Mumps, Lungenentzündung - mich hat das noch erwischt, ihn nie. Gewiß haben da auch die Impfungen geholfen. Er war nicht mal sonderlich anfällig für Erkältungen. Wenn seine Schwestern rumhusteten, ihr Fieber im Bett ausschwitzen mußten, hat er mit Bauklötzen, Federkästen, Bleistiften gespielt. Er spielte überhaupt gern. Er spielte mit allem möglichen. Der Junge hat Phantasie, dachten wir, lobten ihn vor anderen. Ein Löffel ist ein Flugzeug, ein Sofakissen eine Stadt.

Bis 1971 lebte unsere Schwiegermutter bei uns im Haushalt. Das war manchmal nicht leicht. Die Wohnung hatte früher ihr gehört, nun waren wir da die entscheidenden Leute, auch im Garten. Na ja, ihr Mann war früh gestorben, die beiden ältesten Kinder weit weg, da hängt man schon am Rest der Familie, sucht dort zu bestimmen, sich durchzusetzen, zumal ihr Letzter, Klaus, sich mit Mitte Zwanzig ein halbes Kind zur Frau genommen hatte. Eben mich.

Jedenfalls haben wir beiden Frauen Olaf und die Mädchen erst mal zusammen erzogen, auch Peggy, die dann noch kam. Vier Kinder in so kurzer Zeit, ich war am Ende nicht mal einundzwanzig. Da sagte ich: Schluß, Klaus, wenn wir so weitermachen, brauchen wir zwei Wohnungen oder einen Palast. Ich war nicht so eingestellt wie meine Schwiegermutter, zufrieden mit Haushalt, Familie, Herd. Vier Kinder, nun waren sie da, sehr schön, ich hatte mich als Einzelkind nie wohlgefühlt, so einsam, ohne Geschwister, mit denen man sich streiten, bei denen man sich kuscheln konnte. Aber ich brauchte auch Abwechslung, Arbeit, andere Verpflichtungen. Ich hatte Krankenschwester gelernt, und ich fand, das war doch gar nicht schlecht, wenn man mit vielen Leuten zusammenkam, auch anderswo noch Sorgen und Freude hatte, nicht nur zu Hause. Ich wär auf die Dauer verrückt geworden bloß in den eigenen vier Wänden. Außerdem: Wir brauchten natürlich Geld. Sechs Leute von einem Gehalt – schaff das mal. Und von der Schwiegermutter und ihrer Gnade wollten wir nicht leben. Außerdem machte Klaus damals noch ein Fernstudium, da fehlte es an Überstundenlohn und Objektprämien. Also war auch er einverstanden, daß ich wieder rabotten ging, mir eine Anstellung suchte.

Ich erzähle vielleicht zu ausführlich, rede nicht mal vom Eigentlichen. Olaf wurde also mit seinen Schwestern bis zum vierten Lebensjahr zu Hause erzogen, von meiner Schwiegermutter und mir. Danach kam er mit seinen Zwillingsschwestern in einen Kindergarten. Im Grunde war er immer mit denen zusammen, auch später in der Schule. Weil man nämlich bei der Vorschuluntersuchung festgestellt hatte, daß Olaf noch ziemlich verspielt war, wurde es uns Eltern freigestellt, wann wir ihn einschulen ließen. Es war schließlich unser gemeinsamer Entschluß: Wenn er ein Jahr später geht, haben wir ihn mit den Zwillingen in einem Jahrgang. Ist vielleicht auch nicht schlecht?

Olaf brachte in der ersten Klasse sehr gute Leistungen. Aber schon im zweiten Schuljahr staunten wir: Er verlor die Lust am Lernen. Und je mehr wir ihm schließlich seine Schwestern vorhielten, auf ihre Erfolge und guten Noten hinwiesen, umso mehr blieb er zurück. Mein Mann beschäftigte sich, so oft es ging, mit ihm, übte, wiederholte den Lernstoff. Was hat er sich um den Jungen gekümmert! Aber sein Bemühen trug wenig ein. Olaf war schnell für etwas Neues zu begeistern, doch sobald etwas schwierig wurde, Geduld verlangte, Ausdauer, Anstrengung, verflachte sein Interesse.

In der sechsten Klasse wurde der Junge umgeschult, man hatte in unserer Nähe ein neues Schulgebäude errichtet, da schien es besser, er wechselte die Schule. Doch das hat kaum Einfluß auf seine Leistungen gehabt. Die blieben mäßig. Gewiß habe ich etliches falsch gemacht. Die Zwillinge, genauso umgeschult, mit Olaf wieder in derselben Klasse, brachten das Geforderte auch unter den neuen Umständen mit Leichtigkeit. Da nutzte er in ihrer Abwesenheit oft die Gelegenheit, schrieb die von ihnen längst erledigten Aufgaben ab. Nein, ich habe nicht konsequent gehandelt, ich ließ ihn zu oft gewähren.

Es war eigentlich ein Wunder, daß er bei all dem bis zum Ende durchstand, seinen Abschluß erhielt, die zehnte Klasse. Gesamtnote: genügend.

Noch einmal: der Vater

Ja, ich habe mich um Olaf besonders gekümmert: ein Junge, ein angehender Mann. Wenn da drei Mädchen einschlagen, aber ausgerechnet der Junge bockt und macht Schwierigkeiten, da fühlt man sich schon extra gefordert. Aber wir haben Olaf nie vorgezogen, immer haben wir ihn nur zu schubsen, voranzustoßen versucht. Irgendwann merkst du, da hat's einer besonders schwer. Da mußt du schon was machen.

Im Grunde haben wir das freilich nie übertrieben gesehen. Der Junge ist kompliziert, er hinkt nach. Aber soll er zu irgendwelchen übersteigerten Reaktionen, Verrücktheiten fähig sein? Quatsch. Das Leben ist normal, es bereitet jedem mal Schwierigkeiten, jeder hat Phasen, durch die er hindurch muß.

Ich verstehe, ich muß das sagen, ich verstehe den Jungen bis heute noch nicht. Ich sehe seine Motive nicht. Ich weiß natürlich, was er als Gründe für sein Verhalten, sein Tun angibt, aber wer soll das einsehen, begreifen? Ich habe das auch vor Gericht gesagt. Vor diesem Obersten Gericht, in dieser letzten Verhandlung. Ich habe gesagt: Die Ärzte haben sich dreimal kurz mit ihm unterhalten, wie soll das genügen, den jungen auszuforschen? Bei so einem unverständlichen Verhalten, da muß man sich doch Zeit nehmen, Ursachen entdecken, Geheimstes, was man gewöhnlich vor jedem verbirgt. Sind Ärzte nicht dazu da? Oder liegt bei dem Jungen alles wirklich so klar auf der Hand?

Olaf fand schwer Kontakt zu anderen. Oder die zu ihm. Das sah ich. An seiner ersten Schule hatte er bis zur vierten Klasse einen Freund, einen Kumpel, mit dem er oft zusammen war, mit dem er offensichtlich besprach, was ihn bewegte. Danach war Schluß. Der andere verließ die Schule, verzog, was weiß ich, vielleicht hing das auch mit dem Umzug in diese neue Schule zusammen, seither hat Olaf jedenfalls nie mehr jemanden gefunden. Er hat seinen Kopf für sich, und es ist schwer, an ihn heranzukommen. Er hat nie viel von sich erzählt, von dem, was in ihm vorging, auch mir nicht. Vielleicht hat er auch gar nicht so viel über sich nachgedacht? Es laufen doch genug Leute herum, die sich mehr darauf verstehen, daß sie was mit den Händen zustande bringen, die kaum in sich rumwühlen, die sich nicht über alles Rechenschaft geben wollen.

Wie gesagt, ich habe mich bei allem ganz schön bemüht, dem Jungen seinen Weg zu sichern. Ich hab nicht nur jahrelang mit ihm gebüffelt: Mathematik und Physik, chemische Formeln, sogar Russisch. Dabei weiß ich ja, Renate, meine Frau, ist mir manchmal in die Quere gekommen, hat ihn den leichteren Weg laufen lassen. Hat er eben von seinen Schwestern abschreiben dürfen und sogar mich getäuscht.

Wichtiger war sowieso anderes: Daß er die zehnte Klasse schaffte, daß er danach eine anständige Lehrstelle erhielt. Karl, habe ich gesagt, Schwager. Mein Junge ist nicht der stärkste mit dem Kopf, aber er ist ganz geschickt mit den Händen. Er kriegt also diese Lehrstelle als Elektromonteur im Kraftwerk, stellen Sie sich das vor, mit seiner Vier: Genügend …

Natürlich schließt er die Lehre mit wenig Erfolg ab. Das erste Jahr bereitet ihm Freude, wie immer, dann läßt er rasch nach. Junge, habe ich zu ihm gesagt, Junge. Theoretisch, wenn du da Stuß baust, kein Interesse hast, das versteh ich ja noch. Aber fleißig mußt du doch wenigstens sein, was mit Geduld zu Ende bringen.

Die Lehre schmeißt bei uns heute kaum jemand, also bestand auch Olaf, wieder mit Genügend. Danach geht er auf Montage, in den Braunkohlentagebau. Er will sich dort zum Grubenlokführer qualifizieren, aber diesmal besteht er die theoretische Prüfung nun wirklich nicht.

Als er zurückkommt, habe ich ihm längst diese Wohnung besorgt, zwei Zimmer für so einen jungen Kerl. Fragen Sie mich nur nicht, wie ich das zustande gebracht habe. Aber es mußte sein. Es lief ja nun überhaupt nichts mehr zusammen zwischen ihm und den Mädchen.

Olaf hat jedenfalls nie Not leiden müssen, nirgendwo hieß es: Beiß dich durch, schaff dir was, selber. Immer haben andere was für ihn geschafft, gewiß war das auch ein Fehler. Er hat's sowieso nie genutzt, nie was mit seinen Möglichkeiten angestellt.

Wenn Sie wüßten, wie sehr wir nach unseren Fehlern gesucht, uns Vorwürfe gemacht haben…

Leutnant B. von der K

Ich habe verantwortlich die Wohnungsbesichtigung bei dem Beschuldigten Olaf Sch. durchgeführt. Auf unser Klopfen reagierte niemand. Deshalb mußten wir die Haupttür gewaltsam aufbrechen. Wir fanden dahinter einen etwa zehn Meter langen Korridor, von dem ausschließlich links Türen abgingen. Wie sich herausstellte, für – nacheinander, in dieser Reihenfolge – Bad, Küche, Schlafzimmer, Wohnzimmer. Der hintere Flurteil, etwa zwei Meter lang, war durch einen Vorhang abgetrennt. Hinter diesem Vorhang entdeckten wir, unaufgeräumt, Gerümpel und Papierreste, hingeworfene leere Kartons für ein Fernsehgerät und eine Stereoanlage, auch Bekleidungsstücke, stark verschmutzte Schuhe, alles verstaubt, offenbar lange Zeit nicht angerührt.

In Wohn- und Schlafzimmer fielen uns die Farbkleckse auf, sie waren mittels roter Farbsubstanz an Wänden, Gardinen, Türen sowie Möbelstücken angebracht. Es handelte sich um kräftige Punkte und derbe Striche, auch waren die Stoffe durch offenbar mutwillige Schnitte beschädigt.

Im Wohnzimmer fanden wir auf dem Fußboden unterschiedliche Unterhaltungsgegenstände, die meisten defekt, absichtsvoll zerstört: eine Modelleisenbahn, insgesamt dreiundsechzig Matchboxautos und zwei aus Metallbaukastenteilen zusammengefügte Geschütze…

In den Schränken entdeckten wir Hefte und Klemmappen mit Bildern von Waffen, Militärausrüstungen, auch gesammelte Zeitungsausschnitte, Dokumentationen von Kriegshandlungen, Aktfotos sowie Briefmarken und Ersttagsbriefe.

Wir entdeckten kein Tatwerkzeug, nichts Tatbezogenes.

Wir fanden ein Scheckheft mit Vordrucken, ein Fahrtenmesser, ein handgezeichnetes Nazi-Emblem (Hakenkreuz), diverse ungeordnete Zettel und Papiere, darunter ein Schreiben der hiesigen Reparaturwerkstätten über die Erteilung eines Verweises und eines strengen Verweises sowie eine Vorladung zur Konfliktkommission, eine Bedienungsanleitung für ein Luftgewehr. Das Luftgewehr selbst wurde nicht vorgefunden.

Wir sicherten ein Klappmesser mit Holzgriff sowie dieses Fahrtenmesser – vom Nachtschrank –, dazu eine angetrunkene Flasche Likör der Marke Harmonie. Wir sicherten ferner zwölf leere Weinflaschen unterschiedlicher Marken in Küche und Flur.

Die Wohnung machte insgesamt einen sehr unaufgeräumten Eindruck. Im Schlafzimmer war Bekleidung auf den Fußboden gezerrt, die Schranktür war halb geöffnet, das Bettzeug unbezogen, aber zerwühlt. Offensichtlich wurde das Inlett – Kopfkissen wie Deckbett – derart unbezogen benutzt.

Klaus-Peter Sachse vom Instandsetzungswerk

Wir sind ein Betrieb, der Leute braucht. Immer brauchen wir Leute. Da könn'n wir nicht lange gucken, wer kommt. Wer anklopft, wird genommen, egal, ob er die große Schnauze hat oder ein Muffel ist. Wenn er nur zupacken will.

Olaf wollte nicht zupacken. Er verrichtete seine Arbeit gewissermaßen ohne Überzeugung und lustlos, das merkten wir bald. Voriges Jahr im März nahm er seine Tätigkeit bei uns auf, eine Woche später hatten wir schon unsere ersten Schwierigkeiten miteinander: Er kam morgens zu spät. Wir machten eine Aussprache, die half nur kurze Zeit. Schließlich hatten wir bloß noch Aussprachen mit ihm.

Olaf war durchaus in der Lage, was verlangt wurde, ordentlich zu erledigen. Arbeitsqualität und Leistung, meine ich. Trotzdem, immer waren da Mängel, und wir mußten, was er machte, ständig nachkontrollieren. Wir reparieren Drehgestelle von Schienenfahrzeugen, wissen Sie, Olaf war da als Schlosser für bestimmte Baugruppen eingesetzt. Hatte der Meister Vorwürfe oder Einwände, reagierte Schuchardt oft gar nicht, oder er machte das Gegenteil von dem, was ihm angewiesen war.

Manchmal warf er uns auch Werkzeug und Material vor die Füße. Macht euern Mist alleine. Das heißt: So viel sagte er oft gar nicht, er sprach meist nur in abgebrochenen Sätzen und Andeutungen. Brauch Schrauben, knurrte er. Oder: Mist alleine.

Er war eben charakterlich sehr schwierig, ein totaler Einzelgänger. Ich hab so was noch nicht erlebt. Er hatte wirklich zu niemandem in unserem Bereich irgendeinen näheren Kontakt. Er hat sich auch nicht über Persönliches geäußert. Wir wußten nicht mal, daß er Schwestern hat.

Dabei war'n wir überhaupt nicht so. Ich und auch die Kollegen haben mehrmals versucht, mit ihm in ein privates Gespräch zu kommen, aber Kollege Schuchardt ist nie drauf eingegangen, er war immer nur kurz angebunden und brummig. Was macht man da? Soll er auf seine Art glücklich werden, haben wir gedacht, dich brauchen wir schon lange nicht. Na ja, wir haben's noch gröber gesagt. Schließlich war das die Meinung von allen: Mit dem kannste dich kein anständiges Wort unterhalten. Von mir erhielt er seine Arbeitsaufträge, ich hab ihn, was diese Arbeit betraf, auf verschiedene Dinge hingewiesen, das war dann aber auch schon alles. In den Frühstückspausen, sogar zu Mittag, saß er hauptsächlich allein, für sich, mied jede Unterhaltung.

Vielleicht ist das noch wichtig. Manchmal kamen Kollegen und sagten: Er spielt wieder, wollt ihr mal gucken? Da standen wir darin und sahen ihm heimlich zu. Er hatte irgendeinen Rundeisenstab in den Händen wie ein Gewehr, machte mit ihm Zielübungen. Manchmal warf er ihn auch wie einen Speer durch die Werkstatt oder benutzte ihn als Gitarre. Wenn er schließlich bemerkte, wir beobachteten ihn, tat er, als sei nichts passiert und fing wieder an zu arbeiten. Er war eben wirklich noch sehr verträumt und verspielt. Die meisten Kollegen urteilten härter: Der faule Kerl hat bloß keine Lust zu arbeiten. Es ist auch ein paarmal geschehen, daß er eine Stunde lang reglos an ein und derselben Stelle verharrte, offensichtlich grübelte, abwesend war. Als Kollegen wieder vorüberkamen, tatsächlich, nach einer Stunde, stand er noch genauso starr da.

Anfang des Jahres wurde es dann ganz schlimm. Er bummelte jetzt besonders, er kam jeden Tag zwanzig, dreißig Minuten zu spät. Ende Januar will er seinen ganzen Jahresurlaub nehmen. Das war natürlich nicht möglich. Unsere Arbeitskräftesituation ließ das nicht zu. Da bleibt er eben ganz weg, unentschuldigt. Wir machen zwei Disziplinarverfahren, alles in seiner Abwesenheit, er reagiert ja auf keine Aufforderung, er kriegt im Februar einen Verweis, im März einen strengen Verweis, wie das so üblich ist. Er läßt sich auch danach nicht sehen. Zwei Kollegen gehen, wollen ihn in seiner Wohnung aufsuchen. Er läuft wortlos an ihnen vorüber die Treppe hinunter, daß sie dastehn wie Dumme, er hat nicht mal'n Blick für sie. Im April kündigt er, sein letzter Arbeitstag wäre danach der 2. Juni gewesen. Doch keiner hat ihn im Betrieb mehr zu Gesicht gekriegt.

Wir haben ihn immer für merkwürdig gehalten, ein komischer Kauz. Aber daß er nun so was macht. Wer hält so was schon für möglich?

Die Schwester Simone

Ich weiß nicht, wem das alles noch helfen soll, wenn Sie mich hier befragen. Silke ist tot, und Peggy wird das ein Leben lang nicht vergessen, diese paar Minuten da, Olaf mit dem Messer. Vielleicht wird sie nie mehr richtig gesund.

Olaf spinnt, wenn er sagt, wir hätten ihn umbringen wollen. Wem kann so was einfallen. Die Schwestern bringen den Bruder um. So was kann sich doch nur ein Verrückter ausdenken. Heute freilich, wo nun alles passiert ist, erinnere ich mich an verschiedenes, kriegt das plötzlich eine Bedeutung.

Ich bin im Chor, ich singe gern, ich spiele auch gern Klavier, nicht großartig, bloß so zum Spaß, aber ich sitze manchmal und klimpere ein bißchen, das Klavier steht im Zwillingszimmer. Ein paarmal hat Olaf hinter mir gestanden, seine Hände auf meinen Nacken gelegt, sie an meinen Hals herangeschoben, den umfaßt, die Finger immer näher zusammengedrückt. Soll ich dich umbringen? hat er jedesmal gefragt. Soll ich dich wieder umbringen? – Quatschkopf, hab ich erwidert, laß den Quatsch. Hast du wieder Spielchen im Kopp. Und ich hab mich geschüttelt, ihn abgeschüttelt, nach seinen Händen gepackt.

Drei-, viermal hat er's gemacht, ja, so oft, nie mit meinen Schwestern, nur immer mit mir. Und immer nur, wenn ich am Klavier saß.

Heute denke ich: Er hat sich jedesmal richtig hineingesteigert, wenn er seine Hände so an meinem Hals hatte. Er hat irgendwie anders gesprochen, erregt. Aber war alles vorbei, war er wieder ganz normal, ruhig.

Einmal hat er mir auch schon mit dem Messer vor dem Gesicht rumgefuchtelt. Aber da hat er nichts gesagt, nicht gedroht. Ich hab's genauso als Spaß genommen.

Ich bin in den letzten Jahren nie richtig mit Olaf ausgekommen. Weil ich diese Krankheit habe, Epilepsie, diese Anfälle manchmal, haben mich alle, was ich gar nicht will, irgendwie besonders behandelt, rücksichtsvoll. Olaf nicht. Er provozierte regelrecht. Er stieß mich an, und wenn ich mal zurückrempelte, schlug er mich sogar. Bei Silke erreichte er das nie, bei ihr traute er sich's auch nicht. Silke war immer anders, vielleicht selbstbewußter, so eine Art Dame. Olaf hielt sie wohl für eingebildet. Ja, ich glaube, das ist das richtige Wort. Er hielt sie für eingebildet.

Olaf spinnt erst recht, wenn er sagt, wir hätten uns über das, was er träumte und im Schlaf redete, lustig gemacht. Ich kann mit solchen Worten, mit solcher Beschuldigung überhaupt nichts anfangen. Ich hab nie was von Olafs Träumen gehört. Olaf hatte immer sein eigenes Zimmer. Da hat keine von uns was gehört, wenn er im Traum redete. Die Eltern haben manchmal gesagt: Olaf schläft unruhig, er schlägt im Schlaf gegen die Wand. Mehr weiß ich nicht. Außerdem hat er seit über 'nem Jahr seine eigene Wohnung. Wie hätten wir ihn dort belauschen können? Er hat uns ja nicht mal in seine Wohnung hineingelassen, ich weiß nicht warum, vielleicht hatte er nicht aufgeräumt. Wir kamen jedenfalls an mit den Eltern, ein einziges Mal, da hat er uns alle im Flur abgefertigt. Bloß die Eltern kennen seine Wohnung, alle Zimmer. Die haben sie ihm ja sogar vollständig renoviert.

Wir sind höchstens bis zur siebenten Klasse mit Olaf einigermaßen ausgekommen. Dann hat er sich mehr und mehr zurückgezogen, immer hockte er allein in seinem Zimmer. Auch kein Freund kam, und man konnte kaum einmal vernünftig mit ihm reden. Er hatte nur kurze Antworten oder gar keine. Manchmal trafen wir uns tagelang höchstens beim Fernsehen. In der letzten Zeit haben wir uns dann alle vier Wochen gesehen, wenn überhaupt. Er kam ja nur, brachte seine dreckige Wäsche. Eigentlich war er noch verschlossener als früher.

Weihnachten haben wir uns alle gewundert. Da hatte er für keinen Geschenke, nicht mal für die Eltern 'ne Kleinigkeit, saß bloß herum.

Wenn da drei Mädchen in einer Familie sind, hat's der Bruder eben schwer, er fühlt sich leicht ausgeschlossen, zurückgesetzt. Aber gedroht, wie er's angibt, haben wir ihm nie, wenigstens nie im Ernst. Wir haben uns oft gestritten, deshalb hat ihm Vater ja die eigene Wohnung besorgt, und im Streit sind auch böse Worte gefallen. Aber: Ich bring euch um, das hat immer er zuerst gesagt. Und da konnte es schon mal sein, daß eine von uns ihn abfahren ließ: Geh. Bevor du uns umbringst, haben wir's längst mit dir gemacht. Aber das war doch nun wirklich nicht ernst zu nehmen.

Olaf sagte manchmal merkwürdige Wörter, ganz zusammenhanglos: abkillen, morden, töten. Besonders, wenn er sich Filme im Fernsehen angeschaut hatte, in denen Krieg und Abenteuer und Schlachten gezeigt wurden. Andererseits. war er sehr mitleidig, sobald es um Tiere ging. Es gibt so viele Menschen, sagte er einmal, da müssen die Tiere und die Natur drunter leiden.

Den Satz hab ich mir genau gemerkt.

Nun haben Sie vielleicht den Eindruck, bei uns ist es immer hoch hergegangen, bei uns ist nur immer Schlimmes passiert. Streit, böse Wörter, Drohungen. Überhaupt nicht. Ich suche jetzt bloß solche Sachen zusammen, weil Sie das wollen. Wir waren so oft eine lustige Truppe, die Eltern auch. Wir haben viel gelacht und gekichert. Na ja. Olaf zog sich eben gern zurück, hockte in seinem Zimmer, ein Muffel. Wie sein Onkel Alfred, haben die Eltern manchmal gemeint, alle Sorgen mit Olaf beiseite geschoben. Euer Onkel Alfred, sagten sie, war auch so ein Spätstarter.

Nein, was Olaf gemacht hat, hat uns alle aus heiterem Himmel getroffen.

Aber warum erzähl ich das alles noch? Wem soll es noch helfen?

Die Schwester Peggy

Nach Silkes Besuch in der Nachbarschaft, bei dieser Freundin, waren wir drei Mädchen zusammen im Zimmer, da kam Olaf rein, und Simone sagte plötzlich: Mach unsere Möbel nicht kaputt, scher dich raus. – Was ist denn los? fragte Silke. Darauf erwiderte Simone: Er hat ein Messer, sticht in den Hocker. – Willst du wen abmurksen? schrie Silke da Olaf an. Aber der grinste nur: Habt ihr Angst? – Vor dir doch nicht, sagte Silke. Wir machten dann weiter mit unserer Modenschau, und schließlich ging Simone zur Toilette. Später rannte Olaf auf dem Flur hin und her, schimpfte: Kommt die denn nicht endlich runter von ihrer Brille? Danach stand er plötzlich wieder im Zimmer, er war wohl ganz leise hereingekommen. Na, Lauscher an der Tür? sagte Silke. Oder: Du lauschst wohl an der Tür? Ich blickte auf und sah ihn wieder nur grinsen. Er trat darauf ein paar Schritte auf Silke zu, blieb vor ihr am Klavier stehen. Er blieb wohl etliche Zeit so vor ihr stehen, nicht nur Sekunden, danach vollführte er plötzlich ein paar heftige Bewegungen mit seiner Rechten. Ich begriff nicht, was los war, ich sah nur Silke staunend ins Gesicht. Dann spürte ich selber ein leichtes Brennen in meiner Brust. Olaf stand nun vor mir, und ich hatte wohl instinktiv die Arme vor meinem Oberkörper verschränkt, deshalb stach er darunter, ich weiß nicht, wie viele Male. Mir wurde nur schwarz vor Augen, und ich fiel um. Als ich das Bewußtsein dann wiedererlangte, begriff ich: Olaf hieb wie ein Wilder mit einem Messer auf Silke ein, die am Boden vor der Tür lag, die Hände noch hob. Halt's Maul, brüllte er und blickte wie ein Wahnsinniger, seine Augen waren hervorgetreten, er zitterte am ganzen Körper. Krepieren sollte sie, schrie er, sterben, Plötzlich aber war er weg, und Simone schlug von draußen an die Tür. Hilfe, schrie sie, Hilfe, unser Bruder Olaf will uns umbringen. Und ich dachte noch: Wer hält da nur die Tür zu?

Das Messer war ein Küchenmesser, eins der alten, langen. Es hatte einen dunklen Holzgriff, seine Schneide war schon ganz schmal geschliffen vorn häufigen Gebrauch.

Noch einmal Simone

Laß, bleib, es geht nicht, sagte ich zu Olaf, als er sich wieder zu uns ins Zimmer drängen wollte, wir sind halb nackt, wir machen Modenschau. Aber dann tat er mir doch leid, wir konnten ihn doch nicht immer von unseren Unterhaltungen und Späßen ausschließen. Auch hatte er dieses Messer offenbar zurück in die Küche gebracht. Wer weiß, warum er es mit sich herumgeschleppt hatte. Seine dämlichen Einfälle, dachte ich.

Und warum bin ich danach auf die Toilette, habe mich eingeschlossen? Ich glaube, ich habe sogar gesungen. Ich habe gesungen und war zwischendurch jäh wieder still, um lauschen zu können. Hatte ich Angst, eine Vorahnung?

Das ist unsere Wohnung: vier Zimmer. Das Schlafzimmer der Eltern, das gemeinsame Wohnzimmer, das Zimmer von uns Zwillingen (in dem steht das Klavier), das Zimmer von Peggy, das früher Olaf gehörte, dazu ein verwinkelter Flur, Bad und Toilette getrennt. Und natürlich die Küche. Die Toilette liegt ganz weit ab, am äußersten Ende des Flurs, da hört man nur ungenau, was vorn in der Wohnung geschieht.

Trotzdem vernahm ich: Die Schwestern unterhielten sich, lachten, und Olaf rannte durch den Flur, machte sich in der Küche zu schaffen. Da hatte er sich nach seiner Polsterstecherei wohl wieder beruhigt? Unvermittelt war es dann still, wie totenstill, und doch schrie im selben Augenblick jemand auf. Nicht laut, eher als ob da wer seinen Aufschrei verschluckte. Danach klappte ein Schloß. Klangen Schritte? Ich stieß jedenfalls die Toilettentür auf, ich wußte nicht, was ich tat, ich wußte ja auch noch gar nicht, daß da was passiert war, ich tat alles nur wie mechanisch, ohne deutlichen Willen, ich schrie in den Flur: Hilfe, aber wer sollte mich da vernehmen? Darum riß ich das Fenster der Toilette auf, rief, brüllte hinaus, über Hof und Garten hinweg: Hilfe, Hilfe. Dann rannte ich zu unserem Zwillingszimmer, um nachzusehen, was eigentlich vorgefallen war. Aber die Tür sperrte, ließ sich keinen Zentimeter bewegen. Stemmte sich Olaf von innen dagegen? Als ich auch in Treppen- und Hausflur hinunterschrie, kam mir die alte Nachbarin aus dem Parterre entgegen. Was ist bloß bei euch los? Eben ist schon euer Bruder wild an mir vorübergeschossen.

Olaf war bereits fort, weg, aus dem Haus? Aber wer hielt dann die Zimmertür zu? Auch mit der alten Frau zusammen konnte ich sie nicht das geringste Stück zurückschieben. Erst als ein weiterer Nachbar half, ein Mann, vermochten wir durch einen schmalen Spalt ins Zimmer zu gelangen. Dort lag Silke unmittelbar hinter der Tür, sie lebte noch und wollte etwas sagen. Vergeblich. Und Peggy, neben einem umgestürzten Blumenständer, krümmte sich und stöhnte nur, stöhnte.

Holt ein Auto, haltet irgendein Auto an, sie müssen in die Klinik, rief ich und stürzte ins Bad, nach Mull und Binden zu suchen, um das hervorschießende Blut zu stillen. Später stand ich selber unten auf der Straße, daß endlich wer hielt. Sie wissen ja längst, wir brachten Silke nur noch als Tote ins Krankenhaus.

Aus dem Sektionsprotokoll von Silke Schuchardt

Der Leichnam der Toten weist insgesamt zehn Stichverletzungen auf, darunter eine Stichverletzung der Herzvorderwand rechtsseitig, eine Stichverletzung des rechten Herzlappens vorn, einen Durchstich des rechten Lungenlappens oben. Die Messerstiche am rechten und linken Unterarm bzw. Handgelenk sind offensichtlich Abwehrverletzungen. Dazu kommen Stiche in den Hals.

Der Tod der Silke S. trat letztlich infolge Verblutung in die Brusthöhle nach dem Herzstich ein. Die Stiche wurden mit unterschiedlicher, zum Teil aber mit äußerster Intensität geführt. Zum Beispiel wurde das Brustbein völlig durchstoßen.

Aus dem Krankenhausbericht über Peggy Schuchardt

Die Patientin wurde mit zwei Stichverletzungen auf der linken Brustseite eingeliefert. Die linke Brustwandaorta war zerschnitten. Die dadurch hervorgerufene Blutung konnte mit einem operativen Eingriff zum Stillstand gebracht werden. Lebensgefahr bestand danach nicht mehr. Die Patientin wurde bis zum 31. Mai stationär behandelt. Sie konnte am 15. Juni wieder arbeitsfähig geschrieben werden.

Der Vater

Zum dritten Mal befragt, will ich weitere Auskünfte geben ...

Olaf ist zu keinem Zeitpunkt zuvor einmal gewalttätig geworden. Er war alles andere als ein Rowdy. Er hat sich mit niemandem geschlagen, niemanden bedroht. Warum er plötzlich nicht mehr zur Arbeit gegangen ist, über drei Monate weg, ich kann mir seine Motive nicht erklären.

Was ich über Olafs Hobbys weiß? Er sammelt Bilder, die mit Soldaten, Armeen zu tun haben, es sind Abbildungen, angefangen von der Pistole bis zur Atombombe. Ich habe gedacht, er will rechtzeitig Bescheid wissen, was mal bei der Armee auf ihn zukommt. Von sich aus hat er nie darüber gesprochen.

Ich kann auch nicht angeben, woher er diese Bilder hat. Wir lesen nicht so viele Zeitungen und Zeitschriften. Es waren auch viele Abbildungen von Greueltaten darunter. Aus Vietnam zum Beispiel oder von ähnlichen Kampfplätzen. Olaf hat die Ausschnitte fein säuberlich in ein Album geklebt und offensichtlich etliche freie Zeit damit verbracht. Ich habe mich gewundert, aber ich habe nie daran gedacht, daß diese Fotos vielleicht eine negative Wirkung auf ihn haben könnten.

Vor zwei Jahren hat sich Olaf einmal dahingehend geäußert, daß er das Land verlassen wollte, illegal eben. Wie er das anstellen wollte, habe ich ihn gefragt. Da hat er nur die Schultern gehoben. Er hat auch öfter mal gesponnen, daß er das große Geld machen möchte, aber bei uns hier nicht kann. Er wollte gern andere Leute für sich arbeiten lassen, hat er gesagt. Ich habe ihm geantwortet, daß er dann selber erst mal ordentlich arbeiten müßte. In diesem Zusammenhang hat er erklärt, daß er hier nichts Anständiges zu kaufen bekäme. Was du brauchst, habe ich ihm da gesagt, kannst du noch allemal kaufen. Aber wir haben nicht gründlicher über solche Dinge gesprochen. Sowieso wußte man niemals bei ihm: Meinte er das wirklich ernst oder nicht. Wenn Sie so wollen: Ich habe bei seinen Erzählungen immer bloß mit halbem Ohr hingehört.

Doch ich weiß genau, von Bolivien, von einer Sehnsucht nach diesem Land hat er nie gesprochen. Er hat mir gegenüber den Namen dieses Landes nicht ein einziges Mal erwähnt. Ich hätte so was Außergewöhnliches bestimmt nicht vergessen.

Olaf Schuchardt, in den ersten Vernehmungen

Ich haßte meine Schwestern. Manchmal sehr, manchmal weniger. Und sie haßten mich. Sie haßten mich, weil ich abends so vom Töten träumte.

Ich habe immer mitbekommen, wenn sie sich unterhalten haben, daß ich vom Töten träumte. Es stimmt auch, ich träume vom Töten. Ich kann mich konkret noch an Erschießen und Erstechen erinnern.

Sie haben auch gedroht, mich umzubringen. Sie haben mich nicht angesprochen wegen meiner Träume, sie haben auch nicht direkt gedroht, aber ich hörte sie zwei-, dreimal tuscheln.

Wenn ich ehrlich bin, muß ich sagen, daß ich schon im Garten daran gedacht habe, die Mädchen umzubringen. Nein, es gab keinen Streit dort am Nachmittag, aber sie haben mich vollgenölt, und Silke faßte mich an den Hals und hatte häßliche Blicke dabei.

Ich hatte schon längere Zeit Spannungen mit meinen Schwestern. Sie veralberten mich, machten sich lustig, beschimpften mich. Idiot, sagten sie. Ich war froh über meine eigene Wohnung. Silke war die schlimmste, und Peggy war auch nicht viel besser. Nur mit Simone kam ich einigermaßen klar. Aber gut verstanden haben wir uns auch nicht.

Meine Schwestern waren neidisch auf mich, zum Beispiel, wenn ich von den Eltern Geschenke erhielt. Ich kann keine Beispiele nennen, aber es fing schon bei Kleinigkeiten an. Dabei war es nicht so, daß einer von uns von den Eltern vorgezogen wurde. Andererseits war auch ich immer neidisch, wenn meine Schwestern etwas bekamen, ich aber nicht.

An dem Abend, in der Wohnung der Schwestern, zu Pfingsten, also gestern, überlegte ich dann, ob ich den Mädchen Angst machen oder nach Hause fahren sollte. Ich entschied mich schließlich, ihnen Angst zu machen. Ich ging in die Küche, ich suchte das Messer mit der längsten Schneide im Kasten aus. Ich prüfte die Klinge, sie war scharf. Ich stach dann in den Hocker, zur Probe. Als sie keine Angst zeigten, sogar spotteten, haßte ich sie noch mehr. Da wollte ich ihnen Schmerz zufügen, Silke vor allem. Ich wollte sie strafen für alles, was war, für diese Morddrohungen, für diesen Spott, für allen Streit.

Ich kann nicht genau sagen, in welcher Reihenfolge ich stach. Zuerst stach ich Silke. Ich hielt das Messer so, daß die Klinge aus der Daumenseite zeigte. Ich stach erst mal von vorn auf sie ein, auf ihre Brust. Auf Peggy stach ich ein, weil sie schrie. Ich habe in meiner Wut schließlich wohl auf beide abwechselnd eingestochen. Silke versuchte sich mit den Armen vor den Stichen zu schützen, mir die Klinge zu entreißen, um mich umzubringen. Dabei rutschte mir das Messer weg, und ich schnitt mich selber. In dieser Situation habe ich ihr noch zwei, drei Stiche in den Hals gegeben. Als sie schließlich so am Boden kauerte, dachte ich, daß es reichen wird, daß es nun genug Strafe ist.

Ich wollte schließlich nach Berlin, ich wollte weg. Aber es fuhr kein direkter Zug, da mußte ich Umwege machen. Das Messer trug ich die ganze Zeit bei mir, mal in der Umhängetasche, mal hinterm Hosenbund. Ich hatte unterwegs manchmal noch große Lust, wieder zu stechen. Aber das hätte alles nur noch schwieriger gemacht, meine Flucht meine ich. Da unterdrückte ich das. Ich wollte mich auch stellen, ich hatte solche Gedanken, oder mich selber umbringen. Aber dann wollte ich wieder in eine Botschaft, von dort aus weit fort. Sie würden mir dort schon weghelfen, dachte ich. Sie hatten schon manchem geholfen. Natürlich wollte ich nicht sagen, weshalb ich zu ihnen kam, was ich gemacht hatte.

Olaf Schuchardt, in der fünften Vernehmung

Ich will nun die ganze Wahrheit gestehen. Ich will nun gestehen, wie es wirklich war. Ich habe das in den Vernehmungen noch nicht so gesagt, weil ich Angst hatte, die Todesstrafe zu bekommen. Jetzt habe ich keine Angst mehr deshalb. Jetzt hat man mir erklärt, daß ich für das, was ich tat, keine Todesstrafe zu erwarten habe.

Ja, es ist tatsächlich so, ich wollte die Silke umbringen. Ich wollte überhaupt alle meine Schwestern umbringen. Seit Weihnachten voriges Jahr wußte ich, daß es geschehen mußte. Einmal, das war vor ungefähr zwei Jahren, hörte ich, wie Simone zur Mutter sagte: Was der bloß immer für Träume hat. Ich nehme an, daß das Simone auch den Schwestern erzählte, brühwarm. Schon von da an haben sie immer getuschelt. Aber am schlimmsten war, wie ich schon ausgesagt habe, am schlimmsten war meine Schwester Silke. Sie verhielt sich sehr zynisch zu mir. Ich habe es gehört, wie sie zu den Schwestern meinte: Den werde ich eines Tages noch umbringen. Auch das war vor zwei Jahren, ich habe es von meinem Zimmer aus gehört. Und ihrem Freund, dem Karsten Liebers, der mit mir in dieselbe Lehre ging, durch mich lernte sie ihn kennen, dem hat sie erzählt, daß ich gern Filme vom Krieg und vom Töten sehe. Allein schon deshalb habe ich sie gehaßt. Weil das der Liebers über mich wußte. So viele wußten das, sämtliche Verwandten, alles durch die Schwestern. Auch der alte Gottfried weiß viel von mir, der alte Gottfried hört, wie ich im Schlaf rede. Der alte Gottfried hat seine Wohnung genau neben meiner.

Ich habe manchmal überlegt, ob ich's mache. Ich meine: die Schwestern umbringen. Ich habe dann gedacht: Es wird sich doch alles noch ändern. Aber dann änderte sich nichts. Im Gegenteil. So war ich also ab Weihnachten vergangenes Jahr sicher, daß ich's tun mußte. Von Weihnachten an suchte ich eine Gelegenheit, wo ich mit den Schwestern allein war. Es hätte auch im Garten sein können oder anderswo. Die Hauptsache, ich war mit den Schwestern allein.

Im Februar habe ich dann ganz mit Arbeiten aufgehört. Arbeiten hat mir nie Spaß gemacht, auch nicht die Lehre. Na, ich war eben faul. Außerdem war alles so schwer, so dreckig. Wenn ich mich schließlich auch dran gewöhnt hatte, nun brauchte ich es Gott sei Dank überhaupt nicht mehr, früh aufstehen, rackern. Ich hatte ja Geld, sechstausend Mark auf meinem Konto, mein Lohn, ich war ja immer recht sparsam gewesen. Wozu sollte ich nun noch rabotten? Wenn ich alles erledigt hatte, ich meine DAS, das MIT DEN SCHWESTERN, da wußte ich ja, da mußte ich danach weg, fort in ein anderes Land, da konnte ich mit dem Geld überhaupt nichts mehr anfangen, brauchte ich auch keins mehr zu verdienen, nicht mehr arbeiten zu gehen. Deshalb habe ich ja auch angefangen, ein bißchen zu trinken, Wein, jeden Tag eine halbe Flasche. Es schmeckte mir nicht, eigentlich überhaupt nicht, aber ich wollte doch das Geld ausgeben.

Ich hatte von Bolivien gelesen, irgendwann. Bolivien gefiel mir. Die Natur dort, das Klima sagten mir zu. Da wollte ich nach allem leben, sechs, sieben Jahre untertauchen, weg von der menschlichen Gesellschaft. Ich träumte doch nachts, da hätten sie mir's ja nachweisen können, was ich getan hatte. Aber so allein in der Natur, wer sollte mich da belauschen? Ich hatte mir zwei Lehrbücher gekauft, Englisch, dazu ein Wörterbuch Deutsch – Englisch. Ich wollte dort im Dschungel Englisch lernen, da hatte ich ja dann Zeit. Ich habe die Bücher bloß vergessen, in meiner Wohnung zurückgelassen, als ich so rasch davonrannte, noch einen Zug nach Berlin kriegen wollte.

Ich habe an dem Abend vieles vergessen, die Hälfte von meinem Geld auch, ich hatte etliches abgehoben von meinem Konto. Sogar mein Scheckheft habe ich vergessen, auch die Wechselwäsche, die ich mir vorher immer zurechtgelegt hatte. Ich wollte ja vorbereitet sein, wenn sich zufällig die Gelegenheit ergab.

Weil das nun mein festes Ziel war, nach Bolivien zu gelangen, deshalb habe ich auch die verschiedenen Botschaften gesucht. Die amerikanische lag auf einer gegenüberliegenden Straßenseite, da konnte ich die Sprechzeiten auf der Messingtafel neben der Eingangstür nicht erkennen, und rüberzulaufen traute ich mich nicht wegen der Polizisten, die dort langpatroullierten. So blieb mir nur die österreichische. Sprechzeit: neun bis zwölf Uhr. Eine Zeit nach zehn Uhr schien mir günstig für meinen Besuch. Da fiel ich vielleicht nicht so auf wie gleich zu

Öffnungsbeginn. Während ich auf solchen günstigen Zeitpunkt wartete, wurde ich schon verhaftet. Es war wirklich Zufall, daß das ausgerechnet vorm Polizeiministerium geschah. Ich wußte wirklich nicht, wo ich war. Ich wollte das Messer, wie mir mehrfach vorgeworfen wurde, auch nicht zum Widerstand gegen meine Verhaftung verwenden, also nicht gegen die Polizei. Ich habe es ja auch nicht getan. Ich trug das Messer nur mit, um mich gegen den Vater zu wehren, wenn er mich vielleicht verfolgte.

Anfang April warf ich mein Luftgewehr fort. Niemand sollte es benutzen können, wenn ich weg war. Ich versenkte es in einer Wassergrube hinter den Eisenbahnschienen. Danach kam ich auf die Idee, was mir sonst noch gehörte, unbrauchbar zu machen. Keiner sollte was davon haben. Ich besorgte, mir rote Lackfarbe und einen Pinsel. Ich bestrich damit die Tapeten, meine Möbel, die Gardinen. Ich nahm auch eine Schere und zerschnitt etliches, Hemden, sogar Jacken. Ich zerschlug meine Gläser. Dann habe ich zusätzlich Spielzeug kaputtgemacht, vor allem meine Eisenbahn. Ich habe dabei fast geheult, aber ich konnte sie ja nicht mitnehmen.

Auf den Einwand, daß ich meinen Schwestern doch hätte aus dem Wege gehen können, muß ich sagen, daß ich ihnen unvermeidlich immer wieder begegnen mußte. Ich mußte doch meine Wäsche zur Mutter bringen, und ich hatte doch sonst keinen zum Unterhalten.

Auch wollte ich bei den Familienfeiern mit dabei sein. Sie sagen, ich hätte mir eine Freundin suchen sollen oder einen Freund, oder ich hätte mir ein gutes Verhältnis zu meinen Kollegen auf Arbeit schaffen müssen. Aber diese Arbeitskollegen waren mir sämtlich unsympathisch, und einen Freund fand ich nicht, erst recht keine Freundin. Ich rannte nicht zur Disko wie die meisten. Ich hab auch noch kein Mädel gehabt, ich weiß schon, wie Sie das meinen. Und daß meine Schwestern an dem Pfingstmontagabend Modenschau spielten, ihre Pullis vor mir aus- und anzogen, hat mich überhaupt nicht angemacht.

Ich stand am Fenster der Wohnung, ich sah auf die Straße hinaus. Ich hoffte, daß es diesmal klappte. Ich zitterte innerlich. Ich wartete, daß Silke von ihrer Freundin genug hatte. Ich hatte auch Furcht, daß die Eltern auftauchten, den Garten schon aufgeräumt hatten, Geburtstagstafel und Abendbrot. Ich hatte schon zweimal die Gelegenheit abgepaßt, vergeblich. Aber als Silke rasch wieder auftauchte, lief es plötzlich so gut wie noch nie. Ich hatte sie endlich alle drei zusammen, und ich war mit ihnen ganz allein.

Ich wollte Silke gleich mit dem ersten Stich töten: mitten ins Herz. Ich wollte auch Peggy so umbringen. Mit einem einzigen Stich. Wenn ich irgendwo ausgesagt habe, daß ich Simone ins Bad schickte, Feuer anzumachen fürs Wannenwasser, so war das gelogen. Ich wollte sie nicht weghaben, auch nicht für einige Zeit. Ich fühlte mich schon sicher genug, mit allen auf einmal fertig werden zu können. Aber sie mußte plötzlich aufs Klo. Oder hatte sie doch Angst und einen Verdacht?

Wenn ich jetzt gefragt werde, wie ich mein Verhalten heute sehe, so muß ich sagen: Wenn sich in den Beziehungen zwischen mir und den Schwestern nichts änderte, würde ich es genauso wieder tun. Wenn mir vorgehalten wird, ob ich mein Verhalten nicht bereue, so muß ich erwidern: ein bißchen. Aber ich würde es, wie gesagt, wieder so machen.

Ich verspüre manchmal eine übermäßige Lust zum Menschentöten. Ich wollte eigentlich auf der Flucht noch einige erstechen, wirklich. Aber ich durfte diese Flucht ja nicht gefährden. Ich weiß nicht, ob ich so etwas in Zukunft nicht doch wieder mache. Aber ich bin nicht krank, nein, bestimmt nicht. Ich denke über alles sehr gründlich und klar nach. Was soll an mir behandelt werden?

Der Gerichtspsychiater

Olaf Schuchardt mochte Rockmusik und hätte später einmal gern geheiratet, eine eigene Familie gegründet, Kinder gehabt. Paßt es zu seinem Bild? Mit sechzehn wollte er sich das Leben nehmen, weil es ihn, wie er wörtlich sagte, ankotzte. Zur gleichen Zeit hatte er bereits dieses Luftgewehr, mit dem er auf Vögel schoß. Ein bißchen leid taten mir die Tiere schon, wenn sie dann so vor mir lagen, sagte er.

Seinem Vater gegenüber muß Schuchardt regelrecht physische Angst verspürt haben. Der Vater konnte zum Beil greifen angesichts der Taten seines Sohnes, so seine Vorstellung. Olaf Schuchardt hat auch immer gewußt, daß er seine Eltern nie wiedersehen wird, wenn er nach Bolivien gelangt, in das Land, das ihn nicht ausliefert. Na und? hat er gedacht und gesagt. Na und ist eine seiner hilflosen Lieblingswendungen gewesen, auch die Familie berichtet davon.

Olaf Schuchardt hat sich über vieles vorbereitend Gedanken gemacht. Er hat nicht nur die Arbeit aufgegeben, seine Möbel, sein sonstiges Eigentum zerstört. (Damit es die Eltern nicht bekamen.) Er hat auch über die effektivste Tötungsart nachgedacht. Gift war für ihn unerreichbar, der Strick nicht akzeptabel angesichts dreier Menschen, die gleichzeitig zu beseitigen waren. So blieb nur das Messer. Er hat das längste und schärfste aus der elterlichen Küche ausgesucht, er wußte seit Jahren um seine Präsenz. Es hatte eine Klinge von fast zwanzig Zentimetern Länge, und es war so scharf, daß er es später auch deshalb mit auf die Flucht nahm, weil man sich leicht mit ihm rasieren konnte. Er stach mit ihm immer von unten her zu, mit voller Brutalität und Kraft. Er wollte den ersten Stich tief ins Herz setzen.

So zertrümmerte er seiner Schwester Silke das Brustbein.

Es gibt Äußerungen von Olaf Schuchardt, über deren Glaubwürdigkeit und Bewertung wir an unserem Institut unterschiedlicher Auffassung waren. Der Beschuldigte hatte erklärt, der Wunsch, einen fremden Menschen zu töten, sei mitunter schon vorher in ihm aufgestiegen. Er sei deshalb schon öfters mit einem Messer in der Tasche herumgelaufen, es habe sich nur nicht die richtige Gelegenheit ergeben. Einige meiner Kollegen haben das für Schutzbehauptungen gehalten, mit deren Hilfe sich Schuchardt, auf die Zuerkennung einer beschränkten Zurechnungsfähigkeit abzielend, der Verantwortung für seine Taten weitgehend zu entziehen suchte.

Ich habe diese Auslassungen nie für eine Erfindung gehalten. Ich habe Schuchardt auch abgenommen, daß er nach der Tat an seinen Schwestern auf dieser Flucht nach Berlin noch mehrfach das Gefühl gehabt hatte, das mitgenommene Messer gebrauchen zu müssen. Ich nahm ihm auch ab, daß nur die Furcht, damit seine Flucht zu gefährden, ihn davon abgehalten hat.

Ich sehe, gerade durch diese Fakten bestärkt, Schuchardts immense Allgemeingefährlichkeit. Ich weiß nicht, ob ich so etwas in Zukunft nicht wieder mache, hat er gesagt.

Nein, Olaf Schuchardt war und ist nicht krank im Sinne des Gesetzes. Er handelte weder unter Drang noch Zwang. Wenn er, am Fenster der elterlichen Wohnung stehend, den Vater hätte kommen sehen, er wäre gegangen, weggefahren. Also muß man sagen: Schuchardts Gefahr für seine Mitmenschen ist sehr hoch. Er zeigte weder in der Untersuchungshaft noch während seines Klinikaufenthaltes irgendwelche Änderungsbereitschaft, keine Spur von ernsthafter Reue. Deshalb ist unsere Prognose für ihn nirgendwo positiv. Wir können alle nur auf spätere Selbsteinsicht und auf einen möglichen Erfolg in der Straferziehung hoffen.

Aus dem psychiatrisch-psychologischen Gutachten

Die intellektuelle Befähigung des Untersuchten liegt an der unteren Grenze des altersüblichen Durchschnitts. Der Beschuldigte zeigte ein deutlich vermindertes

Selbstwertgefühl und tendierte, intolerant, introvertiert und extrem frustriert, zu verstärktem Affektstau, der sich aggressiv und brachial entladen konnte, zum Beispiel in der Straftat. Er neigte dazu, vermeintliche Kränkungen auf paranoide, wahnhaft anmutende Weise zu verarbeiten. Der Beschuldigte hatte den Schwestern bei ihren Gesprächen zwar nie ernsthaft zuhören können, doch er vermochte sich alles exakt vorzustellen.

Der Beschuldigte äußerte sich zu seiner Straftat ohne ersichtliche affektive Betroffenheit. Auch bei der Tat selbst befand er sich offensichtlich nicht im Zustand körperlicher Erregung. Zudem waren keinerlei sexuelle Spannungen im Spiel. Nach der Tat hat Schuchardt kein Mitleid empfunden, sondern ein Gefühl der Befriedigung. Das Theater war endlich vorbei.

Die genannten psychischen Auffälligkeiten des Beschuldigten sind Ausdruck einer schweren abnormen Entwicklung seiner Persönlichkeit. Ihr kommt jedoch kein Krankheitswert im Sinne des Gesetzes zu. Der Beschuldigte hat unseres Erachtens für seine Tat voll einzustehen.

Das Urteil

Der Prozeß gegen Olaf Schuchardt findet ein halbes Jahr nach der Tat statt. Er bestätigt im wesentlichen die ausführlichen Ermittlungen. Olaf Schuchardt nennt jetzt seine Träume Erfindungen. Nun hat er nur noch eine allgemeine haßvolle Beziehung zu den Schwestern, die sich ihm gegenüber negativ, neidisch, überheblich, zynisch aufführten. Auch jetzt ohne sichtbare Bewegung beschreibt er sein Verhalten während der Tat, die Stellung des Messers, den Wechsel der Stiche. Der Staatsanwalt nennt sein Vorgehen kaltblütig und brutal. Es lag ein extrem hoher Täterwille vor. Manchem Zuschauer bleibt vor allem die tiefe Betroffenheit der Mutter Renate Schuchardt in Erinnerung, die dennoch von der ersten bis zur letzten Prozeßminute im Gerichtssaal ausharrt.

Olaf Schuchardt findet weder während seiner Verteidigung noch bei seinem letzten Wort Sätze der Reue oder des Bedauerns. Er wird wegen Vorbereitung zum dreifachen Mord, wegen versuchten und vollendeten Mordes zu einer lebenslangen Freiheitsstrafe verurteilt. Ihm werden keine Strafmilderungsgründe zuerkannt. Die Kosten für die Beerdigung seiner Schwester Silke und für den Krankenhausaufenthalt seiner Schwester Peggy, sagt er, sollen von seinem Kontenstand genommen werden, er ist damit einverstanden.

Es heißt, er hat später, im Vollzug einsitzend, jeden weiteren Kontakt zu seinen Eltern abgelehnt.

ZWISCHEN FREITAGNACHT UND SONNTAGMORGEN

1

Dieses Wochenende ist nicht wärmer als viele andere Tage dieses Sommers. Am Sonntag scheinen ein paarmal Gewitter aufzuziehen, doch die Dunstwolken lösen sich, vergehen, noch ehe sie sich zu gefährlichen Bergen türmen können. Am Nachmittag brennt die Sonne für ein paar Stunden ungehindert von einem ziemlich blauen Himmel. Aber diese Ahnung von Schwüle bleibt, und sie wird den ganzen Abend über bleiben. Dann ist der Himmel jedoch schon wieder niedrig und nahe, ganz wolkenverhangen.

Gegen halb fünf an diesem Nachmittag erhalten die Schestaks Besuch. Sohn und Enkel kommen, überfallen die Großeltern in ihrem Garten nahe am Fluß, in diesem Stückchen üppig wuchernden Grüns. Ihr *Himmelreich* nennen's Karl und Lina noch wie vor zwanzig Jahren, und es gibt ja auch nach wie vor reichlich Salat und Kraut, Johannisbeeren und Äpfel. Und wenngleich das alles für Herbert Schestak einen Nachgeschmack hat, Blätter wie Früchte, einen unverkennbaren Geschmack nach dem nahen, dunkel und faulig vorüberströmenden, schwappenden Flußwasser, er bedient sich und seinen Haushalt doch immer wieder aus dem Angebot der Eltern. Na gut, auch um des Familienfriedens willen.

Mirko, der vierzehnjährige Enkel, folgt nur scheinbar gleichgültig dem Gespräch der Älteren – Entschuldigungen wegen eines schon einmal vergessenen Besuchs, Betriebsärger. Soviel Taktik braucht der Vater doch gar nicht. Warum sagt er's nicht unumwunden: Eigentlich sind wir vor allem gekommen, weil der Junge noch einmal Boot fahren will. Macht ihm die Sonntagsfreude.

Erst nach einer langen Viertelstunde ist dann klar: Soll der Enkel seinen Willen haben. Die Oma geht mit ihm zum Bootshaus, der Opa wird mit dem Vater inzwischen ein paar Flaschen gutes Bier besorgen. Er hat da so eine Quelle. Noch ist DDR-Zeit, da gibt es längst nicht alles und überall, spielen Verbindungen auch beim Bier eine Rolle.

Die Schestaks, beide, sind seit Jahrzehnten begeisterte Wasserwanderer. Jahr für Jahr haben sie den Urlaub mit Boot und Zelt verbracht, zwischen Müritz und Elbe, von solcher Gewohnheit soll nun im Rentenalter einiges erhalten bleiben. Nebenan liegen die Bootsstege und -schuppen verschiedener Sportgemeinschaften, einer gehören sie an, dort ist auch ihr eigenes Faltboot festgemacht. Und wenn Mirko soviel Ehrgeiz und Energie für ihr Hobby aufbringt, im Gegensatz zu seinem Vater, warum sollen sie sein Interesse nicht fördern und ihn bei der Stange halten?

Sie paddeln flußaufwärts, sie kommen zügig voran. Lina Schestak, die sich manchmal bewußt zurückhält, spürt, wie die Schläge des Jungen das Boot förmlich vorwärtsziehen. Er hat schon ganz schön Kraft in den Armen. Ob sie ihn ins Trainingszentrum der hiesigen Ruderer schicken sollen? Aber dazu ist es bei der ehrgeizigen Konkurrenz gewiß längst zu spät. Und muß aus Spaß Pflicht werden?

Sie gleiten unter der Eisenbahnbrücke hindurch, die eigentlich Wendepunkt ihres Ausflugs sein sollte, aber der Junge drängelt: Noch ein Stück, Oma, nur noch ein Stückchen. Und dann sind sie vielleicht hundert Meter hinter der Brücke, Lina Schestak blickt auf die schlanken, auf der Spitze stehenden Rauchkegel, die aus den Schloten des Chemiewerks im Süden weit hinter dem Fluß aufsteigen. Seit Jahrzehnten bestimmen sie das Gesicht der Gegend, legen sie sich oft drückend über Dörfer, Städte und Felder, ein dumpfer Schleier, heute aber wölken sie lange Zeit fast kerzengerade hinauf in den Himmel, ehe eine Höhenströmung sie wegtreibt und umkippen läßt. Da sagt der Junge unvermittelt: Dort, guck mal, Oma, dort guckt eine Hand aus dem Wasser.

Was sagst du?

Da, drüben am Ufer, dort zwischen den Weiden, guckt eine Hand aus dem Wasser.

Was du siehst. Das ist ein morscher Ast.

Eine halbe Minute später wenden sie, lenken von der Strommitte hinüber unmittelbar ans Ufer, kehren in nächster Nähe der unregelmäßig gewachsenen, tief herabhängenden Weiden flußabwärts zurück. Der Junge hat es mit kräftigen Paddelschlägen und eindringlich überredenden Worten erzwungen. *(Wenn da nun wer unsere Hilfe braucht?)* Dort am Ufer erkennen sie es bald: Tatsächlich, im dunklen Flußwasser treibt, leicht überspült, ein menschlicher Körper, nackt, eine Frau offenbar.

Die ist doch tot!

Die Neugier drängt den Jungen, er will immer näher heran, doch Lina Schestak wehrt ab, sie kann nicht hinblicken. Sie hat sofort auf den Kopf der Toten sehen müssen, der nach hinten heruntergeklappt scheint, jedenfalls ganz ins Wasser getaucht ist. Natürlich ist diese Frau tot, da kommt jede Hilfe zu spät.

Wir müssen es melden.

Der Satz ist die Formel, die den Jungen schließlich von dem bedrükkenden Platz wegbringt: Sie haben eine wichtige Entdeckung gemacht, sie sind Zeugen! Doch als sie daheim im Garten vor der Laube die Fundstelle genau beschreiben wollen, versagt die Erinnerung. In der Aufregung haben sie auf keine Besonderheit am Ufer geachtet, kein Wiesenstück, keinen Weg mehr im Gedächtnis. Und wenn die Polizei die Leiche nicht gleich bemerkt, so versteckt, wie sie zwischen den Weiden schwimmt?

Da darf der Junge tatsächlich noch einmal auf den Fluß hinaus. Er weist einem jungen Mann und seinem Motorboot den Weg.

Klar, daß sie diese Stelle wiederfinden ...

2

Aus den Protokollen dieser Nacht:

Die Leiche liegt, mit dem Kopf stromabwärts weisend, etwa parallel zum Ufer in Rückenlage im schwach strömenden Wasser. Sie trägt an beiden Füßen gleichmäßig dunkelgrau verschmutzte kurze Söckchen. Der rechte Fuß trägt ferner eine gleiche Sandalette, wie sie unmittelbar am Ufer steht. Der Riemen dieser Sandalette ist wie jener der Sandalette am Ufer geschlossen. Am rechten und linken Ringfinger stecken je ein goldfarbener Ring. Im rechten Ohrläppchen ist ein kleiner, silberglänzender Ohrstecker befestigt…

Die Leichenstarre ist mittelstark ausgeprägt, Totenflecken sind nicht vorhanden. An der Stirn befindet sich eine größere Schwellung mit blaßrötlicher Verfärbung. Überhaupt sind Kopf und Körper mit derartigen Schwellungen und Verfärbungen geradezu übersät. Beide Brustwarzen fehlen; an ihren Stellen sind Haut und ein wenig Gewebe unregelmäßig, aber mit fast glatten Hauträndern abgetrennt. Am linken Oberbauch, an der unteren Herzgrenze, findet sich ein glatter Hautdefekt, ein gleicher in ähnlicher Höhe auf der linken Rückenseite. An den Handflächen und an den Fingern, besonders an ihren Innenseiten, ist leichte Waschhautbildung zu erkennen…

Durch die Feuerwehr beginnt nach der Untersuchung des Fundortes die Bergung der Leiche. Sie wird unter der Eisenbahnbrücke auf der östlichen Uferseite in Rückenlage auf einem schwarzen Tuch abgelegt ...

Der eingesetzte Fährtenhund nimmt von der Fundstelle am Ufer zirka einhundertfünfzig Meter weit eine Fährte auf, von der Grasnarbe mit dem dichtem Bewuchs an über den unmittelbar anschließenden Rübenacker hinweg bis zu einem Stahlgittermast der Reichsbahnoberleitung…

3

Freitags wird rechtzeitig Schluß gemacht, da fällt der Hammer, noch ehe das offizielle Zeichen dafür kommt, das muß wohl so sein, bei Gerhard Neuner nicht anders als bei seiner Frau, am Freitag vor zwei Tagen genauso wie am Freitag vor neun Tagen oder an jedem Freitag.

Am Freitag vor zwei Tagen haben sich Gerhard Neuner und seine Frau Punkt vier Uhr am Untermarkt getroffen. Er ist Lagerist in einer kleinen Bude, nicht Produktion, nicht Handel, sie Sachbearbeiterin in einem ähnlichen Laden. Manchmal haben sie sich schon überlegt, ob es für sie nicht besser wäre, in seinen Betrieb überzuwechseln, aber solche Familienkaupelei bringt irgendwann doch Verärgerung, Komplikationen; außerdem hat Neuner oft genug über die Arbeitsumstände in seiner Umgebung geschimpft. So etwas animiert nicht gerade zu einem Betriebswechsel.

Am Freitag vor zwei Tagen kaufen die Neuners am Untermarkt verschiedene Getränke ein, dann versorgen sie sich in der Nähe des Busbahnhofs mit Gemüse. Es gibt gerade Melonen, da nehmen sie noch eine mit, obgleich sie schon tüchtig bepackt sind. Aber sich so in der Innenstadt zu versorgen ist bequemer für sie, als in eine der Kaufhallen in der Oststadt zu gehen: Der Bus hält unmittelbar vor ihrer Haustür.

Als sie schon am Bussteig stehen, wortlos warten, macht Helga Neuner eine knappe Bewegung mit dem Kopf. Guck mal, wer da kommt. Deine Tochter.

Ihre Tochter.

Unsere Tochter.

Susi – Susanne – läuft, einen in gewöhnliches Packpapier eingeschlagenen Blumenstrauß in der Hand, über den Platz und, als sie die Eltern erkennt, nach knappem Zögern auf sie zu.

Wo gibt's denn die Melonen? fragt sie als erstes. Guten Tag.

Drüben am Stand. Haben jetzt vielleicht überall welche.

Vielleicht.

Und? Machst du jetzt so? Wo lebst du?

Susi hebt schließlich den Blumenstrauß, beschreibt einen ungewissen Kreis, ohne Vater und Mutter anzublicken: Ein Freund, liegt draußen im Krankenhaus in der Gartenstadt. Struma. Den will ich besuchen. Wohn' sonst bei ihm.

Später fügt sie hinzu: Und ihr? Macht ihr morgen, Sonnabend?

Woll'n auf die Insel, Mittag essen.

Ach so. Na, da muß ich wohl mal. Ihr doch auch.

Sie blicken ihr hinterher, wie sie zum übernächsten Busstand davonläuft, ohne sich noch einmal umzuwenden. Sie hält die Schultern schief, geht auch ein bißchen nach vorn gebeugt. Überhaupt sieht sie ziemlich mitgenommen aus, ganz grau im Gesicht. Sie trägt jetzt das Haar kraus, irgend so eine Kaltwelle wahrscheinlich, und die Sache mit ihren Zähnen ist noch schlimmer geworden. Daß man seinem Körper gegenüber so gleichgültig sein kann, nachlässig so wenig auf sein Äußeres achtet!

Gerhard Neuner ist froh, daß inzwischen mehr und mehr Fahrgäste kommen, sich neben ihnen wartend drängen. Das erspart ihm erst einmal jede Unterhaltung mit seiner Frau. Kein Wort über so was vor den Leuten.

Gerhard Neuner hat seiner Tochter genausowenig ins Gesicht blicken können wie sie ihm. Dabei hat er bei jedem ihrer Worte die Unnatürlichkeit bemerkt, dieses Zischen oder Lispeln, das sie begleitet. Na gewiß doch, nun sind ihr also sämtliche Schneidezähne oben herausgebrochen, alle viere. Und das mit siebenundzwanzig.

Der Bus kommt, es beginnt das übliche Drängen und Stoßen. Die Neuners, eben noch die ersten neuen Fahrgäste, stehen äußerst ungünstig zu den sich öffnenden Buseingängen, so bleibt ihnen kein Sitzplatz. Und die plötzlich in Massen Nachfolgenden schieben sie sofort voneinander weg.

Auch gut.

Sie haben schon immer Sorgen mit Susanne gehabt. Sie hat in der Schule betrogen, nicht nur abgeschrieben. Auch später als Lehrling hat sie gebummelt und sie belogen. Sie ist einfach nicht zur Arbeit erschienen, hat sich nach durchzechten Nächten irgendwo ausgeschlafen. Welche Überwindung, die eigene Unfähigkeit schließlich öffentlich einzugestehen. Aber sie brachten es fertig: Sie gaben vier-, fünfmal Vermißtenanzeigen auf in Sorge um das Kind, dem schließlich der Jugendwerkhof nicht erspart blieb. Und die Lehre als Verkäuferin wurde nie abgeschlossen.

Was hätten sie besser machen müssen, anders? Sieghard ist doch ein ordentlicher Junge. Lehrzeit und Armee hat er unbeschadet überstanden, nun wird er bald heiraten, wohnt schon ohne Ärgernisse und Streit bei seinen zukünftigen Schwiegereltern. Also liegt es nicht an ihnen, liegt es einfach in dem Mädchen so drin, ein unberechenbares, nicht zu packendes Erbteil, Veranlagung?

Wie oft haben sie das selbstquälerisch schon durchgesprochen …

Seit sechs Jahren ist das Mädel jedenfalls völlig auf und davon, hat sich nicht mehr halten lassen. Was wissen sie noch von ihr, wo lebt und arbeitet sie, wo wohnt sie? Einmal hat es einen Günther gegeben, mit dem ist sie schlecht und recht wenigstens drei Jahre lang zusammengeblieben. (Hat sie einmal gesagt.) Oder ist der das wieder, der da jetzt im Krankenhaus liegt, operiert, und dem sie nun Blumen ans Bett bringt?

Gerhard Neuner tritt zwischen den Wartenden, den Aus- und Einsteigenden an jeder Haltestelle hin und her, mehr geschoben als freiwillig. Einmal, vor mehr als einem Jahr, ist Susi plötzlich zu ihnen gekommen, hat an ihrer Wohnungstür in der Oststadt geklingelt: Ob sie wohl die Nacht über bei ihnen schlafen könne? Nachdem sie die Tochter am Morgen darauf zugedeckt auf der Couch zurückließen, schließlich mußten sie beide normal zur Arbeit, hat das Mädchen keine Nachricht, nicht das geringste Zeichen hinterlassen.

Und das ist nun schon ein Jahr her.

Sommer war damals auch, mindestens Mai oder Juni.

Gerhard Neuner weiß: Er kann ganz schön stark sein, wenn es drauf ankommt. Ihn haut nichts um. Doch seine Frau? Er beobachtet sie, er sieht ihr in die Augen, als sie aussteigt. Er sucht die verräterischen roten Flecken, die Tränenspuren. Umsonst. Da treffen sie ihr Kind nach einem reichlichen Jahr einmal wieder, und dann gibt es bloß so ein nichtssagendes Gespräch, keine Verabredung oder Einladung. Und es bedrückt sie nicht einmal. Haben sie das Mädel schon so abgeschrieben, endgültig und für immer, daß es ihnen gleichgültig wie irgendeine Fremde erscheint?

Komm, gib mir noch ein Netz, sagt er zu seiner Frau. Aber Helga Neuner wehrt ab: Ich trag's schon allein.

4

Die Kriminalisten erledigen an diesem Sonntagabend alles, was nötig ist, sie tun es mit Genauigkeit und Routine.

Zunächst trifft die verständigte Funkwagenstreife ein, zwei Wachtmeister tasten sich über einen Feldweg an den Fundort heran, stapfen über den Rübenacker, entdecken die Tote nach der vorausgegangenen Beschreibung durch die Schestaks eigentlich ohne Schwierigkeiten. Kurz darauf stoßen die Männer der Einsatzgruppe zu ihnen, ein paar alte Hasen, vor allem der Trassologe. Während sie die Spuren zu sichern beginnen, die notwendigen ersten Fotoaufnahmen am Ufer machen – von der Leiche etwa oder von diesem einzelnen Schuh –, trifft auch der Wagen der Schnellen Medizinischen Hilfe ein. Er hält drüben hinter dem Fahrzeug der Funkstreife, auf diesem Feldweg neben dem hoch aufgeschütteten Damm der Schnell- und Überlandbahn. Die Ärztin ist jung, aber ziemlich couragiert. Sie stellt nach der Leichenschau bald den Totenschein aus. Unnatürlicher Tod durch Ertrinken, sagt sie: erst einmal. Ich tippe nach dem ersten Augenschein: Das Ganze ist vor zwei Tagen passiert.

Der erste Augenschein. Alle, die sich bisher in der Nähe der Toten aufgehalten haben, wissen, sie werden diesen ersten Augenschein nicht vergessen, den selbstverständlichen Blick auf die verstümmelten großen Brüste der Toten. Hat es nicht unlängst erst einen solchen Fall derartiger Verstümmelung gegeben, noch nicht zu Ende durchgestanden und aufgeklärt? Möglich, der noch nicht gefundene Täter hat hier zum erneuten Male grausam zugeschlagen, sich wieder zu erkennen gegeben. Aber diesmal werden sie ihn aufspüren und überführen.

Auf einer Anzahl lappiger fleischiger Blätter und Gräser sind rötliche Ablagerungen zu erkennen. Eine blutähnliche, bluttypische Substanz? Heißt das: Der Fundort der Toten ist auch der Tatort, alles ist hier und nirgendwo sonst geschehen? Es hat – folgt man den Worten der Ärztin: Das Ganze ist vor zwei Tagen passiert – in den letzten achtundvierzig Stunden etliche Male geregnet, sogar ein Gewitter ist niedergegangen. Hat das auch hier zu erheblichem Niederschlag geführt, wieviele Spuren haben Regen und Wind zerstört?

Freilich, der verantwortliche Staatsanwalt, der schließlich mit dem Gerichtsmediziner eintrifft, neigt gefühlsmäßig erst einmal mehr einer anderen Variante zu: Die Tote ist in dieses abgelegene, schwer zugängliche Gelände verbracht worden, aus der Oststadt etwa oder aus dem nächsten Dorf. Es gibt dazu etliche Kasernen in der Nähe. Ist die Tote etwa eine Mitarbeiterin der hier umfangreich stationierten sowjetischen Streitkräfte? Aber das wissen sie doch: Bürgerinnen von dort haben in der Regel keine stomatologischen Probleme. Wenn die zu ihrem Zahnarzt bestellt werden, versorgt der sie rasch und gründlich und spart auch nicht mit Goldeinlagen. Diese Frau aber hat herzlich wenig Kontakte zu Zahnärzten gehabt. Also ist sie eine Einheimische, Hiesige? Wer ist sie?

Gegen dreiundzwanzig Uhr sind sie schließlich alle versammelt, die wesentlichen diensttuenden Mitarbeiter der Morduntersuchungskommission, Staatsanwalt und Mediziner, Feuerwehr (vielleicht wird sie noch einmal benötigt), der Wagen vom Bestattungsinstitut, der darauf wartet, die Tote ins Institut für gerichtliche Medizin zu überführen, der Fährtenhundeführer, der schon erfolgreich gearbeitet hat. Nur die Schnelle Medizinische Hilfe und die couragierte junge Ärztin werden mittlerweile nicht mehr gebraucht.

Wird es ein komplizierter Fall mit langwieriger Suche nach dem Täter sein oder ein Fall der schnellen Aufklärung?

5

Zwei Tage zuvor, auch an diesem Freitag, ist Berta Setzepfand in ihrer Wohnung eifrig mit allerlei Vorbereitungen beschäftigt. Morgen kommen Gäste, ist die Familie wieder einmal zusammen – selten genug passiert's –, da will sie sich nicht lumpen lassen. Zwei Torten müssen schon auf den Tisch, dazu der Sauerkirschkuchen, den Detlev so mag.

Die Rostocker kommen. Sogar die Rostocker kommen! Wie lange hat sie die nicht gesehen? Aber Gisela ist glücklich mit ihrem Rolf und längst dort oben an der See heimisch geworden. Ein Wunder. Kein Wort darum gegen Fischköppe! Freilich, in den vergangenen zwanzig Jahren ist sie höchstens drei-, viermal bei ihnen zu Besuch gewesen, zu mehr hat es nicht gelangt. Und nun ist sie schon zu alt für so weite Reisen.

Fünfundsiebzig. Morgen wird sie fünfundsiebzig Jahre.

Sie hat nie Angst vor dem Altern gehabt, ihre Mutter ist dreiundneunzig, ihr Vater achtundachtzig geworden, da hat sie immer gewußt: Auch sie wird es ganz schön weit schaffen. Nur: Die Eltern hatten auf ihrem Dorf ständig ein paar ihrer Kinder in nächster Nähe, bei dem einen wohnten sie sogar, zusammen mit Schwiegertochter und vier Enkeln, das brachte Abwechslung und Pflichten genug. Und wen hat sie? Nur Rainer. Aber wo gibt es noch große Familien? Die Bindungen lösen sich alle auf, zerflattern.

Gegen halb sechs Uhr hat Berta Setzepfand geschafft, was sie sich vorgenommen hat. Die beiden Torten stehen im Schlafzimmer, dem selbst bei dieser Sommerwärme immer noch kühlen Raum, der Kirschkuchen auch, es ist sogar schon wieder abgewaschen, nur der Backduft liegt noch in allen Zimmern der Wohnung, angenehm.

Von sechs Uhr an tritt Berta Setzepfand immer häufiger ans Fenster, um die lange Straße hinabzublicken. Wo nur Rainer bleibt? Er hat ihr doch versprochen, spätestens zum Abendbrot wieder zurück zu sein. Die Feierei morgen geht ihn doch genauso an. Aber er muß eben in seine *Schwemme* rennen, seine Biere trinken und seinen Skat spielen. Dabei, sie versteht ihn ja. Er hat ihr geholfen, am Morgen die Hausordnung gemacht, dann eingekauft, vor allem die Getränke herangeschleppt. Er hat sich nach dem Mittagessen sogar noch hingesetzt und zwei Stunden lang mit ihr Würfel gespielt. Ein Junge von sechsunddreißig hockt sich hin und würfelt stundenlang mit seiner Mutter, damit sie ihre Unterhaltung hat. Was will sie noch mehr?

Von sechs Uhr an läuft auch der Fernseher, es gibt da so eine Serie, *Auf die sanfte Tour*, die heutige Folge heißt *Die Wahrheit hängt an einem seidenen Faden*, das lenkt ab. Aber halb acht hat Berta Setzepfand unwiderruflich Hunger. Muß sich der Junge nachher eben allein was machen, sie bereitet sich ihr Abendbrot zu, ein paar Schnitten gleich in der Küche wie meist, wenn sie solo ißt. Sie trinkt dazu Tee, Hagebuttentee, den erwischt sie in der letzten Zeit manchmal in der Stadt. Dann spült sie das bißchen Geschirr unterm fließenden Wasser, trockne es ab und stellt es zurück in die Schränke. Tee, die halbe Kanne voll, ist für Rainer übriggeblieben. Der trinkt ihn sowieso am liebsten kalt.

So vergeht der Abend langsam; aber nach neun wird es auf einem der Sender einen englischen Lustspielfilm geben, die Sorte kennt sie, von denen hat sie noch jeder zum Lachen gebracht, und sie freut sich darauf.

Sie läuft noch einmal durch die Wohnung, blickt nach den Torten, probiert schon einmal den Kirschkuchen (er scheint ihr wirklich gelungen), dann setzt sie sich in ihren Lieblingssessel und wartet. Fünfundsiebzig also. Nun sind sie ran. Unwiderruflich. Was hat ihr das Leben gebracht, mehr Gutes, mehr Schlechtes? Sechs Kinder hat sie geboren, drei davon wieder hergeben müssen, noch ehe sie groß waren. Und schließlich der Mann im Kriege, verwundet, fast tot, und doch noch einmal zurück an die Front. Und dann drei Jahre weg in Gefangenschaft. Aber kaum wieder zu Hause und voller Kräfte und Mut, wird ihr dieser Heinrich doch gleich noch ein Kind verpassen, Rainer, den Nachzügler. Viele Jahre jünger als seine Geschwister. So ein verrückter Hund, dieser Mann damals, hat's regelrecht darauf angelegt.

Sie hockt da in ihrem Sessel, lacht, kichert unvermittelt, schlägt sich – so allein – wie ertappt die Hand vor den Mund.

Es hat schon viel Auf und Ab gegeben in den langen Jahren, etliches Rauf, etliches Runter. Und nun sitzt sie in dieser schönen Wohnung, drei Zimmer und ferngeheizt. Heinrich hat noch besorgt, was er als sein letztes Ziel ansah. Aber kein halbes Jahr danach steigt er eines Abends ins Bett und erhebt sich nicht wieder. Von einem Tag auf den anderen stirbt er, ohne Ankündigung, ohne Krankheit. Und läßt sie allein zurück.

Wie oft liegt sie seitdem in den Nächten schlaflos und sinniert (*simuliert* nennt sie's), wartet auf den Tod? Sie hat, sie gesteht es sich manchmal, wenig Lust mehr am Leben. Was soll sie noch? Sie wird Rainer versorgen, bis der endlich seine Ruhe gefunden hat, eine Frau, bei der er's aushält, eine Familie. Doch dann kann er kommen, der Tod, wie bei Heinrich, sanft über Nacht. Längst hat sie ausgedient.

Der englische Lustspielfilm ist diesmal nicht so gut, jedenfalls muß sie seltener lachen als sonst. Oder sind es ihre Gedanken, die sie immer wieder ablenken, nicht richtig in Schwung und Stimmung geraten lassen? Dieser Junge traut sich aber auch wieder was. Er weiß doch, daß sie sich Sorgen macht, unentwegt nach Gründen für seine Verspätung sucht. Und diesmal hat er mit Nachdruck versprochen, nicht lange wegzubleiben: Sie müssen noch allerhand für den Besuch herrichten, nichts mehr rumliegen haben, wenn die Geschwister eintreffen.

Der Junge hat ihr schon ein paarmal Kummer bereitet. Die langen Jahre, die er nicht da war ... Aber er ist doch nicht schlecht, anstellig und freundlich. Was er an Geld von der Arbeit mitbringt – nicht wenig Geld –, er teilt's redlich mit ihr, gibt ihr wenigstens reichlich ab. Und sein Skatspiel? Hat er nicht neulich erst eine Aktentasche gewonnen? Er kann wohl auch da was. Und sie brauchen keinen Klempner oder Tischler in die Wohnung zu bitten, wenn mal was Schaden nimmt, ein Defekt eintritt.

Gegen zwölf wird Berta Setzepfand endgültig müde. Der Apparat bringt noch einen Western, aber der interessiert sie nicht. Solchen großmäuligen Helden, die verwegen reiten und laut um sich knallen, hat sie noch nie etwas abgewinnen können. Exakt um zwölf jedenfalls liegt sie im Bett, denkt noch: Nun ist es soweit, nun ist sie fünfundsiebzig, aber es ist keine Genugtuung dabei. Auch keine Freude. Dann schläft sie ohne Schwierigkeiten ein.

Mitten in der Nacht jedoch schreckt sie auf, greift nach der Taschenlampe auf dem Nachttisch, lenkt den Leuchtstrahl auf die Weckeruhr: drei Uhr fünfundvierzig. Sie geht durch die Wohnung, knipst nirgendwo das Oberlicht an, sieht aber gleich im Taschenlampenschein: Die Sandaletten des Jungen stehen an ihrem Platz im Flur, ziemlich drecki zwar, aber Gott sei Dank, Rainer ist da. Und da liegt er auch, im Wohnzimmer auf der Couch, mit bloßem Oberkörper oder ganz nackt (wieder mal nicht in seinem Bett), aber Portemonnaie, einzelnes Geld (viel einzelnes Geld), Ausweis und Schlüssel sind ordentlich auf dem Tisch hingebreitet.

Gott sei Dank, sinniert sie noch einmal, Gott sei Dank, während sie in ihr Schlafzimmer zurückkehrt. Es ist alles in Ordnung.

6

Sie haben die Untersuchungen in der Nacht abbrechen müssen, sie setzen sie am Montagmorgen fort. Sie wissen nun mittlerweile: Die Tote ist erstochen worden, die gerichtsmedizinische Sektion in dieser Nacht hat drei Stiche nachgewiesen, zwei in die linke Brust, einen in den Rücken, alle mit hohem Blutverlust als Folge. Daß sich der Tod der Unbekannten letztlich doch im Wasser vollzog, ist nicht völlig auszuschließen. Also ist der Fundort zugleich der Tatort, auch deshalb?

An einer der Sandaletten ist eine mineralölartige Ablagerung festgestellt worden, ähnliche Mineralölflecke finden sich im Schotter und auf den Schwellen der Gleisanlagen hundert Meter weit weg. Sind diese Ablagerungen von derselben chemischen Zusammensetzung? Wird sich vielleicht sogar analysieren lassen, daß sie derselben Herkunft sind? Und was wird sich aus den sonstigen Boden- und biologischen Proben entnehmen lassen, etwa aus der Untersuchung der blutähnlichen Substanzen an den Pflanzen und Gräsern, und was aus den Ablagerungen unter den Fingernägeln der Leiche?

Sie haben außer den Söckchen und den Sandaletten der Toten keines ihrer Bekleidungsstücke in Händen. Wo hat der Täter diese Bekleidungsstücke weggeworfen, an Land, ins Wasser? Und wo befindet sich die Tatwaffe, ein vermutlich feststehendes Messer mit höchstens zwei Zentimeter Klingenbreite?

Taucher suchen den Flußgrund in Tatortnähe ab, eine ganze Kompanie durchkämmt das Gelände zwischen Bahndamm und Ufer, schließlich wird sogar ein Polizeihubschrauber eingesetzt. Die verantwortlichen Untersuchungsführer lassen es sich nicht nehmen, selbst von da oben auf das flache, ziemlich gegliederte, gar nicht so leicht einsehbare Gelände drunten zu starren. Liegt da nicht doch irgendwo ein Stück Wäsche, eine Bluse, ist da nicht vielleicht irgendwo etwas zufällig liegengeblieben, hingefallen, herausgerutscht, und sei es noch so klein, ein Feuerzeug, eine Kippe, ein Tuch?

Sie suchen allesamt vergeblich bis Mittag.

Dafür haben sie diese Fährte zum Bahndamm, wissen sie: Es wird keine sowjetische Bürgerin vermißt. Und sie wissen: Die Tote hat mindestens zehn bis zwölf Stunden, höchstens aber zwei Tage im Wasser gelegen. (Demnach ist alles zwischen Freitagnacht und Sonntagmorgen geschehen. Wie läßt sich dieser Zeitraum weiter eingrenzen?) Und sie haben die Fingerabdrücke der Unbekannten, selbst wenn es Schwierigkeiten bereitet hat und Umsicht notwendig war (diese rasche Waschhautbildung). Wird man in der zentralen Kartei etwas mit ihnen anfangen können?

Ein Stein ist ins Wasser gefallen, treibt Wellen. So etwa. Ihnen müssen sie nach, nach allen Seiten. Immer mal wieder. Es geht nicht anders.

Sie fordern dafür alle verfügbaren Leute aus den Kreisen an

7

Am Sonnabendmorgen ist Berta Setzepfand zwei Stunden nach ihrem nächtlichen Wohnungsrundgang wieder erwacht, der Tag beginnt für sie bereits um sechs Uhr. Sie zieht sich den Morgenmantel über, Unruhe ist in ihr. Wenn dieser Geburtstag nur erst überstanden wäre.

Während sie hin und her läuft, sich wäscht, Kaffee und Frühstück herrichtet, frühstückt, muß sie immer wieder an diesen Sandaletten im Flur vorüber. Sie hat sie schon angefaßt, hochgehoben. Sie sind schwer, naß und voller Schmutz. Schließlich trägt sie sie ins Bad, wäscht sie gründlich über der Badewanne ab, schwämmt sie richtiggehend mit Wasser ein, daß eine graue Brühe davonfließt, hängt sie danach auf den Balkon zum Trocknen.

Drei Viertel neun und zehn Minuten später noch einmal versucht sie ihren Jungen zu wecken. Du willst doch die Aufschnittplatten im Delikatladen abholen, hast den Zettel dafür noch. Komm, steh endlich auf.

Da wälzt er sich herum und kramt, den Ellbogen aufgestützt, unwillig in seinem Portemonnaie. Aber der Schein ist doch da. Was die Mutter nur immer hat. Sie soll nicht so aufgeregt sein. Außerdem: Versprochen ist versprochen, er erhebt sich ja schon.

Versprochen! Berta Setzepfand wiederholt das Wort bitter. Und was ist eigentlich mit deinen Schuhen? Wie die aussahen! Ich hab sie dir gleich abgewaschen. Und deine Sachen, das Zeug, das du gestern angehabt hast, ich hab's nirgends gefunden. Was war denn wieder?

Rainer Setzepfand antwortet ihr nicht. Er läuft, wie er die Nacht über geschlafen hat, nackt, hinüber ins Bad. Und danach ist keine Zeit mehr, ihn zu befragen oder gar zu bedrängen: Die Grimmaer sind da und klingeln Sturm, Egon und seine Familie. Viel näher als Gisela wohnend, tauchen sie öfter mal auf, schicken vorher ein Telegramm oder schicken es nicht, kennen sich jedenfalls bestens in der Wohnung aus. Die beiden Enkel stürzen gleich über die Großmutter her, gratulieren ihr, sie umarmend, und sind auch schon im Schlafzimmer, um nach Omas berühmtem Kirschkuchen zu suchen.

Rainer Setzepfand hat nur wenig Zeit, sie zu begrüßen und sich mit ihnen zu unterhalten. Er findet sowieso kein sehr enges Verhältnis zu den deutlich älteren Geschwistern und ihren Familien. Schwester und Bruder haben stets die Erfahreneren, Klügeren herausgekehrt. Außerdem muß er jetzt diese Delikatplatten holen. Ihr werdet staunen, Mutter hat gute Sachen bestellt, wenn ich sie auch drei-, viermal dazu überreden mußte, sagt er kurz.

Als er nach einer knappen Stunde zurückkehrt, hat er zusätzlich einen Blumenstrauß für die Mutter mitgebracht, rote Nelken. Die Wohnung quillt indes über von Gästen, denn auch die Rostocker sind nach ihrer langen Bahnfahrt mit dem Vormittagszug eingetroffen. Sie sitzen, trinken erst einmal Kaffee. Rolf, der Buchhalter, sicherlich durchgeschwitzt von der Fahrt, hat – der feine Mensch – noch nicht einmal seine Anzugjacke ausgezogen, aber sonst sind sie nicht so pingelig, sie begrüßen ihn ohne große Umstände. Gisela hat etliches an Pfunden zugenommen in der letzten Zeit – aber wie lange hat Rainer Setzepfand sie nicht gesehen? Wenigstens zwei Jahre lang nicht! Die Schwester spricht diese merkwürdige spitze Sprache der Fischköppe, als wäre ihr nie eine andere von der Zunge gekommen. Am zutraulichsten ist ihr Junge, Bernd, zwölf Jahre alt, nein, dreizehn inzwischen.

Ich soll bei dir im Zimmer schlafen heut nacht, Onkel Rainer, zeigst du's mir mal? Hast du wieder neue Matchboxautos gesammelt?

Sieh an. Daran erinnert sich der Bursche also noch.

Hab sie verscherbelt, antwortet Rainer Setzepfand. Hab dafür jetzt Fische, zwei Bassins, eine eigene Zucht. Willst du sie sehen?

Berta Setzepfand hat mittlerweile rotglühende Wangen. Sie sitzt im Sessel, läuft in die Küche, kommt mit der Kaffeekanne zurück, drängt jedem noch einen Schluck auf, sie läßt in ihrer Aufregung sogar ein paar kräftige braune Tropfen auf die Tischdecke schwappen und will eilig eine neue Decke auflegen (nehmt mal Tassen und Teller hoch), sich von keinem davon abhalten lassen. Nun ja, sie ist eben glücklich. Wann werden sie alle noch einmal so zusammensitzen?

Und was sie ihr noch dazu alles geschenkt haben, überflüssiges Zeug, sie braucht nichts mehr in ihrem Leben. Hat das nicht ausreichen können, daß sie ihr nachher die Feier in der Gaststätte bezahlen und diese Abendbrotplatten? Nicht mal das wäre nötig gewesen, sie hat selber allemal noch Geld genug.

Komm, Mutter, heute läßt du uns alles machen, rackerst dich nicht ab, ruhst dich bloß aus.

Leicht gesagt.

Die lockere und freundliche Stimmung setzt sich fort, reicht, scheint es, für den ganzen Tag. Sie essen in dieser Gaststätte inmitten der Oststadt, der *Sächsischen Bauernstube*, trinken Wein, stoßen sogar mit Sekt an, sie laufen danach noch eine Stunde durch den sonnigen Tag. Wieder zu Hause, reden sie vom Leben in solchen Neubaustädten, über Vorzüge und Nachteile – Gisela und Rolf würden nie nach Lütten-Klein ziehen, auch Egon und Sabine loben den heimischen Garten hinter ihrem Haus –, und nach dem Kaffee, den Torten und dem beifällig aufgenommenen Kirschkuchen, der so sehr an Kindheit und Jugend erinnert, wird zu schärferen Sachen übergegangen. Die Männer genehmigen sich endlich ihren Korn und ihr Bier, und nun trägt auch Rainer Setzepfand zur allgemeinen Unterhaltung etwas mehr bei. Er erzählt von seiner Urlaubsreise im vergangenen Juli. Drei Wochen lang mit dem Zelt in der Tschechoslowakei unterwegs, zusammen mit einem Mädchen, einer Studentin, Ulrike. Von Campingplatz zu Campingplatz. Keiner hätte ihm das zugetraut, so ohne Anmeldung, aber er hat's gepackt. Prag, das Riesengebirge, den Karlstein - alles haben sie gesehen.

Willst du nicht endlich mal zur Ruhe kommen, dauerhaft vor Anker gehen? fragt Egon schließlich den Bruder. Die Studentin Ulrike – wie alt wird die sein? Zwanzig? Ist doch nichts für dich. Und mit dieser anderen, Elvira, ist's wohl mittlerweile aus? Haben wir doch mal kennengelernt, hat solch einen guten Eindruck hinterlassen. Warst doch lange mit ihr zusammen.

Drei Jahre, ja. Aber er packt's eben nicht, was Festes, was für immer. Er schafft es nicht.

Vielleicht bin ich was andres, vielleicht ein Wolf, ein einsamer.

Du? Du und ein Wolf?

Irgendwann läuft Berta Setzepfand voll Eifer und Stolz, mit den Fähigkeiten des Jüngsten vor den Geschwistern zu prahlen, diese beim Preisskat gewonnene Aktentasche zu holen und vorzuweisen. Da entdeckt sie im Schrank, unter dem in Plastetücher eingeschlagenen Gewinn, das Bündel nasser Wäsche. Es sind die Sachen des Jungen, die er gestern getragen hat, Jeans, T-Shirt, Turnhose, naß, über und über schmutzig, völlig verdreckt. Aber das braucht der Bengel doch nicht so zu verstecken, vor ihr doch nicht, das wäscht sie ihm doch sowieso wieder sauber.

So raunt sie's auch dem Sohn zu, als die Tasche im Wohnzimmer am Tisch herumgeht, Rindsleder, schönes griffiges schwarzes Rindsleder.

Und nun lauf, Rainer, und hol im Spätverkauf noch ein bißchen was zu trinken. Daß ihr so zuschlagt, ich hab's nicht gedacht. Aber übertreib's nicht. Keinen Schnaps mehr. Egon muß heute abend noch zurück und morgen auf Schicht.

Nimmst du mich mit, Onkel Rainer?

Der dreizehnjährige Bernd hat großes Interesse, noch mehr und Genaueres über Camping und Zeltausstattungen zu erfahren.

Meinetwegen.

Als sie draußen sind, prosten sich die beiden zurückgebliebenen Männer zu. Auf diesen verrückten Schwager und Bruder, auf den einsamen Wolf.

Sie lachen, stocken. Sie denken plötzlich Jahre zurück.

Da gab's einmal eine ziemlich bittere Geschichte mit Rainer ...

8

Sie haben nach wie vor ihre unterschiedlichen Versionen. Die Tat ist in der Stadt geschehen, also anderwärts, die Tote ist nur an diesen entfernten, unwegsamen Platz gebracht worden. Auf dem Landwege, auf dem Fluß, mit einem Auto, mit einem Boot? Dutzende Möglichkeiten.

Oder: Die Tat ist hier unmittelbar hinter der Eisenbahnbrücke am Flußufer passiert, am Fundort. Wie sind Täter und Opfer dann hierhergelangt, ausgerechnet hierher? Zu Fuß? Oder auch in einem Boot?

Und was für Tatvarianten gibt es noch?

Die beiden Wachtmeister der Funkstreife übrigens, noch einmal eindringlich befragt, betonen nachhaltig: Als sie sich dem Ufergelände zum ersten Male näherten, es schließlich betraten, war es noch völlig unversehrt. Kein niedergetretenes Gras, keine ab- oder umgeknickten Pflanzen und Zweige haben darauf hingewiesen, daß hier ein Kampf oder eine Auseinandersetzung stattgefunden hat oder daß dieses Stückchen Land in der letzten Zeit überhaupt einmal begangen wurde. Alle entsprechenden Veränderungen müssen vielmehr später entstanden sein, etwa bei der Bergung der Leiche, bei den anfallenden notwendigen anderen Arbeiten, es sind ja genügend Leute hiergewesen.

Also ist das Entscheidende doch vom Fluß aus passiert?

Im übrigen: Charakteristische Kampf- oder Schleifspuren haben sie im Uferbereich nicht entdeckt. Dieser Schuh, diese Sandalette zum Beispiel steht mit geschlossenem Riemchen wie unversehrt auf einem unversehrten Uferstück. Kann ein bißchen Regen in anderthalb oder zwei Tagen soviel bewirken, den alten unberührten Zustand wieder herstellen? Aber da existiert doch diese Vielzahl blutbenetzter Pflanzenteile.

Das ist doch Blut? Hat die Technik noch keine Ergebnisse? Ja, sagt die Technik, es ist Blut, Menschenblut, man kann sogar die Blut- und Serumgruppe exakt benennen, aber man weiß nicht, ob es Blut der Toten ist, man hat keine Vergleichsblutprobe von ihr.

Am Abend des zweiten Untersuchungstages fahren sie noch einmal hinaus zu diesem Stück Flußufer. Zwei Techniker, Spezialisten, warten die Dunkelheit ab, dann versprühen sie großflächig ein Reagenzmittel aus einem Druckluftspritzgerät, helfen bei kleineren Flächenstücken mit einem Handzerstäuber nach und sehen: Die benetzten Gräser und Pflanzen am unmittelbaren Fundort lumineszieren in der Dunkelheit kräftig, aber nicht nur sie, eigentlich der gesamte Uferbereich. Auch daran haben wohl die Arbeiten der Leichenbergung, der Spurensicherung und die Taucher ihren Anteil. Jedenfalls verweist das Leuchten auf das Vorhandensein von reichlich viel Blut. Freilich wird dieses Leuchten in der Nähe der Ackergrenze deutlich schwächer; erst recht danach, im ganzen Verlauf der vom Diensthund aufgenommenen Fährte, liegt das Land völlig dunkel. Heißt das: Die Getötete ist den Weg vom Bahnkörper oder Feldweg zum Acker – wenn sie ihn gegangen ist – noch unverletzt gegangen, der Täter hat erst am Ufer zu seinem Mordmesser gegriffen? Oder muß man trotz allem – trotz dieser Fährte etwa – annehmen, die Tote ist übers Wasser an diese Uferstelle gelangt?

Doch was nützt im übrigen alle genaue Kenntnis über Tat- und Fundort, über den möglichen Tathergang, wenn sie nicht zum Täter führt? Und sämtliche Befragungen und Ermittlungen in der Oststadt, an diesem Kanal oder in den Vororten haben in dieser Hinsicht noch nicht das geringste Ergebnis gebracht.

Da entscheiden sie an diesem Abend kurz und entschlossen, sich über die Presse an die Öffentlichkeit um Mithilfe zu wenden. Name und Identität der Getöteten müssen als erstes gefunden werden. Dann wird man weitersehen. Und irgendwem wird sie doch fehlen, irgendwem in den letzten Tagen aufgefallen sein?

Die VP bittet um Mithilfe

Am 17. August wurde die Leiche einer unbekannten Frau aus dem Fluß geborgen. Beschreibung der Toten: scheinbares Alter zwischen 25 und 30 Jahren; etwa 1,60 m groß, schlanke Gestalt, Schuhgröße 38, mittelblondes Haar, Augenfarbe graugrün, an der Kinnspitze etwa zwei Zentimeter lange waagerecht verlaufende Narbe, im Kehlkopfbereich kleine Warze.

Wer kann Hinweise auf eine vermißte Person geben ?

9

Der Ort ist klein und liegt westlich der Stadt, wo das Land ein bißchen hügelig wird. Einmal hat ihn ein einheimischer Dichter in den Titel eines seiner wenigen Bücher gebracht, da wurde er nicht mit allzu großem Interesse zur Kenntnis genommen; bekannter ist er in jenen Jahren durch die Erzeugnisse des hier ansässigen *Kombinats für industrielle Mast* geworden, damals landesweit KIM genannt. Dieses KIM hat sich auf die Produktion von Eiern spezialisiert und mittlerweile einen immensen Ausstoß dieser in der Regel dutzendweise verpackten Hühnerprodukte. Der konnte auch durch die im letzten Jahrzehnt vermehrt aufgetretenen Hinweise nicht gestoppt werden, welche Gefahren für Kreislauf und Herz aus dem Cholesteringehalt der beliebten Frühstückseier resultieren. Da hat man im Dorf einen erheblichen Bedarf an Arbeitskräften. Sie kommen aus den Dörfern ringsum, selbst aus der nahen Bezirkshauptstadt. Manche werden dem Kombinat auch zugewiesen. Mit sogenannter fester Arbeitsplatzbindung über längere Zeit, gewöhnlich wenig arbeitsfreudig, sollen sie sich *bewähren*.

Das Mädchen, das am 15. August dieses Jahres im Büro des zuständigen Fachdirektors für Kader und Bildung des Kombinats vorspricht, gehört nicht zu diesen Zugewiesenen. Es steht da im Zimmer, mit einer kleinen Reisetasche voll Kleidungsstücken – all ihrem bißchen Sack und Pack –, und erklärt, unverzüglich Wohnraum zu benötigen. Sie ist, seit reichlich sechs Wochen hier in der Küche als Hilfskraft beschäftigt, von ihren langjährigen Logiseltern aus dem Hause geworfen worden, ein Mißverständnis; ihr Verlobter Mark, der Sohn dieser Leute, ist zur Zeit krank, liegt im Krankenhaus.

Horst Funke, noch überraschendere Lebensgeschichten und -umstände gewohnt, beruhigt das Mädchen. Soll es erst einmal in der Küche an die Arbeit gehen, sie klären das Problem inzwischen.

Das geschieht dann auch rasch. Der für die Dörfer zuständige Polizist – der Abschnittsbevollmächtigte, der ABV – befragt im Nachbardorf die vermeintlichen Schwiegereltern, aber die bleiben unwiderruflich bei ihrem Entschluß: Die Herumtreiberin kommt nicht wieder über ihre Schwelle! Nennt sich verlobt, und während der Sohn operiert im Krankenhaus liegt, säuft sie mit anderen herum, läßt sich von ihnen vor der Haustür abknutschen, wer weiß was anderwärts noch. Nun ist Schluß. Nein.

Und die Frauen in der Küche? Sie wissen nichts Schlechtes über das Mädchen zu sagen. Sie hat zwar zu kaum wem Kontakt und ein paarmal verschlafen. Aber sonst war sie immer da, auch nicht faul. Und sie selber, will sie hier arbeiten? Ja? Gerne? Also muß man ihr die Bedingungen dafür schaffen.

Noch am selben Tage, gleich nach Mittag, erhält sie in Gegenwart von Horst Funke und dem Abschnittsbevollmächtigten Unterkunft im Ledigenwohnheim des Kombinats, sogar im Zimmer 28, im Gästezimmer. Hier hat sie alles, Bett, Schrank, Tisch und Stühle. Ist sie einverstanden? Ja? Noch am Nachmittag zieht sie ein.

Am Montag, dem 18. August, erscheint sie unerwartet nicht zur Arbeit. Hat sie einen langen Sonntag gemacht und wieder mal verpennt? fragen sich die Kolleginnen aus der Küche. Da läuft eine von ihnen gleich ins Wohnheim, um nachzusehen. Aber im Zimmer 28 ist niemand und hat niemand übernachtet.

Auch am folgenden Tag findet sich die neue Küchenhilfe nicht zu ihrer Arbeit ein. Der Küchenleiter meldet es Horst Funke am Vormittag.

Eine halbe Stunde später wird Funke von zwei Frauen aus der Küche geradezu überfallen. Ob er schon in die Zeitung gesehen hat, ob er schon diese Mitteilung gelesen hat, daß da eine junge Frau tot aufgefunden wurde, aus dem Flußwasser geborgen? Das kann nämlich dieses Mädchen sein, das da seit Anfang Juli bei ihnen in der Küche gearbeitet hat.

Nein, das ist sie wirklich. Du hast dir doch auch das Kinn angeguck und gleich diese Narbe entdeckt. Alles ist, wie's da beschrieben wird: eine Narbe, zentimeterlang, unten am Kinn. Das ist die mit Sicherheit, die Susi, die Neuner.

Eine der Küchenfrauen fällt der anderen ins Wort. Als sie schließlich Funke die Zeitung mit der entsprechenden Seite und der Beschreibung hinhalten, versucht auch der sich zu erinnern. So auffällig war diese Narbe nun wohl doch nicht. Allerdings hat Funke Susi Neuner nur zweimal gesprochen.

In dem Fall können Sie ganz sicher sein, Kollege Funke, uns völlig vertrauen. Ich kann mich sogar an die Warze erinnern, von der da die Rede ist.

Sie laufen schließlich gemeinsam hinüber ins Wohnheim, lassen sich das Gästezimmer Nummer 28 zeigen. Dessen Vorhänge sind zugezogen, es ist ordentlich aufgeräumt, ein Paar Hausschuhe steht ausgerichtet vorm Bett, auf der Zudecke ist ein Nachthemd ausgebreitet. Die Schränke freilich sind leer bis auf eine genauso leere Kunstlederreise- und eine kleine Einkaufstasche. Auf dem Tisch liegt ein Brief, der ist an diesen Mark gerichtet.

Alles ist noch so wie gestern, sagt die eine Frau aus der Küche.

Funke öffnet den Brief. In einer schauderhaften Orthographie wird da der Verlobte beschworen, den Eltern nicht zu glauben. Die wollten sie ja schon immer auseinanderbringen.

Eine halbe Stunde danach ist Horst Funke mit dem Wagen in die Bezirksstadt unterwegs. Er hat möglicherweise eine wichtige Aussage zu machen. Er bringt eine dünne Kaderakte mit, darin ist auch ein Paßfoto von Susanne Neuner.

10

Sie sind an diesem Tage von erwartungsvoller Spannung erfaßt. Sie haben nun schon einige hundert Leute befragt, Angler, Bootsbesitzer, Garteninhaber, Badende am Kanal, Personal von der Rennbahn, Streckenposten der Reichsbahn. Keiner hat Hinweise von auch nur geringstem Wert, hat irgend etwas Weiterweisendes mitzuteilen. Nun steht diese Meldung in der Zeitung, die Aufforderung, dem Zwecke Dienliches zu benennen, paarhunderttausendfach. Wird sich der Aufwand lohnen, die Entscheidung, die Öffentlichkeit derart einzubeziehen, bezahlt machen? Oder wird nach aller Aufregung Enttäuschung bleiben? Sie kennen Fälle, wo erste nützliche Hinweise nach Wochen einkamen oder Mitteilungen samt und sonders bedeutungslos waren, bloß unermeßlich viel Arbeit brachten, endlose Nachfragen, Überprüfungen.

Da meldet sich dieser Kaderleiter vom KIM keine fünf Stunden, nachdem die ersten Zeitungspakete ausgetragen wurden! Und er bringt sogar ein Bild mit, so daß sie vergleichen können! Mit Anspannung sehen sie: Das Foto aus der Akte zeigt offensichtlich die Tote. Ihre Identität ist also mit einiger Sicherheit geklärt.

Und was können sie mit Horst Funkes übrigen Angaben anfangen?

Sofort ist es möglich, zu anderen wichtigen Personen zu gelangen. Die Eltern zum Beispiel, wohnhaft in der Oststadt. Sie werden etliches über ihr Kind sagen können. Oder dieser Mark. Hat er etwa aus Rache, Eifersucht gehandelt, übers Wochenende auf Krankenhausurlaub und mit der möglichen Untreue seiner Braut durch die niederschmetternden Aussagen seiner Eltern konfrontiert?

Sie fahren hinaus ins Krankenhaus, fragen vorsichtig nach. Nun ja, sagen die Ärzte, sie könnten Mark Dennewitz ohne weiteres mitnehmen, er hat längst Ausgang, im Grunde war es sein Wunsch, übers Wochenende nicht heimzufahren.

Dennewitz hat sich übers Wochenende im Klinikgelände aufgehalten, auch Freitagnacht, auch am Sonnabend?

Wenn er sich nicht heimlich davongemacht hat, ja. Aber die Kontrollen sind ordentlich und selbstverständlich, gewissermaßen Routine, sein Fehlen wäre den entsprechenden Schwestern aufgefallen, der Nachtschwester oder dem Frühdienst, der Blut zapft. Soll man die Schwestern befragen?

Sie bitten Dennewitz freundlich, ihnen zu folgen. Er ist achtundzwanzig, Kesselschmied, aber er hat in verschiedenen anderen Berufen gearbeitet, zum Beispiel bei dieser Bauunion. Er hat kein glückliches Leben mit Susi Neuner geführt, sagt er. Mal ging's in den vergangenen drei Jahren gut, mal ging es in dieser Zeit schlecht, öfter gab es Streitigkeiten, auch Ohrfeigen. Immer war der Alkohol dabei im Spiel, nun ja, bei beiden. Seit einem Jahr ist sie polizeilich bei ihm gemeldet, fünf Monate bis Ende Juni hat sie auf seine Kosten gelebt, ohne Arbeit. Trotzdem hatte sie immer Geld. Woher? Sie ging eben mit anderen Männern, ließ sich von ihnen sogar nach Hause bringen. Deshalb setzte es auch mal Prügel. Mit einem Zimmermann zum Beispiel ging sie, Siegfried Labuhn, fünfunddreißig Jahre, Vollbart, 1,75 m groß. Von ihm hatte sie sogar den Wohnungsschlüssel.

Sie kann nicht treu sein, er ja auch nicht, aber sie noch weniger. Vor zehn Tagen kommt sie zu Besuch, hat einen Fremden bei sich. Er entdeckt sie im Krankenhauspark von ferne, will Susi nicht sprechen, weil sie sich wieder rumtreibt. So muß seine Schwester – eben bei ihm zum Krankenbesuch – loslaufen, sie abfangen und wegschicken. Aber am selben Abend taucht sie von neuem auf: Der Junge ist ein Freund einer Freundin; alles ist unwahr, was man über sie erzählt. Da glaubt er ihr, irgendwie hängen sie doch aneinander, keiner kommt vom anderen los. Darum hat sie ihn auch noch einmal besucht, am Freitag, ihm eine Melone mitgebracht. Zuvor hatte sie ihre Eltern getroffen, nach langer Zeit mal wieder. Am Sonnabend wollte er mit ihr spazierengehen im Park, doch sie hat sich nicht sehen lassen.

Was ist mit ihr? Warum fragen sie ihn das alles?

Sie zeigen ihm Schuhe. Er sagt, welche von Susanne Neuner stammen: diese Sandalen. Er beschreibt auch ihren Schmuck, den Fremden im Park (dreißig Jahre, Oberlippenbart), er beschreibt, wie Susanne Neuner am vergangenen Freitag bekleidet war: mit Jeans Marke Cobra, einem langärmligen Pulli.

Dann sagen sie es ihm. Er lacht erst, dann bricht er fast zusammen.

An diesem Tag beschließen sie eine abermalige Publikation: Die Tote aus dem Flußwasser wurde identifiziert, wird mitgeteilt. *An ihr wurde ein Tötungsverbrechen begangen.* Wer weiß, wo sie sich am vergangenen Wochenende aufhielt?

Sie lassen ein Bild der Toten hinzufügen. Das Foto, das Mark Dennewitz besitzt, eignet sich besser dafür als das aus der Kaderakte.

Am 21. August schon ist es zu lesen: *Die Polizei dankt allen Bürgern, die durch Hinweise zur Identifizierung der Frau beigetragen haben. Sie bittet um weitere Mithilfe bei der Aufklärung des Verbrechens.*

11

Susanne Neuner ... Werden sie je alles über sie erfahren? Wer weiß alles über sie, die mit sechsundzwanzig stirbt, geradezu viehisch ermordet, wehrlos geprügelt, von drei Hirschfängerstößen getroffen und danach in den Fluß geworfen, damit sie davontreibt, vergeht, vergessen wird, namenlos ...

Sie haben ein paar Akten über sie. Sie hat, als sie in das Alter kam, über sich selbstverantwortlich bestimmen zu können, mit ihrem Leben nichts anzufangen vermocht, nichts mit ihrer Kraft, nichts mit ihren Gefühlen. Wer ist schuld daran gewesen? Hat es in ihrer Kindheit zu wenig Strenge und Entschiedenheit gegeben?

Sie hat immer Menschen gehabt, die sie mochten, Neigungen für sie aufbrachten, Mitgefühl, Liebe, Verantwortung. Eine sechsundsiebzigjährige Rentnerin aus der Holbeinstraße sagt: Ich konnte die junge Frau gut leiden. Sie war ruhig und anständig. Sie brachte keine schlechten Menschen ins Haus. Sie soll arbeiten gehen, habe ich ihr gesagt, jeder Mensch muß arbeiten, auch ich habe gearbeitet, solange ich konnte, Arbeit macht das Leben nützlich. Ich habe ihr Essen gebracht, ich habe gern für sie mitgekocht. Sie hatte ja kein Geld, um sich etwas zu kaufen. So habe ich ihr manchmal geholfen, daß sie Ordnung hat. Im Oktober vor Jahren ist sie plötzlich verschwunden. Sie hat nun einen Freund auf dem Lande, hat sie erklärt, als sie nach Wochen noch einmal auftauchte, sich ein paar Sachen zu holen, wenig genug. Ich wünsche Ihnen Glück, Mädchen, habe ich ihr gesagt, nun wird alles gut. Ich wünschte ihr wirklich Glück.

Und Ralph Lieberam, fünf Jahre älter als sie, nicht bloß Facharbeiter, vielmehr schon junger Schichtleiter in einem kleinen Industriebetrieb, schwere Arbeit und Anstrengung gewöhnt, der es bald drei Jahre lang bei ihr aushält, Ralph Lieberam gibt seinerzeit an: Ich komme gut mit Susanne aus, wir laufen mit ihrem Kind spazieren oder gehen ins Kino. Oder wir hören Musik, Radio. Nur daß sie nicht arbeiten geht, einfach bummelt, deswegen gibt's manchmal Ärger. Wenn du ordentlich durchhältst auf deiner Arbeit, heirate ich dich, habe ich gesagt. Nun weiß ich nicht, ob aus all dem was wird.

Er mag sie übrigens so sehr, daß er ihretwegen nur die halbe Wahrheit offenbart, sich übers Unangenehme weitestgehend ausschweigt. Sie hat ihn ja von Anfang an belogen, er hat gebraucht, bis er's herausbekam. Sie hat vorgegeben zu arbeiten, ist sogar früh pünktlich aus dem Haus gegangen (wohin?), um zu demonstrieren: Sie geht in ihren Betrieb. Sie hat ferner dieses Geld gehabt, nicht von ihm und nicht wenig (woher?). Und später ist sie wochenlang weggeblieben, nicht nur von ihrer Arbeitsstelle. *Auch von ihrer Wohnung Holbeinstraße war sie abgängig,* und er hat sich den entsprechenden Zeitraum lang (*wie üblich!*) um ihr Kind gekümmert, es versorgt, beköstigt, in einer Oststädter Krippe untergebracht.

Ist er der Vater dieses Kindes, von dem da immer wieder die Rede ist, einer Tochter, Ria? Was bedeutet das: *ihr Kind*? Geboren wird das Mädchen, als er Susanne Neuner längst bei sich aufgenommen bat: Holbeinstraße, zweiter Stock, Hinterhaus. Nebenan stehen ein paar verlassene Abrißbauten.

Wer weiß alles über Susanne Neuner? Die Akten handeln nur von einzelnen Fällen, sind in ihrer Gesamtheit lückenhaft. Gott sei Dank: Sie hat nicht ohne Unterbrechung gegen Gesetze verstoßen.

Als sie ihre erste Haftstrafe absitzt – im Jugendhaus –, zieht Ralph Lieberam jedenfalls aus, hat er genug, gibt er freiwillig seine eigene Wohnung auf. Ihr Kind ist da schon in einem Heim. Hat er die Geduld verloren, die sie vielleicht so sehr brauchte, die notwendige Nachsicht und die verzeihende Großmut? Aber was sind Geduld und Nachsicht gegenüber einem solchen Leben, das so wenig von sich selber fordert?

Sie arbeitet seit August 1978 in der Großwäscherei. Sie erscheint bis zum 26. August regelmäßig zur Arbeit. Offenbar wird an diesem Tag der Lohn ausgezahlt. jedenfalls fehlt sie unmittelbar danach zweieinhalb Monate lang, natürlich unentschuldigt. Auf Vorladungen reagiert sie nicht. Am 15. November endlich erklärt sie dem Betrieb, sie will die Arbeit am nächsten Tag wieder aufnehmen. Doch erscheint sie erst am 5. Januar 1979 – für nicht mehr als drei Tage. Am 21. März 1979 wird sie als *kriminell gefährdete Bürgerin* eingestuft und bestätigt. Da ist sie schon im fünften Monat schwanger. Am 29. März erklärt sie hoch und heilig: Am nächsten Tag, Ehrenwort, geht sie zur Arbeit. Aber was sind ihre

Schwüre wert? Am 4. Juni tritt sie ihren Schwangerschaftsurlaub an (bis 5. Dezember), anschließend nimmt sie ihren Jahresurlaub. Demnach ist der 11. Januar 1980 ihr erster Arbeitstag. Zwei Tage zuvor erscheinen ein paar Kolleginnen ihres Betriebes vorsorglich zum Hausbesuch. Da verweist sie auf einen Krankenschein mit dem Datum des vorangegangenen Tages.

Ihr nächster wirklicher Arbeitstag ist schließlich der 2. Mai.

Wieviel Wochen hat sie innerhalb dieser zwei Jahre gearbeitet, besser: war sie in ihrem Betrieb anwesend?

Ab 18. August 1980 fehlt sie dann wieder gänzlich. Da sie ihr Kind nicht in die Krippe bringt, verliert sie den Krippenplatz. Am 7. Januar 1981 wird sie in Untersuchungshaft genommen, am 12. Januar in einem beschleunigt durchgeführten Verfahren *wegen asozialen Verhaltens und Gefährdung der öffentlichen Ordnung und Sicherheit* verurteilt. Sieben Monate Freiheitsentzug werden ihr angedroht, wenn sie ihr Leben in den nächsten anderthalb Bewährungsjahren nicht wesentlich ändert. Die DDR hat ein entsprechendes Gesetz und einen erheblichen Strafrahmen geschaffen, um unterschiedlichste unliebsame Personen mit Strafandrohung verfolgen zu können. Dazu rechnet auch eine große Anzahl feste Arbeit scheuender, vor allem junger Leute.

Ich will mich jetzt anstrengen und regelmäßig arbeiten gehen, sagt Susanne Neuner.

Und: *Wenn es jetzt klappt mit dem Krippenplatz, will ich arbeiten gehen.*

Der Betrieb kümmert sich darum, dazu die sogenannte Abteilung Inneres, mit der regelmäßigen Beobachtung solcher arbeitsscheuer Elemente beauftragt. Sie selber aber hält über Monate hinweg durch, schlecht und recht. Sie zeigt zwar wenig Interesse an ihrer Arbeit, sagt der Betrieb, sie ist auch kaum in der Lage, selbständig zu arbeiten, und die Krankschreibungen häufen sich. Aber erst im Juni 1981 ist sie die schon erwähnten drei Wochen *von Wohnung und Arbeit abgängig*. Danach taucht sie zweimal für drei Tage im Betrieb auf. Bis am 21. Juli dieser Anruf kommt: Man hat sie wegen ansteckender Hautkrankheit krank geschrieben, ihr das Kind aus dem nämlichen Grunde in der Krippe nicht abgenommen. Natürlich sind das neue Ausflüchte. Kein Arzt hat sie behandelt, keine Krippe sie gesehen. Dafür erhält die Abteilungsleiterin, die sich um alles kümmert, abends zu Hause einen Anruf, eine Männerstimme droht: Unterlassen Sie alle die Sachen mit der Susanne Neuner, ansonsten passiert was. Sie hat keine Lust zu arbeiten, und in euren Schweinebetrieb kommt sie nicht mehr zurück.

Da haben sie nun auch in der Großwäscherei kein Verständnis mehr, weder Geduld noch Großmut. Schon lange lehnen die Frauen dort die Zusammenarbeit mit ihr ab, nun auch die Abteilungsleiterin. (Sie werden sie alle noch einmal aufnehmen müssen.)

Das zuständige Kreisgericht ordnet inzwischen den Widerruf der Bewährung und damit den unverzüglichen Strafvollzug an. Susanne Neuner *hat in keiner Weise Lehren angenommen, sie hat in gröblicher Weise ihre Bewährungspflichten verletzt.*

Ich habe mich nicht von Frauen oder Männern aushalten lassen, nie, begehrt sie später einmal auf. *Ich meine in Gaststätten oder auch sonst. Ich hatte das einfach nicht nötig. Mehr möchte ich dazu nicht sagen.* (Was heißt das?)

Sie tritt ihre Strafe nicht von selbst an. Vier Wochen lang muß man nach ihr suchen...

Ende Mai 1982 wird sie entlassen. Im Juni verfügt die Abteilung Jugendhilfe die Heimerziehung für ihre Tochter. Im Oktober lernt sie Mark Dennewitz kennen, der sie *auch so sehr mag.* Weihnachten 1982 aufgegriffen, wird sie im Januar 1983 wegen des gleichen Delikts noch einmal verurteilt: zehn Monate Freiheitsentzug *wegen asozialen Verhaltens und Gefährdung der öffentlichen Ordnung und Sicherheit.* Sie zahlt keine Miete für ihre nun eigene Wohnung, keinen Pfennig Unterhalt für die Tochter, sie bleibt unentschuldigt ihrer Arbeitsstelle fern, sie treibt sich herum.

Und diese junge Frau, die so wenig sinnvoll mit ihrem Leben umgeht, trifft keine drei Jahre nach ihrer erneuten Entlassung auf einen in ganz anderer Weise Gefährdeten. Ein paar Stunden nur wird sie mit ihm zu tun haben, ihm lediglich ein einziges Mal begegnen ... Sie ist nun sechsundzwanzig...

12

Sie haben die Stadt schön und sauber gewollt, nun sehen sie mit Bitterkeit, daß sie nur das wird, was alle zusammen aus ihr machen. Und daß es auch in ihr Gestrandete gibt, Schwache, Einsame, des Zuspruchs Bedürftige, Hilflose. Und viel Anonymität.

Die *Schwemme* ist eine der Inseln, die diese vielfach Gefährdeten wie mit magischer Kraft an sich ziehen. In dieser Selbstbedienungsgaststätte, symbolhaft mit ihrem anzüglichen Spitznamen benannt, erhalten sie das tröstende Bier billig und in großen Gläsern, auch gibt es die einfachen, brennenden Schnäpse zu ansprechendem Preis. Da können sich dann die großen Erzähler rasch austun, die lauten Schwadroneure und Besserwisser finden hier ihre Zuhörer und Gegenstimmen (auch den erhofften Streit), da erhalten anderwärts abgetane Geschichten, Taten und Haltungen endlich ihren wahren Wert und die notwendige Anerkennung. Dazu werden Geschäfte erledigt, schwierig zu beschaffende Gegenstände versprochen und gegen einen selbstverständlichen Aufpreis (hierorts *Staub* oder *Schtoob* genannt) auch besorgt.

Am 15. August gegen neunzehn Uhr betritt Heide Senkpiel dieses Eldorado der Kartenspieler, Trinker und Geschichtenverkäufer. Sie will eigentlich nur mit ihrem Mann telefonieren, der gerade mal vor ein paar Stunden auf Nachtschicht gefahren ist (oder führt sie das nur als Vorwand an?), doch sie hat nicht die notwendigen Geldmünzen. Also setzt sie sich erst einmal an einen der Tische und trinkt ein Bier. Dann gibt ihr eine Bekannte nicht nur die entsprechende Telefonnummer fürs Kombinat, sie borgt ihr auch das erforderliche Hartgeld. Aber es wird nichts aus allem, ein Anschluß läßt sich selbst beim vierten Versuch nicht herstellen, wenigstens hebt niemand ab. Da kann sie nun also ungehindert sitzen, alte Bekanntschaften pflegen; das Gewissen ist beruhigt.

Heide Senkpiel ist Anfang Vierzig, sie ist außer in den umliegenden Kombinaten auch schon einmal hier in der Selbstbedienung tätig gewesen, etliche Jahre ist's her. Sie kennt daher nicht wenige der Leute, manche vom Gesicht, andere sogar vom Namen, na, vom Spitznamen her. Elvis sitzt hier, der Sänger, und das Usambaraveilchen (der immer so eine violette Hautfarbe hat), Makkaroni, Lippe, Siegfried und das Glasauge. Manche waren schon vor acht oder zehn Jahren hier Stammgäste. Makkaroni zum Beispiel, einer der strammsten Skatspieler der Stadt. Siegfried dagegen spielt nur Siebzehn und vier. Wenn die anderen längst aufhören wollen, läuft er erst zu großer Form auf und sahnt noch das Dicke von der Milch. So sind sie hier eben, und damals hat ihr noch jeder mal einen spendiert.

Kurz vor acht schreit Heide Senkpiel quer durch den niedrigen, mit Lärm und Rauch vollgestopften Raum: He, Susi! Natürlich, das ist sie doch, Susi, das faule Aas aus der Großwäscherei. Vor Jahren haben sie dort zusammen gearbeitet. Die Kleine hat sich ja tüchtig verändert, trägt Kringellöckchenhaar und ist ganz schön bepackt um die Brüste. Aber sie ist's doch, unverkennbar.

Machst du'n jetzt? fragt Heide Senkpiel.

War draußen im Krankenhaus, Gartenstadt, liegt mein Freund, antwortet die andere.

Bist du noch in der Wäsche?

Ach wo, bei die Schlampen doch nich, längst nich mehr. Hast'ne Zigrette?

So unterhalten sie sich, fünf Minuten lang, Belangloses, das Nötigste, verabschieden sich wieder, obgleich sie ja beide noch in dieser *Schwemme* bleiben, stundenlang noch. Nebenbei sieht einmal die eine die andre, wie sie die Tische wechselt, auch mal am Büfett steht, zu einem Schnaps eingeladen wird.

Bild dir nich ein, wenn de mir zwei Schnäpse spendierst, ich kriech hinterher dafür mit dir ins Bette.

Du kommst doch vom Dorfe, du Trine. Nicht nach zehn Schnäpsen kommt mir das in den Kopp.

Es ist nun halb zehn, in einer Viertelstunde ist Ausschankschluß, so hart sind hier die Bräuche, noch eine Viertelstunde später werden die Türen rigoros verriegelt, droht dem Lokalverbot, der sich nicht wenigstens an *diese* Ordnung hält. Da hört Heide Senkpiel dieses Gespräch nebenan, laut geführt am Nachbartisch. Ein Mann, auch Stammgast seit Jahren, sie kennt bloß seinen Namen nicht, ein hübscher, dunkler Kerl. Der Mann hat seinen Arm um Susis Schulter gelegt, nun schiebt er sie jäh von sich, stößt sie geradezu weg, fängt einen groben Streit mit ihr an oder setzt einen längst begonnenen fort, sie bleiben sich beide jedenfalls nichts schuldig, unflätige Worte, *sehr kraß und sehr unschön* wird sie das später nennen, wie kann so ein Hübscher nur so was sagen. Es geht auch bei Senkpiels mitunter nicht gerade fein zu, aber solche Worte hat sie noch nie über ihre Lippen geraten lassen, nicht mal im Zorn. Doch der hübsche Kerl beruhigt sich, er macht eine abwehrende Handbewegung und zieht von dannen, anscheinend noch einmal zum Büfett.

Später sieht Heide Senkpiel ihn wieder an Susis Tisch sitzen, auf sie einreden, die lacht. Die beiden haben sich wohl wieder versöhnt. Noch später, draußen vor der Tür, laufen sie eingehakt vor ihr her. Taumelnd stolpern sie über eine Bank, können sich gerade noch halten. Pack schlägt sich, Pack verträgt sich, denkt da die Senkpiel, erst beschimpfen sie sich, dann ziehen sie doch zusammen los.

Vier Tage drauf, am 21. August, blättert sie am Kaffeetisch die Zeitung durch, sieht dieses Bild von Susanne Neuner und liest: Sie ist einem Verbrechen zum Opfer gefallen, wer hat sie in der fraglichen Zeit gesehen – oder davor, in Gaststätten der Stadt oder der Oststadt? Oder im Landkreis. Da quält sich Heide Senkpiel einen halben Tag. Warum hat sie ihrem Mann nicht gestanden, daß sie während seiner Nachtschicht wieder mal ausgeflippt ist?

13

Sie befragen die Eltern Susanne Neuners, vor allem ihren standhafteren Vater: Beide wissen ernsthaft seit Jahren nichts vom Leben ihrer Tochter, haben sie rein zufällig mal vor ein paar Tagen gesehen. Sie können lediglich einen früheren Freund beschreiben: mittlerweile Ende Zwanzig, Vorname, wie schon erwähnt, Günther, ein Schlosser. Der war der einzige, dem die Neuners einmal begegnet sind.

Sie ermitteln im Heimatort von Mark Dennewitz, bitten Abschnittsbevollmächtigten und Polizeihelfer um Unterstützung, sie ermitteln diesen vollbärtigen Siegfried Labuhn. Der Zimmermann Labuhn war in der fraglichen Nacht von Freitag zu Sonnabend auf Nachtschicht und hat sich dann bis Sonnabendnachmittag in seinem Bett ausgeschlafen. Und wo hielt er sich danach auf?

Sie haben noch immer kein weiteres Bekleidungsstück der Toten gefunden, auch den gesamten Fluß abwärts nicht, an keiner Schleuse, erst recht nicht das mögliche zum Mord verwendete Messer. Sie erfahren immer neue Ergebnisse der Spurenauswertung, vor allem die Nachricht aus Berlin: Die dem Leichnam abgenommenen daktyloskopischen Befunde sind identisch mit den Fingerspuren der Susanne Neuner, mehrfach vorbestraft. (Na bitte, wie erwartet!) Sie klappern dazu immer wieder die Kneipen ab, die in den Erzählungen von Dennewitz, Labuhn und anderen eine Rolle spielen, einschlägige Treffpunkte ähnlich Interessierter: Hat man Susanne Neuner in den letzten Tagen hier gesehen, mit wem?

Da erscheinen sämtliche bisherigen Ermittlungsrichtungen zugunsten dieser einen erst einmal völlig bedeutungslos. Die *Schwemme* in der Oststadt, diese Selbstbedienungsgaststätte – von dort gehen alle Fäden aus, *dort* treffen sie alle zusammen.

Heide Senkpiel hat sich also überwunden, ist zu ihnen gekommen.

Aber sie nennt diesen Mann immer nur den Hübschen, sie weiß keinen anderen Namen von ihm, beim besten Willen nicht, auch keinen weiteren Spitznamen. Sie ist eben kein Stammgast mehr in dieser Selbstbedienungsgaststätte. Doch eine ziemlich genaue Personenbeschreibung kann sie ihnen geben: 1,75 m groß, Mitte Dreißig, Haare dunkel (braun), Zähne vollständig, schlank, eben hübsch. Er trug wohl ein T-Shirt. Darüber hatte er keine Jacke, auch keinen Pullover gezogen. Er hielt Susi Neuner schließlich an der Hand gefaßt, nicht mehr eingehakt, als sie beinahe über die Bank fielen.

Und wann haben Sie die beiden aus den Augen verloren?

Sie liefen in Richtung Kaufhalle danach links weg, in den Durchgang dort.

Und was hat Susi Neuner im einzelnen über ihre Lebensumstände gesagt? Und wer saß in dieser *Schwemme*, den Sie kannten?

Wo sie wohnt, welcher Arbeit sie nachgeht, darüber gab's kein Wort. Aber: Ich hab sie gefragt, wo sie die Nacht schläft. Da hat sie geantwortet, sie hat ja noch Eltern. Oder vielleicht schläft sie auch auf einer Bank. Sie hat jedenfalls kein konkretes Ziel genannt, nichts, was sie am nächsten Tag vorhatte.

Sie befragen Heide Senkpiel bis nach Mitternacht. Weiß man, was von ihrem Wissen einmal wichtig sein kann?

14

Manchmal gehen Ermittlungen leicht von der Hand, manchmal sind sie quälend und erdrückend. Alle Zeugen wissen etwas, ahnen etwas, aber der Polizei, den Bullen gegenüber halten sie sich zurück, schützen sie Nichtwissen vor, aus Kumpanei, falscher Solidarität, natürlich auch ganz einfach aus Ablehnung. Wer irgendwann nachhaltig Kontakt zur Polizei hatte, unfreiwillig meist, ist nicht immer gleich bereit, ihre Arbeit zu unterstützen. Vorsichtig ausgedrückt.

Inge Leppin ist die nächste, mit der sie sich beschäftigen. Sie hat Heide Senkpiel Münzen und Telefonnummer vermittelt. An ihrem Tisch hat Susi Neuner mehrfach gesessen, hat auch dieser andre, der Hübsche, gestanden. Was weiß Inge Leppin?

Sie suchen sie in ihrer Wohnung auf, abends wird sie doch da sein, Anlagenfahrerin, an diesem 22. Augusttag in der Tagschicht beschäftigt, ebenfalls im Chemiekombinat, wie sie durch ein paar Rückfragen erfahren haben.

Sie ist genauso alt wie die Neuner, sagt Inge Leppin, vor acht, neun Jahren waren sie beide Stammgäste in der *Schwemme*, die hieß damals schon so, in den Anfängen der Oststadt, dann verloren sie sich aus den Augen. Sie heiratete, ließ sich scheiden, na ja, jeder ging eben andere Wege. Am Freitag hat sie eingekauft, fürs Wochenende, da ist sie dann noch einmal rein in die *Schwemme*. Dort hebt die Susi gleich die Hand, grüßt. He du, sagt sie, vorn am zweiten Tisch sitzt sie, neben dem Zehnertisch. Paar Minuten geht sie zu ihr hinüber, sie unterhalten sich, was sie so machen. Susi Neuner sagt: Sie hat jetzt eine eigene Wohnung und zur Zeit Urlaub.

Schließlich lenken sie Inge Leppins zähen Redefluß (jeden Satz müssen sie mühsam erfragen) auf diesen Mann im T-Shirt. Auch Inge Leppin hat ihn gesehen und kann ihn schließlich beschreiben. Er ist dreißig, knapp dreißig, vielleicht einsfünfundsechzig groß, stramm gebaut und hat einen Bierbauch.

Einen Bierbauch? Andere beschreiben ihn anders.

Tatsächlich? Jedenfalls trug er ein senffarbenes T-Shirt mit kurzen Ärmeln. Doch die Susi blieb nicht mit ihm zusammen. Sie ging mit einem anderen, einsachtzig ist der groß, schlank, versoffen und knapp vierzig. Der trug ein buntkariertes Hemd mit grünlichen Tönen und schulterlanges ungepflegtes Haar.

Sie spüren, wie sie nach Ausreden sucht, sich jeden Satz überlegt.

Und was können Sie sonst noch über diesen Mann im senfgelben T-Shirt sagen? Kennen Sie seinen Namen, Gewohnheiten von ihm?

Da erklärt sie unerwartet: Er heißt Rainer, und er arbeitet auch in der Chemie wie so viele hier. Er wohnt wohl wieder bei seinen Eltern. Aber zuvor war er jahrelang am Bahnhof bei einer Freundin zu Hause.

Am Bahnhof?

Am oststädtischen Bahnhof, am nördlichen Ausgang. Fragen Sie die Karola, die Kunze. Die kenn ich aus dem Strafvollzug. Die war da gut angeschrieben, verläßlich. Die kennt ihn auch, vielleicht noch besser.

Und was ist da sonst noch passiert in dieser *Schwemme*?

Sie ist bald weggegangen, noch vor Gaststättenschluß, mit Siegbert. In sein Gartengrundstück sind wir hinter der Umgehungsstraße. Und von Ihren Lichtbildern da, darauf erkenn ich keinen.

Sie spüren die Ablehnung, zuweilen die Aggression. Alle wollen sich auch in ein gutes Licht setzen. Sie sehen Susanne Neuner nach Jahren wieder, kennen sich in dieser Kneipe zwar aus, aber von früher. Dabei sind sie wahrscheinlich noch heute fleißige Bier- und Schnapsverzehrer, Stammkunden nach wie vor in dieser *Schwemme*. Doch kommt's darauf an? Entscheidend: Inge Leppin ist in ihren zum Teil offensichtlich fragwürdigen Aussagen mit einem Namen herausgerückt, aus welchen Gründen auch immer, aber die Senkpiel kann sich besser und glaubwürdiger erinnern: Dieser Rainer ist's, mit dem die Neuner davonzog, kein versoffener Vierziger, wie ihnen die Leppin weismachen will.

Wird so ein Schuh daraus?

Und ihr Gespräch mit dem krummen Walter?

Ihr Gespräch mit dem Abräumer, dem Hilfskellner Walter Zabel, erweist sich als noch schwieriger. Mittlerweile ist in der Gaststätte und darüber hinaus bekannt, wonach hier gründlich gefragt und recherchiert wird. Auch Walter Zabel (wie Inge Leppin) kennt die Presseveröffentlichungen, aber er hat nicht darauf reagiert. Nun sagt er: Er sieht so viele Leute kommen und gehen, da achtet er auf keinen einzelnen. Er muß dafür sorgen, daß immer Gläser da sind, das ist sein Bier. Er jedenfalls kann sich an nichts erinnern. Nun ja, die Frau aus der Zeitung ist früher ab und zu mal in ihrer Gaststätte gewesen, und die vorgehaltene Personenbeschreibung (kräftige Gestalt mit Bierbauch, T-Shirt) paßt auf einen Gast, den er kennt. Aber ob die beide an diesem Tag in der *Schwemme* waren? Er kann da keine Auskunft geben, er hat sich nicht nach den Leuten umgesehen, nur nach seiner Arbeit auf den Tischen.

Walter Zabel, der krumme Walter, Invalidenrentner – mit der stundenweisen Beschäftigung in der Selbstbedienungsgaststätte bessert er sein Familienbudget etwas auf -, scheint scheu, geradezu ängstlich. Als sie ihn an diesem 23. August ein zweites Mal ernsthaft um entsprechende Auskünfte bitten, können sie freilich schon etwas fordernder auftreten. Denn: Walter Zabel ist am vergangenen Freitag nach Schließung der *Schwemme* noch im Speiserestaurant nebenan gesehen worden, Bier trinken, er hat sogar mit verschiedenen Leuten Worte gewechselt. Mit wem?

Da erklärt Walter Zabel: Es kann die gesuchte Frau gewesen sein, die da mit ihm am selben Tische saß, er möchte sich nicht festlegen, er stellt aber eine gewisse Ähnlichkeit fest, wenn er an diese Presseveröffentlichung denkt. Die Frau sah jedoch an dem Abend viel schlechter aus, stark angetrunken und richtig heruntergekommen, sie blickte nur immer nach unten. Auch an den Mann kann er sich nun erinnern, wie sie ihm jetzt die Fotos zeigen. Ja, dieser Rainer saß da zusammen mit dieser Frau. Aber ob sie an dem Freitagabend zuvor schon in der Schwemme waren? Er kann sich wirklich nicht erinnern. Auch diese Sache mit der Begegnung im Speiserestaurant ist ihm erst eingefallen, als sie ihn darauf aufmerksam gemacht haben …

Sie haben inzwischen eine Vorstellung von diesem Rainer?

Obgleich mehrere Gaststättenbesucher den Vornamen Rainer tragen, ist dieser Rainer mit dem T-Shirt als einziger benannt worden, der an jenem Abend mit Susanne Neuner Kontakt hatte. Die Abräumerin Sabine Rüger zum Beispiel kennt beide. Sie, die vor Jahren mit der

Neuner einmal einfach so Ohrringe tauschte, sagt unumwunden: Die Neuner, die Susi, die ist doch schon immer Stammgast hier in der Schwemme, ständig taucht sie mit anderen Kerlen auf. Ich mag so was nicht. Und der Rainer arbeitet offensichtlich im weiter abgelegenen großen Kombinat, bestimmt arbeitet er dort. Er kommt nicht wie die anderen Schichtler schon zeitig auf sein Bier, sondern immer erst nach neunzehn Uhr. Und viele flüstern's nicht bloß: Er hat schon mal länger gesessen. Wegen was Sexuellem, heißt es. (Solchen Rainer wird man doch rasch in der Kartei finden? Mindestens das Personenstandswesen ist nun gefragt.) Die Rüger kennt sogar den Namen einer Freundin, bei der er lange gewohnt hat: Beyer. Elvira Beyer.

Das ist nun schon mehr als bloß eine Handvoll kräftiger Nachrichten. Damit muß sich doch etwas anfangen lassen.

Übrigens: Auch Heide Senkpiel muß frühere Angaben revidieren. Sie kennt diesen Rainer, stellt sich heraus, nicht nur von Angesicht, sie muß ihn nicht ständig bloß *Hübscher* nennen. Sie kennt ihn sogar so sehr, daß sie die groben, *sehr unschönen und krassen* Worte des hübschen Rainer an diesem Freitagabend im August sehr überrascht haben; er ist sonst freundlich, keinesfalls so ein Unflat. Und zweimal in den Tagen darauf (also ist sie doch Stammgast, niemand, der bloß mal zufällig hierher telefonieren geht), zweimal hat sie den Rainer in der *Schwemme* gesehen und auf sein nächtliches Abenteuer hin angesprochen: Hast die Susi erfolgreich abgeschleppt, wa? Was du denkst, hat er da beide Male geantwortet. Die wollte, blau, ganz alleine weiter. Die hat mich vielleicht abblitzen lassen.

Rainer Setzepfand. Es wird Zeit, daß sie sich mit ihm beschäftigen…

15

Als er geboren wird, fangen seine Geschwister schon an, flügge zu werden, aber sie sind noch im Haus. Er ist kräftig, gesund, doch mit fünf, sechs Jahren ergibt sich plötzlich der Verdacht einer Tbc, sind Schatten auf den Bildern seiner Lunge. So wird er ein Jahr später eingeschult. Ein deutlicher Vorteil: Er gehört immer zu den Großen, Kräftigen seiner Klasse, hat körperlich nie Verfolgung auszustehen. Selbstverständlich, daß er da auch immer den großen Mund hat.

Er wächst im Wald auf, kann dort herumstromern. Seine Eltern sind angestellt in einer Art Klinik. Ehemals schwer Kranke werden in ihr allmählich wieder ans normale Leben herangeführt. Aber der Schulort liegt Kilometer weit weg. Dorthin kommt man nur mit dem Bus, mit dem Rad oder zu Fuß. Wie viele Versuchungen lauern da rechts und links der Straße? *Rainers Noten lagen immer unter dem Durchschnitt*, sagt seine Mutter Berta Setzepfand, *alles Vieren und Dreien. Er hätte mehr Fleiß zeigen können, aber ihm fehlte einfach die Lust zum Lernen. Dabei war er nicht dumm, auch körperlich geschickt.* So gibt es schon frühzeitig Auseinandersetzungen wegen seiner Bequemlichkeit, Lustlosigkeit, Faulheit.

Das steigert sich, als er die beiden letzten Schulklassen (die neunte und die zehnte) noch ein paar Orte weiter weg absolvieren muß. Aber so ist das eben hier im Wald. Er kriegt dabei Kontakte zu anderen, ähnlich veranlagten Schülern, er schwänzt die Schule. Er nimmt schließlich eine Lehre als Schlosser in einem Walzwerk auf. Rainer ist schnell für etwas zu begeistern, er tut dann auch etwas dqfür Aber er hält, charakterlich labil, nie lange durch. Wir haben da sicher versagt. Wir ließen ihm zuviel durchgehen. Wir haben ihm jeden Wunsch erfüllt ohne Gegenleistung, gerade im häuslichen Bereich.

Im zweiten Lehrjahr will er die Lehre plötzlich schmeißen. Gleichaltrige Freunde haben schon ausgelernt, verdienen längst mehr. Was soll er da noch *für nischt oder 'n Katzendreck rabotten*? Er schwänzt von neuem, läßt sich gern krank schreiben. Es gibt Aussprachen mit dem Lehrausbilder, Schwüre, erneutes Versagen. Auch hält er sich nun schon manchmal bei Mädchen auf, schlüpft bei ihnen unter. *Bei dem einen kommt's früher, bei dem anderen später, wir schickten uns drein.*

Als er siebzehn ist, wendet sich sein Vater an die Polizei, bittet um Mithilfe bei der Erziehung seines Sohnes, da er seiner allein nicht mehr Herr werden kann. Ein Jahr darauf stiehlt Rainer Setzepfand ein Krad, fährt *in den grenznahen Bereich, sucht sich die Stelle, wo er nachts durchbrechen will.* Natürlich wird er gefaßt, verurteilt: versuchte Republikflucht. Dazu gibt es ein Mädchen, das er hat überreden wollen mitzumachen. Die Folge von allem: zwölf Monate Freiheitsentzug. Die Lehre zu beenden hat er da keine Gelegenheit.

Nach diesem Jahr kehrt er zurück, verlobt sich mit dem Mädchen, das er schon länger kennt, arbeitet im selben Werk weiter, jetzt als angelernte Kraft für das normale Geld – einen weitaus größeren Batzen als früher. *Er hat nun besser gearbeitet. Seine Verlobte übte wohl einen positiven Einfluß auf ihn aus*, berichtet die Mutter. Wenigstens sind ihre Worte im Protokoll so festgehalten. *Aber ein richtiges Liebesverhältnis schien mir das nicht. Katrin war zu ruhig, zu wenig temperamentvoll für ihn. Da hat er sie oft nicht beachtet. Ob die wohl mal heiraten? hab ich mich gefragt.*

Die Setzepfands haben übrigens keine Verwandten im Westen. *Was hat Rainer dort gewollt und zu wem? Unverständlich,* staunt die Mutter noch immer naiv im nachhinein. Nun läßt er sich von allen Jugendlichen bewundern: Was er nicht schon erlebt hat, ein Draufgänger! Und er macht sich, wenngleich verlobt, an andere Mädchen ran. *Gerade mit schmuddeligen wird er verschiedentlich gesehen.* Eines Tages erhält er sogar Stationsverbot, weil er jungen Frauen nachläuft, sie belästigt.

Wieder ein Jahr später, an einem späten Abend im Mai, läutet es an der Tür des Rehabilitandenheimes unregelmäßig, hektisch, nachhaltig. Eine Hilfsschwester, die Dienst hat, öffnet und erschrickt. Draußen steht die taubstumme Haushaltshilfe des ärztlichen Direktors, kaum bekleidet, nur im Unterrock, naß vom eben heruntergegangenen Gewitterregen, im Gesicht blutig, weinend, aufs höchste erregt, und ihre Lippen formen Worte, die die Hilfsschwester nicht ablesen kann. Sie nimmt die Erschöpfte, Erregte mit sich, klopft den Medizinalrat aus seiner Wohnung, der sogleich begreift, was die taubstumme sechsunddreißigjährige Christine Leiters da als erstes und vor allem von sich geben will: Rainer Setzepfand hat das alles getan. Er hat sie, die beinahe doppelt so alt ist wie er, vergewaltigt.

Der Medizinalrat, bemüht, sich in den sich überstürzenden Mitteilungen seiner Hilfskraft einigermaßen zurechtzufinden, nimmt eine erste Untersuchung an dem Opfer vor. Der Hals ist gewürgt, das Gesicht zeigt Hämatome, nicht zu beschreiben die Verwüstungen am Unterleib.

Keine Stunde drauf klopft die Kriminalpolizei Heinrich Setzepfand heraus: Ist Ihr Sohn zu Hause, können wir ihn sprechen? Nun ja, er hat vielleicht ein bißchen was getrunken, aber er liegt in seinem Zimmer und schläft, sagt sein Vater.

Später, in den Vernehmungen, rekonstruieren sie den Ablauf dieses Tages exakt. Rainer Setzepfand ist an diesem Morgen vier Uhr dreißig zur Schicht gefahren. Dreizehn Uhr dreißig, unmittelbar nach Schichtschluß, sucht er einen Arzt auf. Ihm ist eingefallen, sich wieder einmal krank schreiben zu lassen. Es gelingt. Diagnose: schwere Erkältung. Danach trifft Setzepfand im *Schwarzen Bären* einen Freund und trinkt erst mal mit ihm ein paar Biere. Es werden zehn, und im nahen *Bräustübl* geht es weiter. Schließlich sind die Busse weg. Da entscheiden sie, sie werden mit der Taxe fahren. Das macht zehn Mark für jeden. Doch im letzten Dorf vorm Heim hat die Reise jäh ein Ende: Sie wollen noch einmal einkehren und einen zischen.

Auf den Rest Weg macht sich Rainer Setzepfand eine knappe Stunde später. (Der Freund ist da längst spurlos verschwunden. *Hat sich dünnegemacht, Scheißkerl.*) Es ist schwül, aber noch hell, der zwanzigjährige

Setzepfand hat nun, nach seinen Angaben, wenigstens fünfzehn Bier getrunken. Da werden es schon ein paar mehr sein. Als er in die Nähe des Heims gelangt ist, sieht er die taubstumme, geistig ein wenig zurückgebliebene Christine Leiters durch den Park gehen. Mit der, wenn man bloß will, müßte doch was anzufangen sein. Und niemand erfährt es!

Der Gedanke setzt sich plötzlich in seinem Kopf fest, er winkt der anderen, Älteren zu: Gehen wir zusammen ein Stückchen spazieren? Christine Leiters lacht, wehrt ab, dann willigt sie doch ein. Unterwegs beginnt er nach ihr zu greifen, was sie sich verbittet. Und als er sie umarmt und betastet, stößt sie ihn weg. Dennoch folgt sie ihm noch ein Stück bis zu einer Bank, wo sie sich niedersetzen. Als sie dort noch immer widerspenstig ist, zwingt er sie schließlich mit Gewalt. Er schlägt ihr die Faust mehrmals ins Gesicht, zieht sie unter der Gegenwehr ihrer Fußtritte und Stöße halb aus, windet ihre Strumpfhose zu einer Schlinge und würgt sie damit von hinten.

Als sie aus ihrer Bewußtlosigkeit wieder erwacht, weiß er: Er muß sie nun töten, sie darf das Geschehene nicht verraten. An der Schlinge ihrer Strumpfhose zieht und schleppt er sie fort, dreihundertfünfzig Meter weit weg, an das Ufer eines kleinen Flüßchens. Er will sie nun ganz nackt. Er läßt sogar einen Ring und eine Uhr mitgehen. Warum? Und warum läßt er plötzlich davon ab, sie zu zwingen, zu drosseln?

Geh, sagt er unvermittelt, richtet sich auf, winkt mit dem Handrücken. Geh.

Das rettet Christine Leiters das Leben und bewahrt ihn vor einer höheren Strafe.

Er läuft darauf nach Hause. Er hat über allem die Schlüssel verloren. So muß er seine Verlobte herausklopfen und -pfeifen, die ihn mit Vorwürfen empfängt. Er riecht wieder mal nach Alkohol. Auch der Vater bemerkt sofort seinen Zustand, doch er verkneift sich jede kritische Äußerung, jegliches Wort aus Furcht vor lauten, lähmenden Auseinandersetzungen. So zieht Rainer Setzepfand sich bis auf die Turnhose aus, legt sich in sein Bett.

Er ist in den Tagen danach ohne Umschweife geständig, wie er sich an Christine Leiters vergangen hat, bis in letzte Einzelheiten. Er kann keine Gründe für sein Verhalten angeben außer: der Alkohol. Er hat bei seiner Verlobten alles gehabt, was er brauchte. Er war immer zärtlich, nie gewalttätig. Auch wenn er zu anderen ging, war er nur zärtlich. Freilich: Er ging gern zu anderen.

Er wird wegen versuchten Mordes, wegen Vergewaltigung, vorsätzlicher Körperverletzung, versuchter Nötigung und Diebstahls zum Nachteil persönlichen Eigentums zu zwölf Jahren Freiheitsstrafe verurteilt. Von denen sitzt er neuneinhalb ab. Der Rest wird auf Bewährung ausgesetzt. *Der Verurteilte hat sich in der Strafvollzugseinrichtung gut geführt und hinterläßt den Eindruck, daß der Strafzweck erreicht ist.* Auch die Eltern haben mehrfach um solcherart Vorgehen gebeten. Sie wollen, nahe an den Siebzig, dem Sohn noch helfen können, *ihm den Rückweg in die Gesellschaft ebnen.*

Und nun vielleicht das.

16

Aus dem Protokoll der Befragung von Elvira Beyer:

Ich habe Rainer S. an einem Tag im Oktober kennengelernt, in der Broilerstube. Er saß da am Tisch mit meinem Sohn Uwe und unterhielt sich. Wann sehen wir uns wieder? fragte er schließlich. Ich bin öfter in der Schwemme, kommen Sie da hin? Weil ich nicht hinging, stand er nach ein paar Tagen vor meiner Tür.

Im November, nach einer Faschingsveranstaltung, übernachtete er bei mir zum ersten Male, er mußte am Morgen gleich zur Frühschicht. Da ist er dann auch bei mir wohnen geblieben. Ich fand ihn prima, wir verstanden uns gut. Nach sechs Wochen rückte er mit dem Geständnis heraus: Er hat gesessen. Er erklärte auch, warum. Ich hatte ihn in der Zwischenzeit liebgewonnen und sagte: Was war, das ist vorbei.

Im Februar darauf hatten wir unsere ersten Schwierigkeiten. Er kam ein paarmal spät nachts nach Hause, und ich entdeckte es bald: Er hatte ein Verhältnis. Warum bloß? Er hatte doch alles bei mir. Alles.

Im April kaufte er ein Motorrad. Da lernte er sofort Birgit kennen, ein Mädchen aus dem Nachbarhaus, beim Motorradputzen, und fuhr mit ihr davon. Er log: Er war die Nacht mit Kollegen unterwegs gewesen. Aber Uwe hatte gesehen, was wirklich passiert war. Da warf ich ihn raus. Doch am Tage darauf stand er erneut vor meiner Tür und sagte: Nimm mich auf, mit dieser Birgit ist nichts mehr, sie will keinen Vorbestraften.

Ich bin vielleicht zu gutmütig gewesen. Ich bin jetzt sechsunddreißig und zweimal geschieden, aber ich kann schlecht allein leben. Vielleicht habe ich deshalb nicht nein sagen können, wenn er immer wieder dastand, fast bettelte: Ich komme mit keiner Frau so gut aus wie mit dir. So ist das über fünf Jahre lang mit uns gegangen.

In diesem Jahr im März erwischte ihn Uwe mit einer fremden Frau in unserem Schlafzimmer. Das war dann nach allem endlich der Punkt auf dem I. Da setzte ich ihn an die frische Luft. Seitdem wohnte er wieder bei seiner Mutter.

Ich kenne Rainer mittlerweile sehr gut und weiß, wozu er in der Lage ist. Er ist starrköpfig, jähzornig und stur. Er ist ein typischer Einzelgänger, der unter allen Umständen seine Freiheit braucht und immer das macht, was er will, ohne Rücksicht auf andre.

Rainer kann unter Alkohol sehr bösartig werden, er kann dann ganz unberechenbar sein. Das habe ich besonders gemerkt, wenn ich ihn nach seinen Liebschaften gefragt habe. Aber ich muß betonen: Geschlagen hat er mich nie. Auch nicht den Jungen, obwohl er ihn nicht sehr mochte.

Ich bin im Tagdienst eingesetzt, Rainer arbeitete im Schichtrhythmus. Da hatte ich ihn oft nicht unter Kontrolle, und das hat sich für unsere Gemeinschaft negativ ausgewirkt. Ich fand trotzdem für sein Verhalten mir gegenüber nie eine Erklärung. Er hatte bei mir doch alles, was ein Mann braucht. Er war eben ein Windhund.

17

Sie schicken ein paar Leute in seine Abteilung des großen Kombinats, die bitten ihn, seine Sachen zusammenzuräumen, alles Handwerkszeug und das Persönliche, die Dokumente. Kann er auch das Geld mitnehmen, den Lohn? fragt er. Warum nicht.

Sie versuchen, es wenig auffällig zu machen. Aber in der kleinen Halle wird kaum ein Besuch übersehen, noch dazu so einer. Außerdem hat draußen ein Wagen geparkt. Er spürt ihre Blicke in Nacken und Rücken. Da hebt er die Hand halbhoch. Tschüs dann, sagt er und: Na denn, bis morgen abend. Einigen sieht er noch ins Gesicht, flüchtig, dann blickt er nur noch voraus.

Er sitzt im Wagen, hinten, er empfindet die Hitze und den Fahrtwind, die über die weit heruntergekurbelten Scheiben ins Wageninnere schlagen, als wohltuende Kühle: Da sind sie in ihrer Halle tagtäglich anderen Temperaturen ausgesetzt. Er mustert das Gewirr der Destillationskolonnen, Träger und Rohre, er hat selten hier zu tun gehabt, meist nur in seiner Halle, und der Weg zum Bahnhof verläuft entgegengesetzt. Wann wird er noch einmal Gelegenheit finden, das alles zu betrachten?

Tschüs, bis morgen abend zur Nachtschicht.

Na denn.

Sie haben gesagt: Er wird gebeten, ihnen ein paar Auskünfte zu geben, nicht hier, vielmehr auf der Dienststelle in der Oststadt. Dorthin haben sie ihn zu bringen. Er ahnt schon, nein, er weiß es, in welcher Angelegenheit er diese Auskünfte geben soll. Es wäre ein zu großer Zufall, wenn es eine andere *Angelegenheit* wäre als eben die. Er hat die Zeitungen gelesen, weiß Bescheid.

Sie werden keine halbe Stunde bis in diese Dienststelle in der Oststadt brauchen, auch jetzt nicht, mitten im Berufsverkehr. Keine halbe Stunde also hat er noch Zeit. Wenn er sie nun bittet anzuhalten, er muß sich da mal eine halbe Minute hinter einen Baum stellen, und er rennt auf und davon, zickzack hinein in die Gärten oder in ein Wäldchen? Aber was dann; was, wenn er es einen Kilometer weit weg geschafft hat oder zwei? Wo soll er unterschlüpfen und bei wem, was noch weiter anstellen, um davonzukommen, durchzuschlüpfen? Und wozu alles?

Er blickt zwischen den Köpfen der beiden Männer vor sich auf die Straße, auf das ab und zu im Sonnenlicht blitzende Heck des Wartburgs vor ihnen, dem sie seit Minuten gleichmäßig folgen, über die Schnellstraße hinweg, am nächsten Kombinat vorüber und dann seitwärts am Fluß entlang, die Straße über die Dörfer. Er hat kein Glück, er hat es auch nie gesucht, ihm nie nachgestellt, er hat genommen, was auf ihn zukam, er ließ alles laufen, wie's lief. Nein, Glück hat er nie gehabt. Sie haben ihn geschnappt, noch ehe er richtig Schwung geholt hatte für den Sprung über die Grenze damals, sie brauchten keine zwei Stunden, bis sie an seinem Bett standen im Rehaheim, um ihn wegen dieser Taubstummen zu befragen. Und wie lange haben sie sich diesmal Zeit gelassen, sich nach einer gewissen *Angelegenheit* zu erkundigen?

Er sitzt, drückt die Finger der rechten Hand nacheinander auf sein Knie, zählt, tatsächlich.

Fünf Tage, denkt er dann, fünf Tage und kaum ein bißchen mehr.

Einmal duckt er sich, zuckt fast zusammen. Da fahren sie schon durch das letzte Dorf vor der Oststadt, auf diese Eisenbahnbrücke zu, unter ihr hindurch. Hier ist er auch entlanggekommen in der Nacht vor fünf Tagen, genau über diese Brücke ist er gegangen. Dann ist er den Bahndamm hinunter und quer durchs Dorf hin zu den Badeteichen.

So weit hat es ihn von der Stadt weggetrieben?

Wenn sie ihm nur nicht gedroht hätte mit Knast und Anzeige, mit Strafverfolgung – vielleicht wäre alles anders gekommen. Warum hat sie nur nicht die Knie unter ihm aufgestellt, wie sie's noch unter jedem tat, warum hat sie den Streit angefangen – wegen eines verlorenen Regenschirms! Und weil ihr die Wiese zu naß war!

Und warum hat er dann all das andere mit ihr getan unten am Wasser, am Fluß? Es lief eben, wie's lief. Mit seinem Zorn, seiner Wut, mit seinem Haß. Und dieser bohrende Gedanke, daß er ausgerechnet auf so eine gestoßen war. Und daß sie sich noch dazu zierte, ausgerechnet bei ihm.

Er sieht unvermittelt die Stadt vor sich, die langhingewürfelten Steinscheiben und Hochhäuser, hell, sonnenbeschienen. Er sieht sie und sieht sie doch nicht. Aber sie kommen wie eine Wand auf ihn zu, der er nicht entfliehen kann. Sein Gesicht ist plötzlich schlaff, fahl, eingefallen.

Als er später seinem Vernehmer gegenübersitzt, gewinnt er noch einmal Hoffnung, obgleich er sich doch auskennt. Alles ist eine Unterhaltung, freundlich, locker, sinniert er, sie rauchen, trinken Kaffee. Doch darin begreift er: Hier kommt er nicht wieder raus.

In dieser Nacht gibt er zu Protokoll, wie alles geschehen ist, Schritt um Schritt, Einzelheit für Einzelheit. Er hat später keinen Grund, Wesentiches hinzuzufügen oder zu revidieren.

Soll alles laufen, wie's läuft.

18

Wir sind dann gegangen, wie's kam. Nach Osten zu jedenfalls, aus der Stadt raus, wenigstens weg von den Häusern. Wir sind am Sportplatz vorbei und an dieser Station für die Kinder, Junge Techniker, oder wie das heißt, ich war da nie drin, hab nie mit denen zu tun gehabt, und dann sind wir sogar über die Ringstraße, diese Umgehung, die Fernstraße. Drüben an den Badeseen haben wir schließlich haltgemacht und uns aufs Wiesengras gehockt.

Und da sind Sie zärtlich geworden, haben Sie gesagt. Was meinen Sie damit?

Ich habe die Susi eben angefaßt, an die Brüste und so. Aber sie wollte nicht, sie wollte sich auf nichts einlassen. Sie wäre anfällig an den Nieren, und es hatte ja am Abend ein bißchen geregnet. Da sind wir schließlich hoch und denselben Weg wieder zurück. Ich war stinksauer, der Alkohol machte mich ziemlich wütend, und da habe ich ihr eben ein paar geklebt, also, ich habe sie geschlagen, ins Gesicht, mehrfach, mit der flachen Hand, nein, nicht mit der Faust. Das war dann schon auf dieser Bank, als wir jeder 'ne Zigarette rauchten und sie plötzlich zu zetern anfing: Ihr Schirm ist weg, und ich bin dran schuld. Ich ersetz ihn dir, hab ich gesagt, ich geb dir hundert Mark, bloß hör auf zu zetern. Ich hatte das Geld ja in der Tasche, im Portemonnaie, ich hätte es ihr gleich geben können, ich wollte es ihr auch geben, wirklich, sie machte mich verrückt mit der Zeterei – sie war ja genauso angetrunken –, weil sie immer von neuem damit anfing und schließlich sogar sagte: Das war Nötigung, was du da mit mir gemacht hast dort an den Teichen; und nun kommt Körperverletzung dazu. Und sie hielt mir die Hand vor, mit der sie sich das Blut von der Nase übers ganze Gesicht geschmiert hatte.

Danach haben Sie sie schließlich in das Gebüsch gezwungen und vergewaltigt. Wo genau war das?

In diesem Karree da gegenüber der Bank, gleich hinter dem Asphaltweg. Und dort, als sie dort hochkam, hat sie dann auch gesagt: Das bringt dir 'n paar Jahre, dafür ziehst du ein, und da dachte ich nur noch eins: Die muß weg, dachte ich, weg muß die, die darf ihren Mund nicht mehr aufmachen. Also ich wußte: Ich muß sie nun töten.

Es ist ein Vormittag, drei Tage später. Der Himmel ist wieder bedeckt, und sie sind fast ein kleiner Konvoi. Ein Techniker ist für die notwendige fotografische Dokumentation zuständig, ein anderer für das Tonbandprotokoll. Der leitende Staatsanwalt ist dabei, der für die Untersuchung verantwortlich zeichnet, und natürlich auch der Leiter der MUK. Die Wagen halten sich in der Nähe und werden schließlich vorausgeschickt.

Tatrekonstruktion. *Aussagedemonstration.*

Rainer Setzepfand, durch Handknebel mit einem ihrer Mitarbeiter verbunden, verhält sich ruhig und scheint jederzeit zur Aufklärung und Darlegung der Zusammenhänge bereit. Er macht keine Ausflüchte, er spart, hat man den Eindruck, nichts aus von dem, woran er sich noch erinnert. Und wenn sie auch erst einmal für viele Dinge keine Beweise haben, sie nehmen ihm die Erklärungen ab und wissen zugleich, was da an neuer Arbeit auf sie zukommt: die Untersuchung der näheren Umgebung dieser Bank zum Beispiel, dieses Karrees, dieser Gebüschzone. Das Geschehene liegt mittlerweile zehn Tage zurück. Wieviel Spuren sind da noch erhalten und für sie auffindbar?

Sie sind in der Nähe des oststädtischen Gaststättenkomplexes vorgefahren, in der Nähe dieser *Schwemme*, sie gehen und fahren von da an den Weg jener Nacht noch einmal, es ist ein Weg mit Zufällen und manchem Hin und Her. Wieviel Kilometer werden es alles in allem?

Als sie nun beschlossen hatten, Susanne Neuner zu töten, hatten Sie Vorstellungen, auf welche Weise und wo das geschehen sollte? Geben Sie uns den Weg an, den Sie schließlich gegangen sind.

Ich habe das schon ein paarmal ausgeführt und wiederhole es: Weil diese Susi nach allem so schmutzig und blutig war und weil sie sich reinigen wollte, habe ich ihr vorgemacht, ich wohnte in den anderen Neubauten am südlichen Stadtrand. Wenn du zu mir kommst, habe ich ihr vorgeschlagen, kannst du dich bei mir waschen. Aber ich wollte sie auf diese Weise nur weiter weg haben, weg von der Stadt. Wie ich sie töten würde und an welcher Stelle, wußte ich da noch nicht.

Das Gelände ringsum ist unwegsam, es hat ein paar wenig ausgetretene Wege, die führen an verrosteten Zäunen vorbei, über Schutt. Möglich, daß sich die Stadt eines Tages noch bis hierher ausbreitet, Garagen hier entstehen oder Gärten.

Sie steigen einen schrägen Pfad am nahen Bahndamm hinauf. Auf dem zweigleisigen Bahnkörper donnern gewöhnlich die Schnellbahnzüge in die Oststadt entlang, das ist zugleich die Strecke hinüber in die Berge. Sie müssen aufpassen, bald zurücktreten, unten gewissermaßen in Deckung gehen, wieder in die Wagen steigen.

Rainer Setzepfand verhält sich nach wie vor erstaunlich kooperativ. Er bleibt stehen und weist in die entsprechende Richtung, wenn sie ein Foto von ihm anfertigen wollen, er spricht ausgewogene, fast protokollwürdige Sätze, die sie später so nur noch abzutippen brauchen, und er gehorcht ihren Anweisungen ohne Unmut, geradezu höflich. Wer ist dieser Setzepfand, der ihnen in so bedrückender Sachlichkeit hilft, die immer aufs neue bestürzenden Vorgänge dieses Falles nüchtern zu rekonstruieren? Hat er sich so rasch schon auf die veränderten Umstände seiner Existenz eingestellt, daß er diese Art des Verhaltens als die nützlichste für seine Zukunft begreift? Den Kopf wird es nicht mehr kosten, nicht das eigene Leben, was auch immer geschehen ist, also muß man sich einstellen, sich schicken, geschickt sein, er kennt ja diese neue Art seines Lebens schon zur Genüge. Oder sind es Scham, Reue, die er hinter der gefühllosen Sachlichkeit mancher seiner Worte verbergen will? Oder eisige Kälte?

Bedrückend, wenn er die Tote diese Susi oder bloß Susi nennt.

Sie blicken manchmal unwillkürlich auf ihn, forschen nach seinen Regungen, während sie langsam neben dem Bahndamm entlangfahren. Dort oben, neben den Gleisen, streckt sich der Trampelpfad, den Setzepfand die erschöpfte, geschundene Susanne Neuner in jener Nacht gnadenlos vorangetrieben hat, mit Schlägen in den Rücken, auf den Kopf. Auch mit Tritten?

Ich kann mich nur an zwei Situationen erinnern, bei denen ich hier auf den Gleisen gegenüber der Susi Gewalt angewendet habe, wirklich, nur an zwei. Es können vielleicht mehr gewesen sein, aber ich erinnere mich nur an zwei. Sie war ja schlapp und müde und wollte sich niedersetzen, da habe ich sie mit Schlägen weitergezwungen. Nein, ich habe sie da noch nicht getreten, ich habe auch das Messer nicht gegen sie benutzt, auch nicht zu Schlägen auf den Hinterkopf, ich habe nur nach dem Hirschfänger gegriffen. Mir war die ganze Zeit bewußt, daß ich ihn bei mir trug, aber ich wußte noch nicht, daß ich es mit ihm tun würde.

Daß wir schließlich den Bahndamm verließen, hing damit zusammen, daß die Susi Durst bekam, etwas trinken wollte. Außerdem gelangten wir ja nun bald wieder in bebautere Gegenden...

Wer ist dieser Setzepfand? In ihrer Tätigkeit mit mancherlei extremem Verhalten konfrontiert, mit unerwartet hervorbrechender Brutalität und ihren Ergebnissen, sind sie dennoch niemals bisher einem solchen Manne begegnet. Einer, der schon einmal einen Mord plante und nach seiner Strafzeit, ins normale Leben zurückgekehrt, wiederum einschlägig straffällig wird – nein, so etwas hat es in dieser Gegend seit Jahrzehnten nicht gegeben. Setzepfand ist eine völlige Ausnahme. Und eine völlige Ausnahme ist die Art und Weise seines Vorgehens. Denn: Zwischen dem Entschluß zum Mord und seiner Ausführung liegt ein Zeitraum von rund einer Stunde. Setzepfand treibt sein Opfer vom Platz des ersten Verbrechens, der Vergewaltigung, drei Kilometer weit über die Schienen und über diesen Rübenacker hin bis zum Fluß, zu dem Platz, den er sich schließlich als eine Art Richtstätte ausersieht. Wieviel Brutalität dabei, wieviel Menschenverachtung. Und wieviel Parallelen zu seinem Vorgehen damals im Park jenes Rehabilitandenheims.

Doch warum zuletzt noch diese Verstümmelung des Körpers der zu Tode Geschundenen? Möglicherweise werden sie es nie erfahren. Es gibt Dinge, bei denen es müßig ist, nach Gründen zu forschen; man kann sie nur als vorhanden beschreiben und zur Kenntnis nehmen.

Sie haben nun alle das Empfinden, das Notwendige ohne große Verzögerung hinter sich bringen zu müssen. Sie verlassen den Wagen am Bahndamm, sie gehen schräg hinüber zum Fluß (es ist exakt die Strecke, die der Fährtenhund fand), sie sehen Setzepfand zu, wie er an einer mitgebrachten menschengroßen Stoffpuppe den Tatablauf minutiös demonstriert. Er hat Susanne Neuner unter Schlägen und Tritten entkleidet, ein zweites Mal vergewaltigt und auf die am Boden Liegende danach mit dem Messer eingestochen, zunächst in den Rücken und, als sie sich aufbäumte, in die Brust. Dann hat er sie auf die bekannte Weise zusätzlich verstümmelt. Er hat befürchtet, die schließlich bloß ins Gebüsch gezerrte Leiche könnte von den vorüberfahrenden Zügen aus leicht entdeckt werden. Da hat er sie in den Fluß gestoßen in der Hoffnung, daß sie rasch abtreibt und niemand die fremde nackte Tote zu identifizieren vermag. Über den Bahndamm und den Nachbarort ist er dann in die Oststadt zurückgekehrt, hat die Tatwaffe dabei in einen der am Wege liegenden Badeseen geworfen. (Sie werden dort Taucher einsetzen müssen, vielleicht von der Grubenwehr des nahen Kupferbergbaus.)

Setzepfand ist damals vier Stunden und rund acht Kilometer unterwegs gewesen. Er ist müde, auch vom Alkohol. Er schläft sich aus und feiert danach den fünfundsiebzigsten Geburtstag seiner Mutter, im Familienkreise, freundlich, er gibt sich nicht anders als sonst. Er ist weder erregt noch nachdenklich oder betroffen. Er nennt sich einen einsamen Wolf.

Sie spüren alle, wie an diesem Nachmittag eine Last von ihnen fällt, aber sie ahnen zugleich, daß sie die Bedrückung der vergangenen Stunden nie vergessen werden.

19

Der Prozeß gegen Rainer Setzepfand findet sieben Monate später, im März des folgenden Jahres statt. Sie haben inzwischen einen Hirschfänger aus den Badeseen am Rande der Oststadt geborgen (die Grubenwehr war eine Woche lang im Einsatz), aber Setzepfand erkennt in ihm nicht seine eigene Waffe. Sein Hirschfänger steckte in einer Leder-, nicht in einer Blechscheide. Auch sonst sind die objektiven Beweise gering. Alle Spuren deuten erst einmal bloß auf die Gegenwart von Susanne Neuner: die aufgespürte Fährte zwischen Bahndamm und Flußufer, die Blutsubstanzen an den Blättern und Gräsern. Die übrigen Spurenträger erweisen sich als erstaunlich unergiebig: Die Baumwollsubstanzen unter Susanne Neuners linkem Zeigefingernagel zum Beispiel *können* aus Rainer Setzepfands T-Shirt stammen, *müssen* es aber nicht; Baumwolle ist ein verbreitetes textiles Grundprodukt. Dazu gibt es keine Tatzeugen. Heide Senkpiel hat die beiden, Setzepfand und Susanne Neuner, lediglich zusammen davonstolpern sehen, mit dem krummen Walter haben sie später noch am selben Tisch gesessen, nicht mehr.

Rainer Setzepfand stutzt, als er in einen mit Zuschauern dicht gefüllten Gerichtssaal geführt wird, und will nicht aussagen. Schämt er sich, vor einer großen Öffentlichkeit seine Tat darzulegen? Dann steht er doch zu seinen Aussagen und wiederholt sie. Und sie stimmen mit allen vorgefundenen Umständen überein: Nur der Täter kann Tatort und Tatvorgänge derart unverwechselbar beschreiben.

Darauf ist das Urteil bald klar.

Unvorstellbar ist das Ausmaß der physischen und psychischen Qualen, die die Geschädigte durch den Angeklagten bis zu ihrem Tod erleiden mußte. Über einen langen Zeitraum mißhandelte er sie brutal, zwang er sie mit erheblicher Gewalt, dabei zum zweiten Male, als sie bereits zu einer effektiven Gegenwehr nicht mehr in der Lage war, und tötete letztlich das nun vollkommen wehrlose Opfer. Der Angeklagte handelte mit einem außerordentlich hohen Maße an Skrupellosigkeit. Er kalkulierte die möglichen Risiken seines Handelns ein und versuchte, sie auszuschalten. Er übersah sie vollständig. Der Angeklagte, abnorm zum Außenseiter und Einzelgänger entwickelt, aber nicht krank, war durch den genossenen Alkohol möglicherweise enthemmt, aber in seiner Zurechnungsfähigkeit nicht beeinträchtigt. Das machen die ausführlichen Schilderungen des Tatgeschehens und die Planmäßigkeit seines Vorgehens deutlich.

Die außerordentliche Schwere der Straftaten und der Schutz des menschlichen Lebens erfordern nunmehr die dauernde Isolierung des Täters. Deshalb wird gegen Rainer Setzepfand die lebenslange Freiheitsstrafe ausgesprochen.

Sein Verhalten bleibt ungewöhnlich bis zuletzt. Er läßt die Berufungsfrist verstreichen, er erkennt das Urteil unumwunden an.

Mittlerweile hat Mark Dennewitz für Susanne Neuners Bestattung gesorgt und für ihr Grab einen Stein bestellt.

MUTTER ANNA

1

Der Wald war rot, blutrot, glutrot, er brannte, gelbe Flammen leckten an den borkigen Stämmen, brachen aus den moosigen Inseln des Waldbodens, strömten durch Gras und Laub wie Wasser, das unaufhaltsam seinen Weg fand, griffen in Gestrüpp und Zweige. Dort saßen sie, zitterten, schwankten, schossen jäh hinauf in die Wipfel, stoben, stürzten durchs trockene Laub, fraßen sich durch Tannendickicht und ausgedörrten Kiefernhochwald, hohnlachend, schien es, sie splitterten die Stämme, die knisternd brachen.

Später, als sie von neuem aus dem Schlaf, aus ihrer Dämmerung heraufkam, war alles anders. Kühle war um sie her, sie fror. Ein Fluß, Wasser, keine Bäume, nur Berge, Hänge. Steile Hänge, die höher und enger standen, je weiter sie in ihrem schmalen Boot trieb. Sie saß allein darin, sie schlug die Ruder ins Wasser, lange Zeit fröhlich, jauchzend, plötzlich gegen die Flut, den Strom, der sie willenlos, hilflos fortriß. Nein, rief sie, schrie sie, nein! Sie hörte das über die Klippen in den Abgrund stürzende Wasser, sah die Gischt und die Nebel, die vor ihr immer aufs neue aufstoben, sie zu sich rissen. Sie hob die Hände, die Brust, schob ihren Körper dem Unglück, dem sicheren Untergang entgegen. Da riß sie plötzlich irgendwer aus dem Boot, im letzten Augenblick, ehe sie versank; glücklich, gerettet.

Es ist alles gut, Sie leben, Sie haben es überstanden, sagte die Stimme über ihr. Ein Gesicht, jung, streng, fremd, nah, lächelte über einem weißen Kittel. Was hatte sie überstanden?

Sie kennen Ihren Namen? Sie wissen, wie Sie heißen? Sie fühlen sich gut?

Anna, sagte sie. Sie wußte nicht, ob sie es eigentlich sagen wollte.

Genau, Anna Siebecke. Woher hatten Sie bloß die Tabletten? Tabletten in solcher Menge. Was haben Sie dafür gegeben?

Der Vorwurf ließ sie munter werden, ganz nüchtern. Sie würde Helga nie verraten. Sie würde nie jemanden verraten. Sie hatte im Leben nie irgendwen verraten.

Als die Schwester gegangen war, versuchte sie, ihre Arme zu heben. Da sah sie die Verbände über beiden Gelenken, links wie rechts. Sie erinnerte sich. Natürlich, sie hatte gründlich Schluß zu machen versucht. Noch einmal zwei tiefe Schnitte in die geschundenen Adern, dazu die Tabletten. Wenigstens diesmal hatte sie etwas vollständig erledigen wollen. Aber sie hatte es wieder nicht geschafft.

Später hatte sie das Bild vom brennenden Wald erneut vor Augen. Es war also kein Traum. Einmal hatte sie eine Tante besucht, Hilde, die Schwester der Mutter. Sie wohnte im Haus eines Försters tief im Wald. Gerade zwei Tage war sie dort, da brannte der Wald. Brandstiftung, sagten alle. Es gab einen Aussichtspunkt am Hang, dort standen sie nachts, sahen auf den Berg gegenüber, an dem das Feuer wütete. Nie war sie der Tante noch einmal begegnet. Aber wenn sie sich an sie erinnerte, sah sie nur dieses nahe Feuer am Berg.

Doch die gefährliche Flußfahrt kannte sie nur aus dem Fernsehen. Wer weiß, aus was für einem Film.

Sie lag Tag wie Nacht in ihrem Bett, zwei Nächte, eine von acht Frauen im selben Raum. Häftlinge allesamt. Die meisten waren deutlich jünger, nur eine war wesentlich älter, zwischen vierzig und fünfzig sogar. Die hätte ihren Mann umgebracht, hieß es. Aber sie war freundlich, kam mit jedem aus. Wem sah man schon an, was er getan hatte, wofür er angeklagt war.

Weshalb lag sie selber hier? Was sah man ihr an? Sie hatte kaum von sich berichtet.

In der dritten Nacht holte man sie aus der Toilette. Sie hatte sich mit einem Stuhl und Brettern verbarrikadiert und ihre Unterarmwunden aufs neue geöffnet. Wer wußte, wie es ihr gelungen war. Die Stationsschwester, zornig, bedrängte sie mit Vorwürfen. Sie werden Ihrer Schuld nicht entkommen, sagte sie. Sie werden für sie einstehen müssen.

Von da an lag Anna Siebecke, redete kaum. In ein paar Tagen würde sie in den normalen Vollzug entlassen werden. Würde sie noch einmal versuchen, ihrer Vergangenheit zu entkommen, sich doch auf und davon zu machen? Nichts war ihr bisher im Leben gelungen, nichts…

Unheimlich nahe kam auf einmal, was ihre Vergangenheit ausmachte. Der Vater, die Mutter, die Kindheit. Da fing alles an…

2

Auch wenn sich die Erinnerung mit den Jahren schwächte, die Worte verblichen, ungewiß wurden in ihrer genauen Abfolge, sich wohl auch in späteren Lebensabschnitten wiederholten, das vergaß sie nie: Der Vater kam in das Zimmer, das sie mit den Schwestern teilte, er kam mit tastenden Schritten auf sie zu, nur auf sie, er stolperte über ein Stoffstück, das am Boden lag, stieß es beiseite, so heftig, daß es leicht abhob, ein, anderthalb Meter weit wegflatterte, niederfiel, dann beugte er sich herunter, griff sie an den Armen, packte nach, weil sie sich ihm zu entziehen suchte; endlich hatte er sie gefaßt. Seine Daumen bohrten sich in die Haut über ihren Ellbeugen und machten sie wehr- und hilflos, daß sie ihm mit Widerstreben folgte, selber stolperte, und dann lag sie plötzlich auf seinen Armen, steif, starr gestreckt, ein scheinbar willenloses Bündel. Sie hatte das Gesicht beiseite gekehrt, daß sie den säuerlichen Atem des Vaters nicht roch, nicht von ihm überschüttet wurde, und der Vater schob die Türklinke mit dem Ellbogen auf, stieg die Treppe tastend, schwankend hinunter, sie immer noch vor sich auf den Armen. Nun heul ruhig, Kleine, sagte er dabei, aber laß mich nicht auch noch im Stich; ich bin doch dein Vater.

Er sagte es natürlich gröber, in der Sprache der Gegend und der Leute hier, sagte zum Beispiel *im Stiche* und *Kleene*, aber er sagte es zitternd und selber zu Tränen gerührt, die ihm mit dem genossenen Schnaps zusammen die Augen röteten. Und da wußte sie: Es war wieder einmal soweit. Der Vater verließ sie, hatte vielleicht das Zetern und Schimpfen satt, das Keifen der Mutter, aber er liebte sie, hing wenigstens an ihr mit Ausdauer und ohne Hemmung, hing an ihr als einziger und zeigte seine Zuneigung auch. Allmählich bekam sie eine ferne Ahnung davon, die Starr- und Sturheit verließ sie, sie glitt aus den Armen des Vaters auf ihre Beine und lief nun neben ihm her, duldete sogar, daß seine Hand ihre Finger umfaßte. Und als sie sich umblickte, stand da die Mutter, zwei Stockwerke hoch, hinter ihnen am Fenster. Geh hin zu deinen Weibern, schrie sie in die stille Straße hinab ohne irgendwelche Scham vor den Leuten, sauf mit denen und nimm diesmal deine Göre gleich mit.

Ja, so mußte es jedesmal gewesen sein. Der Vater kam, trug sie aus der Wohnung die Treppe hinab, als sie drei Jahre alt war, später fünf, dann sieben. Und jedesmal kam sie nach wenigen Tagen wieder zurück, von einer fremden Frau begleitet, mußte laufen, sich gewaltsam hinterherziehen lassen.

Da, Frau Siebecke, da haben Sie sie wieder. Muß ich nochmal mit solchen Eskapaden rechnen? Sie hat sich gewehrt wie eine wütende Katze, wie ein kleiner Tiger. Sehen Sie die roten Striemen auf meiner Hand? Vielleicht weisen wir sie das nächste Mal gleich ein ins Heim.

Die Mutter riß sie nach solchen Reden der fremden Frau vom Jugendamt an sich, schlang die Arme besitzergreifend um sie, aber sie wußte, sie würde es noch lange zu büßen haben, mit dem Vater so leichthin mitgegangen zu sein.

Sie waren schließlich sechs Geschwister, trugen merkwürdig einfache Namen. Während man andere Kinder ihres Alters Yvonne und Marcel rief, wenigstens Silke, Karsten oder Kerstin, hießen sie Karl, Anna, Hanna, Franz, Otto, Inge. Die Mutter hatte die Vornamen ausgesucht. Die immer wechselnden Väter hatten kein Mitspracherecht in solchen grundsätzlichen Angelegenheiten. Sowieso wußte höchstens die Mutter, wer der jeweilige Vater war. Herta Siebecke war siebenmal verheiratet, davon viermal mit demselben Mann, Annas vermutlichem Vater, auch dem von Karl, dem Ältesten. Warum Diethelm Siebecke bloß immer wieder zurückkam, trotz vieler Kränkungen immer wieder mit Herta zusammenkroch?

Eigenartig, aber wenn sie's erneut gemeinsam versuchen wollten, ging es monatelang gut, kam kein Alkohol auf den Tisch, weder Brauner noch Weißer, nicht einmal Bier. Höchstens Wein, Weißwein. Der schmeckte beiden nicht. Und der Ekel vor dem abstoßenden Gesöff trieb sie ins Bett. Dort stritten sie sich nie, gab es nie Flüche oder trennende Worte.

Freilich, länger als ein halbes Jahr überdauerte die neu aufbrechende merkwürdige Zuneigung nie. Dann sah sich der Vater in den rauchigen Kneipen der Stadt um, die Mutter unter den liebesbereiten Männern. Wenn es Diethelm Siebecke früher als seine Frau von den jeweiligen Abenteuern nach Hause trieb, er ihre Abwesenheit noch dumpf bemerken konnte, drohte Unheil, handgreifliche Auseinandersetzung. Einmal, erinnerte sich Anna später manchmal bedrückend, hatte sie mit Bruder Franz vor der Haustür gesessen, in Decken und Mäntel gehüllt, entschlossen, die heimkehrende Mutter vor dem Zorn des Vaters zu warnen. Sie war da sechs Jahre alt, der Bruder sieben. Waren sie beide eingeschlafen, hatten sie sich wechselseitig wachgehalten, oder hatte die Mutter sie geweckt? Wochenlang hatten sie danach nebeneinander im Bett gelegen, gemeinsam von Fieberhitze und Husten geplagt.

Ein andermal hatte der Vater nachts ein Beil in der Hand, schlug auf die Möbel ein, auf den Schuhschrank im Flur. Tage danach ragte der Holzstiel noch mitten in den Flur, daß sie sich an ihm stießen, und Anna zählte mit ihren Kinderfingern die rauhen Einkerbungen im Holz: zehn, zwölf. Hatten sie Angst, daß der wütende Vater das Beil nicht nur in das unschuldige Holz trieb? Doch das geschah nie, wirklich nie. Sowieso ließ Diethelm Siebecke seinen Zorn am liebsten an den schwächeren Kindern aus, am meisten an seinem Ältesten, Karl. War der wirklich sein eigen

Fleisch und Blut oder nur ein Bastard, der ihn dumm und vertrauensselig in die Ehe mit Herta gelockt hatte?

Einmal trug die Mutter den malträtierten Jungen auf ihren Armen ins Krankenhaus, wies seine Hämatome und Schürfungen vor, erstattete Anzeige bei der Polizei: Soviel Haß und Wut durften nicht ungestraft durchgehen. Tatsächlich kam Diethelm Siebecke danach für Monate in Haft, Körperverletzung ohne Bewährung, und Herta ließ sich wieder einmal von ihm scheiden. Das brauchte damals kein Trennungsjahr, keine Umständlichkeiten. Gemeinsame Übereinstimmung genügte, zwei Unterschriften.

Doch als er aus dem Gefängnis zurückkehrte, lief er sofort wieder zu ihr, und sie nahm ihn auf, trank Wein mit ihm und jagte den zwischenzeitlichen Tröster ohne Umstände davon.

Ich bringe dich jetzt wieder nach Hause, zu deiner Mutter. Sie hat Sehnsucht nach dir.

Ja.

Du wirst wieder bei deinen Geschwistern leben. Sie freuen sich auch auf dich. Alle werdet ihr nun wieder zusammen sein. Dein Vater hat deine Mutter noch einmal geheiratet.

Ja.

Ihr wohnt in einer neuen Wohnung. Ihr Schwestern habt jetzt ein eigenes Zimmer. Ihr seid nun drei Schwestern. Hast du deine Schwester Inge schon einmal gesehen?

Ja.

Sie hielt mit der einen Hand den Bruder, Franz, ließ sich an der anderen Hand von der fremden Frau lenken. Die war schon etliche Male zu ihr gekommen, hatte freundlich mit ihr gesprochen. Ehrlich? Die fremde Frau, Frau Heinrich, kam vom Jugendamt. Konnte man zu der Vertrauen haben?

Franz war ihr in den letzten zwei Jahren nahezu fremd geworden.

Er ist dein Bruder, sagte man nun zu ihr. Da nickte sie. Aber: Franz war immer mit anderen zusammen gewesen, selten mit ihr.

Nun werdet ihr euch jeden Tag sehen, miteinander spielen, wieder zusammen sein. Freust du dich, Anna?

Ja, sagte sie da wieder. Sie wußte längst, es machte den Erwachsenen Freude, wenn man ihre Fragen zustimmend beantwortete.

Dann standen sie vor dem Haus, das nun ihre Heimat sein sollte, ein hohes Haus mit vielen Fenstern. So hatte sie noch nie gewohnt. Ein Fahrstuhl brachte sie in den sechsten Stock. Frau Heinrich drückte den

Klingelknopf, und sie liefen in den offenen Flur. Da standen schließlich alle, Herta Siebecke, der Vater, eine Horde Kinder. Annas Blick blieb an der Stirn von Karl hängen. Über die zog sich eine derbe, breite Narbe. Da erinnerte sie sich: Sie war zu Hause.

Später erfuhr sie: Ein paar Jahre lang waren die meisten Geschwister in Heimen untergebracht gewesen. Die Mutter hatte das Handtuch geworfen, ihre Unfähigkeit erklärt, für die Kinder sorgen zu können. Nun klappte es mit ihnen gemeinsam doch noch?

Freilich, sie waren jetzt alle älter. Anna, zum Beispiel, konnte schon für das Essen sorgen. Sie machte eine Brühe aus Knochen und Fleisch, kochte Kartoffeln und Linsen hinein, da war sie gerade mal zwölf. Und Karl ging mit sechzehn aus dem Haus. Lehrling im Kombinatsheim – was wollte er mehr?

Sie waren eine tolle Truppe. Sie kamen mittlerweile auch ohne die Eltern aus. Die ein Jahr jüngere Hanna war ein kluger Kopf: Rechnen fiel ihr leicht, auch Rechtschreibung, sie mußte nicht lange über Regeln nachdenken. Da konnte sie den Geschwistern leicht helfen. Würde sie einmal Kindergärtnerin werden oder noch mehr? Sie war die Klügste von ihnen allen.

Da erklärte die Mutter plötzlich: Es ist noch ein Kind unterwegs. Doch Diethelm, der Suffkopp, ist nicht sein Vater. Wer dann? Was ging es sie an.

Sie zerbrachen sich den Kopf. Sie waren nun selber keine Kinder mehr. Wichtig vor allem: Wer würde für sie sorgen, wie sich ihr Leben gestalten? Wenn sie nur erst einmal älter wären, für sich allein aufkommen könnten.

Sie warteten darauf, daß die dritte Ehe der Eltern wieder zerbrach. Und so geschah's auch. Die Eltern waren vierzig. Diesmal hatten sie Riesenmitleid mit dem Vater, der mit ihnen ohne Frau in der Neubauwohnung zurückblieb. Daß eine Frau sechs Kinder vergaß, mit einem um ein Dutzend Jahre jüngeren Kerl davonzog, was ging in ihr vor? Sie mochten das siebente Geschwisterchen, den Bruder Ferdinand, Ferdi, alle nicht. Er war viele Jahre jünger als sie, ein plärrendes Baby.

Ich habe meine Mutter manchmal verachtet. Nein, so wie sie wollte ich niemals leben. Daß sie offenbar solche Lust auf Männer hatte, einfach bloß Lust, es hat verhindert, daß ich mit Jungens normal umging. Dafür hat mich dann der erste Mann gleich geschwängert. So läuft's eben im Leben.

3

Sie lag auf ihrer Pritsche, starrte auf den Widerschein des frühen Lichts, mit dem der Morgen heraufkam. Sie lag manchmal so, unfähig, weiterzuschlafen, wälzte sich von einer Körperseite auf die andere, ruhelos. Sie hörte dann, wie die Stadt erwachte, Straßenbahnen schlurften in den Schienen, Autos bremsten jäh und starteten wieder. Aber was ging sie das noch an. Wichtiger waren andere Geräusche. Eine Tür klappte, der Hall schallte über Gänge und Treppen, eine Stimme, laut, hoch, verlor sich dazwischen, eine andere, tiefer, antwortete später.

Und dann diese Schritte.

Sie waren immer im Haus, tapsend, tastend, forsch, je nachdem. Und wenn sie nicht zu vernehmen waren, wartete man auf sie, stundenlang mitunter. Ging es nur ihr so? Andere Frauen waren gewiß robuster, härter, ohne Gespür, ohne Ängste. Aber sie schaffte das nie. Sie konnte nicht einfach daliegen, sich umdrehen, wegsinken, wegschlafen von einer Minute zur anderen, sie konnte sich nicht wegträumen, wenn da eine Pause war, eine Viertelstunde oder noch weniger. Sie hatte immer beneidet, wer dazu in der Lage war, auch früher schon, in ihrem, wie sie es nun nannte, anderen Leben.

Sie stutzte, wurde hellwach von einer Sekunde zur anderen. Die Schritte, wieder da, auf einmal deutlicher, kamen nun näher. Sie verharrten, Stahl klickte, nein, kein Schlüssel drehte sich, im Grunde scheuerte bloß Blech an Blech, Eisen an Eisen, danach war eine Minute Stille, Ruhe, merkwürdig; schließlich liefen sie weiter, ohne Hast, ausgeruhte, gleichgültige, gleichmäßige, selbstverständliche Schritte. Immer näher.

Sie wußte längst: Diese Schritte galten ihr, nur ihr, niemandem sonst. Sie blickte auf das Kreisrund im Blech der Tür, das sich gleich öffnen würde, wenn auch nur für Sekunden, um ein Stück der kleinen Welt dahinter hereinzulassen, vom Grau des Zellengangs, das ein Schatten gleich wieder verdeckte, ein Kopf, ein Auge, das hereinstierte, auf sie, nur auf sie. Jede Stunde kam es, musterte sie kontrollierend: Existierte, lebte sie noch, hatte sie nicht von neuem versucht, sich feige etwas anzutun, sich davonzustehlen?

Ja, es war klar, die Schritte, sooft sie irgendwo ertönten, galten nur ihr. Und sie schloß die Augen, krampfte die Lider zusammen, spürte für Sekunden heiße Lust, dem oder der da draußen – war es heute ein Mann oder eine Frau? – zornig ein Schauspiel zu geben, etwas vorzuspielen, totale Gleichgültigkeit oder ein Unglück. Aber sie konnte sich weder gleichgültig wegdrehen, Kopf und Körper reglos zur Wand halten, noch

Arm und Gesicht wie leblos über den Bettrand hängen lassen, sie öffnete die verkrampften Lider, starrte zur Tür.

Ja, sie hatten Angst um sie. Wozu bloß? Was war ihr Leben noch wert? Sie hatten sie aus dem Krankenhaus in diese Gemeinschaftszelle gesteckt, damit sie immer unter Aufsicht war, jede ihrer Bewegungen beobachtet blieb und es nichts gab, das ihr allein gehörte. Sie hatten sie mit einer ordinären alten Frau zusammengetan, die mit ihren unverbrauchten körperlichen Lüsten prahlte und Bettgeschichten mit der Diebin und Räuberin austauschte. Die war mit einer Bande Jungen in Großmärkte eingestiegen und nacheinander und manchmal gleichzeitig die Geliebte von jedem gewesen. Ob ihre Erzählungen stimmten, oder ob sie nur aufschnitten? Und was für eine Vergangenheit verband sich mit der vierten in ihrer Zelle? Stumm saß sie meist und lächelte stumpf, in sich versonnen. Eine Verrückte, wie die anderen meinten, eine, die nicht hergehörte, weil sie ihren Verstand nicht beisammen hatte?

Was spielte das alles noch für eine Rolle. Sie hörte die anderen reden, sah sie herumlaufen, hantieren. Was machte das noch für einen Sinn? Es ging sie nichts mehr an. Ihr Leben war ohne Wert, war vorüber. So oder so.

4

Willst du nun die Mark, oder willst du sie nicht? Dann lauf und verdien sie. Tritt Mama, tritt sie vors Schienbein. Na?

Sie sah den Vater lachen, die Mutter am Küchentisch hocken, ohne Kraft und Gegenwehr weinen; zwei, drei Geschwister blickten ängstlich, neugierig, da setzte sie selber ein Lächeln auf, blickte von oben herab auf alle und verdiente sich die Mark, eiskalt.

Gut, meine Tochter, bist doch meine Beste. Man muß dem Vater immer gehorchen.

Der Fuß schmerzte, mit dem sie zugetreten hatte, aber das Streicheln des Vaters dämpfte den Krampf.

Wieviel dumpfe Erinnerung kam immer noch in ihr hoch? Aber sie bedrückte nicht, tat nicht weh. Katrin, das Mädchen mit den seidenlangen schwarzen Haaren im Heim, lag unter ihr auf dem Bett, zwei andere Mädchen zwängten der Widerspenstigen Arme und Beine fest an die Matratze, und sie selber schnitt mit der Schere in die üppigen Bündel hinein, schnitt, was sie traf, fetzte Strähne um Strähne aus den Wellen, stach in ihrem zügellosen zornigen Eifer auch in die Kopfhaut hinterm

Ohr, daß das Blut hervorquoll. Warum nur alles? Hatte die andere tatsächlich gelogen und gestohlen, ihr den Elfenbeinanhänger aus dem Schrankfach genommen, ihr einziges bißchen Reichtum? Oder war es ganz einfach Haß, Neid auf die Schönheit der anderen? Hätte sich ihre Wut sonst auf die Haare gerichtet?

Später gehörte sie selten mehr zu den Starken, war sie selber bald eine der Verfolgten, Geschlagenen, vor allem nachdem sie sich freiwillig an diese Frau Heinrich gewandt hatte, das Jugendamt: Sie wollte fort, wenn schon nicht in die Hölle zu Hause, dann wenigstens in ein anderes Heim. Wen hatte sie da verpfiffen, sich worüber beschwert, wen verleumdet? Eines Nachts lag sie im Garten, an Gesicht und Armen zerkratzt und blutig, aber sie konnte keinen an den Stimmen im Dunkeln ausmachen, die sie überfallen hatten, eine ganze Gruppe, sechs oder sieben.

Oft dachte sie an die Heimzeit, ganz selten an die Arbeit danach, an die Ausbildung. Immer aber auch an die Männer. Wie viele hatte sie gekannt?

Klaus war schon da, als sie noch zur Schule ging. Da fiel er ihr auf. Klaus war ein freundlicher Nachbar, zwei Häuser weiter, der manchmal grüßte. Klaus hatte ein helles Lachen, eine blonde Frau und zwei Kinder, die deutlichjünger waren als sie. Jana und Mirko erinnerten wenig an die hagere, knochige Frau, ihre Mutter, sie trugen ihre Haare braun und störrisch wie Klaus, Herr Brenten, und selten Jacken, auch bei Regenwetter und Schnee nicht. Sie schienen abgehärtet im Gegensatz zu ihrer empfindlichen Mutter, die beim geringsten Windhauch in Schal und Mantel herumrannte. Merkwürdig, wie zwei so unterschiedliche Menschen in einer Ehe zusammenpaßten. Aber es lief hundertmal besser zwischen ihnen als im chaotischen Leben von Annas Eltern. Mitunter erzählten Mirko und Jana von gemeinsamen Wochenendausflügen, Wanderungen oder Sandburgen an einem Stauseeufer. Sie hörte darauf wie auf Geschichten im Fernsehen aus anderen Ländern. Sie gingen sie nichts an, aber schön, anrührend waren sie doch.

Manchmal lehnte sie sich weit aus dem Fenster, blickte auf die Straße, wenn Brenten mit nacktem Oberkörper dort unten sein Auto wusch und polierte, einen zitronenfarbenen Trabant. Angeber der, knurrte einmal der Vater hinter ihr, als er sich über sie hinwegreckte, guck ihm nicht zu tief in die Hose, dem Kacker. Aber ausgerechnet dahin mußte sie starren, auf den langen Rücken des Mannes, sein Ende, wo er sich rasch in zwei runde Hügel teilte, von der rutschenden Hose kaum noch verdeckt. Klaaauus, rief gelegentlich eine scharfe hohe Stimme aus einem der Fenster, zwei Häuser weiter, und er antwortete: Jaaadoch. Aber sein richtender Griff zum Hosenbund war von wenig ausdauerndem Erfolg. Einmal, als er am Boden kauerte, um die Chromleisten an der Tür auf Hochglanz zu bringen, hatte Mirko dem Vater einen Becher Wasser aus dem Wascheimer so über den Rücken gegossen, daß es ohne Umwege in die Hose schoß. Nun wartete sie, im voraus schon kichernd, manchmal auf die Wiederholung des Vorgangs, preßte sich die offene Faust vor das zitternde Kinn. Aber Mirko war ein Angsthase, und ihn direkt noch einmal zu so einer Untat aufzufordern, wagte sie doch nicht.

Dabei, der Nachbar war nicht nur Anlaß zu heimlich staunender Verehrung und zum Spaß. Er half ihr auch einmal ganz praktisch und für ihren Beruf entscheidend, einfach so auf der Straße, als sie mit seinen Kindern spielte. Ich hab gehört, du hast noch keine Lehrstelle. Da ist ein Betrieb, die suchen händeringend, nicht nur Jungen. Und er gab ihr eine Karte mit Telefonnummer und Anschrift. Fleischwaren, las sie, VEB. Friseuse und Bürostellen waren überlaufen, sowieso nichts für sie. Mit Kindern aber, konnte sie sich vorstellen, hätte sie gern ein Leben lang zu tun gehabt. Doch als Kindergärtnerin brauchte man bessere Abschlußnoten, als sie vorweisen konnte. Ging sie eben zu den Fleischern.

Ach, Anna, grüß dich, sagte die strohblonde dünne Nachbarsfrau Brenten im Büroflur des Fleischkombinats, als sie einander begegneten. Sie war also die eigentliche Vermittlerin gewesen. Ich hoffe, du machst uns keine Sorgen, bist nicht faul.

Sie handhabte Säge und Messer. Sie lernte, Schweinshälften mit einem einzigen harten Schnitt voneinander zu trennen, von oben bis unten. Sie filetierte Kotelettstege und Lenden, trennte Eisbeine von Spitzbeinen, war auch in der Verarbeitung beschäftigt. Zehntausende unterschiedlichster Fleischportionen verließen täglich die Fabrik, in Blechdosen oder, in Zellophan gehüllt, in Plasteschälchen. Sie roch das Blut ringsum schon nicht mehr. Sie stand jeden Tag nach Schichtende unter der Dusche. Tiere zu töten, wenn sie aus den Ställen, von den Fahrzeugen herunterkamen, wurde niemals ihre Aufgabe.

Nein, sie erzählte selten von ihrer Arbeit.

Willst du nicht öfter kommen, dich um Jana und Mirko kümmern?

Er stand ihr gegenüber, war verlegen. Sie wußte, seine strohblonde hagere Frau war auf und davon. Wieso? Jeder vermutete sonst etwas.

Dürre Blonde? Was ahnt eins von der Geilheit von denen, orakelte der Vater.

Seine Ehe war wieder einmal in besonderer Gefahr. Eine Trennung stand ins Haus, von der sie zu dem Zeitpunkt alle noch nichts wußten. Aber es rumorte in jedem Gespräch, an jedem Tag.

Wenn ich achtzehn bin, hau ich ab, sagte sie eines Abends. Genau an dem Tag.

Genau an dem Tag?

Ich hab's mir vorgenommen.

Du wirst uns nicht verlassen, du zu allerletzt, du gehst nicht wie Karl, erwiderte der Vater. Bei wem willst du auch unterkriechen?

Ich finde wen.

Sie fand ausgerechnet den Nachbarn, Klaus.

Jana und Mirko ziehen zusammen in das eine Kinderzimmer, du ziehst ins andere, sagte Klaus Brenten, da bist du nahe bei den beiden und doch allein für dich, fort von eurem Chaoshaufen.

Wieso hatte er mitgekriegt, daß sie von zu Hause verschwinden wollte? Er stellte eine Flasche Wein auf den Tisch, zündete eine Kerze an, schenkte ihr einen bunten Schal. Zwei Häuser weiter hatte niemand ihren Geburtstag wahrgenommen, auch die Geschwister hatten ihr nicht gratuliert, es hatte zum Abschied nur Streit gegeben. Nun wollte sie vom Rotwein bloß nippen, aber sie trank dann doch. Vor Glück, wie sie meinte. Zwei große Gläser, jedes randvoll. Später lag sie auf der Couch im Kinderzimmer, starrte an die Decke, auf das Spielzeug, das noch nicht umgeräumt war, und ließ die Tränen fließen. Jana und Mirko, acht und zehn mittlerweile, sie wollte es ihnen mit Dankbarkeit vergelten, was der Vater ihr Gutes tat. Essen und Abwechslung, stets saubere Sachen, das wenigstens sollten sie haben. Und nie ein böses Wort.

Sie stand auf, löschte das Licht, schloß die Tür ab. Sie strich über die Tapete, das Holz der Schränke, die Regale, sie legte sich auf den Boden, ließ ihre Hände über das glatte Linoleum ringsum gleiten. So nahm sie ihr erstes eigenes Zimmer in Besitz.

Na, hast du die Nachfolge der Blonden angetreten? fragte eine Kollegin in der Fleischfabrik keine Woche nach ihrem Umzug.

Da wurde sie überrot. Daß sich die Nachrichten so schnell herumsprachen.

Ich bin zur Untermiete eingezogen, sagte sie, ich kümmere mich ein bißchen um die Kinder. Wie bisher.

Da paß nur auf, daß du nicht Sack und Seele verlierst. Jungsches Ding, naives.

Sie hätte sich am liebsten auf die andere gestürzt. Sack und Seele verlieren, was meinte die damit? Aber dann stand sie nur, stemmte den Kopf schräg in die Schulter, blickte auf die andere herab.

Natürlich kam rasch, was kommen mußte. Sie mochte den deutlich Älteren ja, eigentlich schon lange. Nicht immer konnten sie sich in der Wohnung aus dem Wege gehen. Eines Abends kam er unverhofft ins Bad, als sie in der Wanne unter der Dusche stand. Sie schrie auf, packt den Duschvorhang, bedeckte damit ihre Nacktheit. Aber unter seinen Blicken ließ sie das Plastetuch langsam sinken. Sie brauchte sich nicht zu schämen. Sie war keine dürre Blonde.

Später, als sie zusammenlagen, fuhr ihre Hand suchend über seinen Rücken, fand die Stelle, wo er sich zu teilen begann, sich zu zwei festen Halbkugeln wölbte. Das habe ich von dir als erstes geliebt, sagte sie und begann wispernd und flüsternd davon zu erzählen, wie sie Wochenende für Wochenende gewartet hatte, daß er wieder auf der Straße stand und sein Auto wusch.

Er schüttete sich halb aus vor Lachen. Du bist schon ein verrücktes Huhn, meinte er, eine komische Nudel. Und dich hat noch kein Mann gestemmt, noch keiner hat dir seine Eier in die Pfanne gehaun?

Nie, erschrak sie da zum ersten Male. Nie würde sie je solche Worte mögen.

Das war ein hartes Jahr: plötzlich für vier Leute verantwortlich sein, Haushalt und Kinder, waschen und kochen und immer was anderes, dazu die Arbeit in der Fabrik, die sie nicht aufgeben wollte. Über Nacht war sie hineingestürzt in Verantwortung, nicht hineingewachsen. Dennoch war es ihr schönstes Jahr. Wegfahren, wandern, baden, zusammen mit Mirko und Jana, die wie jüngere Geschwister waren. Und das eigene neue Leben wuchs in ihrem Leib.

Mandy war ein Wunschkind. An einem sonnigen Sonntagvormittag lag es neben ihr im weißen Klinikbett, zerbrechlich, dunkles Haar in Strähnen über dem nicht einmal faustgroßen Gesicht. Oft bewegte es im Schlaf die Lippen. Sie beobachtete es Sekunde für Sekunde.

Daß ihr, wieder daheim, nicht mehr alles so leicht von der Hand ging, daß sie sich zuviel mit dem kleinen Wurm beschäftigte, Zeit mit ihm vertrödelte? Durfte Klaus ihr das vorwerfen?

Wann ändern sich Menschen, oder ist alles nicht schon in ihnen angelegt, tritt es nur irgendwann einmal zutage?

Klaus, ihr Liebhaber, der Freund seiner Kinder, ihr Ideal – Klaus Brenten kam plötzlich immer seltener pünktlich nach Hause, und er roch nach Alkohol. Er hatte früher schon gelegentlich Freude am Schnaps gezeigt, nicht bloß am Bier. Sie hatte es nicht ernst genommen, er war nach wie vor zärtlich zu ihr und freundlich zu seinen Kindern. Nun erschrak sie manchmal, wartete ängstlich, daß er irgendwann nachts die Treppe heraufpolterte. Er hatte Kneipenkumpel gefunden, mit denen er bis in die Nächte hinein zusammenhockte, seinen Kummer hinunterzuspülen, bei denen er auf mehr Verständnis stieß als bei ihr. Es hatte einen tödlichen Unfall in seinem Betrieb gegeben, der großen Chemiebude, auf den schob er alles. Ein Mann war draufgegangen, ausgerechnet am selben Platz arbeitete der wie er, Gott sei Dank hatten sie die Schicht getauscht. Nun redete er sich ein, dadurch dem Tode entkommen zu sein. Um ein Haar, verstehst du, schrie er auf ihre Vorhaltungen, um ein Haar, und ich wär dem alten Kameraden nicht von seiner elenden Schippe gesprungen. Nun lebe ich noch, nun will ich's genießen.

Merkwürdig, er verstand darunter nur seine Schnapstouren.

Fast zur gleichen Zeit meldete sich Carmen wieder, die dünne Blonde, seine erste Frau, die Mutter von Jana und Mirko, noch immer nicht von ihm geschieden. Nun hätte sie wieder ein ordentliches Daheim, einen Mann, der sich um sie kümmerte, schrieb sie. Jetzt könnte sie ihre Kinder endlich zu sich nehmen, nach drei Jahren gelegentlicher Kurzvisiten. Und sie wollte das auch, sie betrieb die Übersiedlung der beiden in die übernächste Stadt mit Energie und Eifer. Frau Heinrich vom Jugendamt, die es immer noch gab, war nun bei ihnen häufiger Gast wie zuvor bei den Eltern zwei Häuser weiter. Und sie sah, was sich abspielte, und war nicht abgeneigt, der blonden Mutter ihre so lange Zeit nicht genutzten Rechte zuzugestehen.

Als Carmen Brenten ihre Kinder abholte, lehnte Anna in der Tür, die verräterischen blaugrünen und gelben Flecken um die Augen, am Kinn, auch am Ohr. Da wurde sie schon geschlagen, nicht nur ins Gesicht. Und sie stand da und schämte sich, die kleine Mandy, nun bereits anderthalb, auf dem Arm. Aber sie mußte dastehen, zusehen, wie die Kinder weggingen, die fast ihre Kinder waren, mit denen sie fast drei Jahre lang ein gutes Auskommen gehabt hatte.

Und warum liefen Sie nicht selber davon, packten Ihre paar Klamotten, nahmen das Kind, den Kinderwagen, verließen den Mann, der offensichtlich seit wenigstens einem Jahr nur noch zweierlei kannte: sich ohne Verstand bis über den Eichstrich zu besaufen und sie zu schlagen? So fragte später ein bestürzter Richter. Ihn verlassen? erwiderte sie da ungläubig, ohne Verständnis. Aber ich liebte Klaus doch, und es war doch nicht immer so, er konnte auch so zärtlich sein, voll Reue, und dann lief es gut zwischen uns. Und er sollte doch nicht ganz allein bleiben, nun ohne Mirko und Jana. Außerdem war ich längst das zweite Mal schwanger.

Kommen Sie, duschen, ich bringe Sie.

Sie ließen sie nun offensichtlich keinen Schritt mehr allein gehen, immer in Sorge, daß sie ihren Prozeß noch erlebte, geistig und körperlich fit war, nicht ausbrach, sich über kein Geländer, keinen Treppenabsatz stürzte, keine Rasierklingen verschluckte.

Sie kümmerte sich nicht um die anderen Frauen in der Zelle. Sie waren inzwischen nur noch zu dritt. Die ordinäre Alte war verlegt worden, vielleicht der jungschen Diebin wegen, mit der sie sich allzu gemein gemacht hatte, vielleicht auch aus ganz anderen Gründen. Ihr war's gleich, nur: Seit zwei Tagen und Nächten war ihre blechern scheppernde, ihre quälende Stimme nicht mehr im Raum.

Sie griff nach ihren Waschsachen und ihrer Kleidung. Ja, sagte sie nach einem Blick, sie hatte das Kostüm bei sich, sie wußte, was sich vor Gericht gehörte. Die Würde des Gerichts. Sie war ihr noch nicht begegnet, und sie würde ihr auch nicht wieder begegnen. Sieben Termintage sind angesetzt, hatte ihr Verteidiger erklärt, also: In zwei Wochen ist alles überstanden. Was bedeutete das? Rechnete man damit, kalkulierte man ein, daß sie zusammenklappte, den Streß nicht überstand, oder schloß man ganz anderes nicht aus?

Sie blieb ohne Kommando stehen und lief ohne Kommando weiter, je nachdem, was die Beschließerin, die Wärterin, die Justizangestellte tat: eine Tür entriegeln oder schließen. Sie kannte sich mittlerweile in den Bräuchen hier aus.

Sie war die einzige, gewiß sogar die erste im Duschraum. Vielleicht sollte es eine Vergünstigung für sie sein, heute, an diesem Tag. Aber die Blicke der Justizangestellten würden jede Sekunde dasein. Ihre Nähe war Pflicht.

Sie probierte das Wasser. Heiß sollte es sein und gleich danach wieder eiskalt. Sie hatte sich daran gewöhnt. Und vielleicht war es gut, daß sie heute ganz munter war, um durchzustehen, was auf sie zukam.

Sie schob Kittel und Hose von ihrem Körper, trat unter den derben Strahl.

Anfangs war es ihr peinlich gewesen, so nackt zwischen alle zu treten. Nicht weil sie sich schämte, aber ihr Körper war zerstört, deformiert, wenigstens um die Brüste herum. Auch die waren mitgenommen. Achtzehn Stiche und Schnitte hatten ihren Oberkörper getroffen, nun waren da Narben kreuz und quer, Streifen, Wülste, Reste von Rissen. So etwas zeigte man nicht gern und nicht jedem. Natürlich hatten sie gestiert und gestarrt, wenn sie kam. Eine Sensation, mehr als ein Fernsehthriller. Aber auch die Arme unten waren mit kaum verharschten Wunden übersät.

Sie hob die Hände noch einmal weit hoch, drehte und wendete sie, genoß das Wasser.

Schluß, aus. Trocknen Sie sich ab.

Sie gehorchte. War die andere froh, daß sie sie so weit gebracht hatte, unversehrt? Hätte sie sich die aufgeweichten Unterarmschrunden aufkratzen sollen, wäre das Blut wieder hervorgeschossen?

Ziehen Sie sich an. Sie bekommen bald Ihr Essen. Essen Sie reichlich, damit Sie den Tag gut durchstehen. Sie wissen: Schon kurz nach sieben fährt der Wagen vor, holt man sie ab.

5

Mutter, du?

Ja, ich. Aus Liebe mach ich's nicht. Zwanzig Mark krieg ich für die Stunde, daß ich mich um Mandy kümmere. Und daß ich herkomme zu dir. Du gibst sie mir, hat er gesagt.

Wer? Klaus?

Ja, dein Säufer. Und er holt dich nicht ab, läßt er sagen. Du sollst sehen, wie du heimkommst. Den Bastard holt er nicht aus der Klinik.

Den Bastard? Heiko, der Kleine – ein Bastard?

Ist er schon mal hiergewesen? Natürlich nicht. Hast dich mit andern rumgetrieben, was? Sicherlich hast du's. Sonst würde er nicht so von dem Kinde reden.

Ach, Mutter. So hat Vater immer von Karl gesprochen.

Wie ist es: Hast du das Geld gleich hier, oder soll ich meine Liebesdienste abbrechen?

Mutter, hör zu. Woher soll ich's nehmen?

Als sie heimkommt, vorzeitig, das Kind auf dem Arm, Mandys alten Wagen hat ihr keiner gebracht, erschrickt sie. Die Wohnung gleicht einem Stall. Sie haben nun nicht mehr bloß in der Kneipe gefeiert, sie haben hier gehaust, kein Geschirr abgewaschen, Flaschen ausgekippt, nicht mal den Weg bis zu Bad und Toilette gefunden.

Wann ändern sich Menschen, oder ist alles in ihnen schon angelegt?

Ach, Klaus.

Halt die Fresse!

Er findet noch ärgere Worte.

Ein halbes Jahr hält sie's noch aus, schwankend zwischen Angst und Hoffnung, Schwäche und fremdem Trost. Sie kriegt Prügel. Ein paarmal schlägt sie zurück. Da wird's nur noch schlimmer. Mandy, die alles miterlebt, beginnt zu stottern. Von da an stirbt die Liebe in ihr. Aber vor allem um der Kinder willen: Sie muß weg.

Mit dem alten Kinderwagen und ein paar Windeln verläßt sie die Wohnung, als Klaus wieder in seiner Kneipe sitzt. Soll er nicht sagen, sie hat ihn beklaut.

Die Wende ist nahe, aber das berührt sie nicht. Klaus weiß noch nicht, daß er bald seine Arbeit verlieren wird. Er gibt seine Vierzimmerwohnung auf, der Trabant ist bald auch nur noch Pappe, Scheiße, daß er den Augenblick nicht abgepaßt hat, wo er ihn noch mit Gewinn verkaufen konnte. Klaus Brenten zieht mit einem Freund zusammen, in der nächsten großen Stadt: Halle. Wohngemeinschaft. Endlos der Streit später, damit er für die Kinder zahlt. Der Bastard zum Beispiel - es ist ungerecht, daß er für ihn berappen soll. War da zwischendurch nicht ein tröstender Freund?

Hat sie Glück mit den Männern, lernt sie die richtigen kennen?

Jetzt zum Beispiel, nach verschiedenen hoffnungslosen Versuchen, gibt es Wolle, Wolfgang. Ihre Schwester Hanna – natürlich hat Anna noch zu einigen Geschwistern Kontakt, sie wohnen noch immer in derselben Straße - kennt Wolle, er ist ein Freund ihres Freundes. Er lebt allein, ist kinderlieb, Mitte der Zwanzig, geschieden.

Wenn du willst, mach ich euch bekannt.

Wer will so etwas nicht?

Sie sehen sich, finden Gefallen aneinander. Wird da eines Tages sogar Hochzeit sein? Sie träumt von einer Ehe, von einer festen, ordentlichen Gemeinsamkeit. Endlich. Noch immer ist es in ihrem Leben nicht dazu gekommen.

Dabei machen sie nach außen hin den Eindruck, längst verheiratet zu sein. Wenn sie mit den Kindern gemeinsam durch die Straßen laufen, lachen, auf dem Sandplatz spielen. Und die Kinder sind dem Vater wie aus dem Gesicht geschnitten, nicht wahr?

Doch daheim ist Wolle erschreckend. So zärtlich er sein kann, von Kindern hat er wenig Ahnung. Sie müssen manches ausbaden, Stimmungen. Sie gehorchen nicht, hören nicht aufs Wort, verhalten sich nie, wie er's will.

Wolle, es sind Kinder, sie brechen leicht aus, sagt sie.

Nein, erwidert er, je früher sie sich einzuordnen lernen, umso besser für sie. Der Mensch muß sich bald anpassen, umso weiter kommt er im Leben.

Aber doch nicht Kinder. Willst du jeden zum Gehorsam pressen?

Nein, er hat nie mit Kindern zu tun gehabt, und ihre beiden sind nun längst keine Babys mehr: Mandy ist acht, geht das zweite Jahr zur Schule, Heiko, im letzten Kindergartenjahr, wird ihr bald folgen. Sie sind gesund, zugänglich. Heiko plappert gern, muß von allem erzählen, was er erlebt und sieht, sie sind beide schon ordentliche, klare Charaktere. Mandy, verschlossener, malt gern. Was will ein Vater da von ihnen erzwingen?

Anna ist nun siebenundzwanzig, und sie träumt immer noch, vom Glück, von dauernder Freude, dem idealen Mann. Denn alles muß anders sein als in ihrer schlimmen Kindheit. Kein Zwang, kein Streit, vielmehr Harmonie. Dabei ist sie sofort bereit, in einem, der ihr gefällt, den Partner fürs Leben zu sehen, dauerhaft auf ihn zu hoffen. Trotzdem verfliegt die erste Glut jedesmal bald. Warum bloß?

Nein, auch Wolle ist nicht der Mann, den sie sich vorgestellt hat. Vielleicht Heinz-Dieter?

Heinz-Dieter ist der letzte Mann, den sie kennenlernt. Es ist nun schon wie eine Sucht. Sie will nicht mehr allein sein, sie braucht einen Vater für ihre Kinder. Solche kleinen, ordentlichen Kerle, beide lustig, gescheit, warum sollen sie nicht ein friedliches normales Zuhause haben? Sie arbeitet noch immer in ihrer Fleischfabrik, die hat erstaunlicherweise alle Wendewirren überstanden. Fleisch und Wurst brauchen die Leute wohl immer. Na ja.

Heinz-Dieter ist im Handel beschäftigt, er hat eine feste Stelle. Er lebt seit Monaten getrennt von seiner Frau, seiner Familie. Sie lernt ihn in einer Gaststätte kennen. Hanna, die Schwester, ist auch diesmal dabei, bestärkt sie: Sieht nicht schlecht aus, der Bursche.

Im Grunde mißt sie alle an ihrem Ersten, Klaus Brenten, dem säumigen Vater ihrer Kinder. Sie gesteht es sich bloß nicht ein. Aber Heinz-Dieter sieht ihm ähnlich, hat genauso ein Bäuchlein, ist locker, macht schnell Späße. Und sieht dazu noch gut aus. Als er zwei Tage darauf zum ersten Mal ihre Wohnung betritt, erkennt er gleich, woran es fehlt: Eine Schranktür schließt nicht? Für ihn eine Kleinigkeit. Den Magneten hat er bald gerichtet, nicht viel Aufwand. Der Videorecorder hat seine Macken? Auch das kriegt er hin. Und wenn im Flur ein Zwischenboden angebracht wird, kann sie manches dort unterbringen, was bislang noch in der Wohnung herumliegt, den Koffer, die Kartons.

Sie sitzt, staunt, geht ihm schließlich zur Hand, reicht ihm Zange und Schraubenzieher. Natürlich, sagt sie, wenn er so einen Zwischenboden einbauen will, kann er morgen gleich wiederkommen. Am liebsten würde er heute sofort hierbleiben, erwidert er. Nämlich: Seine Halbgeschiedene, der Drachen, hat ihn auf die Straße gesetzt. Nun hat er Unterschlupf in einem ungemütlichen Wohnheim gefunden, ist er einer von drei Untermietern in dem hellhörigen Zimmer einer Baracke.

Sie zittert, sie atmet kurz, sie zögert. Sie braucht nur zuzustimmen. Aber wie oft ist alles schiefgegangen, sind die Träume zerplatzt? Doch als er schließlich auf dem Teppich liegt, die Ärmel hochgestreift, mit den Kindern Clown, Löwe und Drache ist und hinter Decken und Stühlen mit ihnen ausgelassen Höhlen und Häuser baut, wird sie weich, ist sie sich sicher: Das ist der Mann, wie sie ihn sich immer vorgestellt hat. Der wird den Kindern Zuneigung und ein ordentliches Zuhause geben und ihr Liebe und noch einmal Liebe. Noch keiner war so wie er. Du kannst bleiben, sagt sie am Abend, als er schon zur Jacke greift, gehen will. Nicht nur zum Abendbrot.

Sie streicht Mandy am nächsten Tag übers Haar, drückt das Mädchen an sich. Kommt Onkel Heinz-Dieterjetzt immer? hat die Kleine gefragt und erklärt: Den können wir uns nehmen, Mama, ich bin einverstanden.

Es ist Ende Mai, Anfang Juni, ein warmer Frühsommer mit milden Nächten. Ein paarmal fahren sie an einen der Badeseen zwischen den einstigen Tagebauen. Sie gelangen ohne Schwierigkeiten hin, eine Buslinie führt nicht weit entfernt davon vorüber. Ein Freund von Heinz-Dieter besitzt dort eine Anglerhütte, die können sie nutzen, während Hanna, die Schwester, auf die Kinder aufpaßt.

Sie stürzen sich in das noch ziemlich frische Wasser, toben und juchzen, schreien, allein in der Einsamkeit, kriechen in der Hütte ganz eng zusammen, sich zu wärmen, schlafen erst gegen Morgen ein. Nach ein, zwei Stunden müssen sie schon wieder auf, um den Morgenbus zu erreichen, der sie zur Arbeit in die Stadt bringt. Trotzdem wiederholen sie ihre Fahrten an den See, solange die milden Nächte anhalten. Liebe und noch einmal Liebe. Wirklich, auch da ist er wie keiner zuvor.

Es ist ein einziger Taumel. Es ist wie ein Traum. Schade nur, daß die Kinder nicht mit an den Strand kommen können. Aber das Ufer fällt rasch steilab, was sollen sie da mit sich anfangen. So haben wir die Hütte immer für uns ganz allein, hat Heinz-Dieter gesagt.

Einmal, nach der Arbeit, geht sie ein Stück durch die Stadt, bummeln, vielleicht nach einem schönen Fummel sehen, damit sie Heinz-Dieter besser gefällt. Da entdeckt sie ihn an einem Tisch, Kaffee trinken mit einer Frau und zwei Kindern. Es war, als ob ich da in einen Wasserfall stürzte, sagt sie später, versucht ihren Schock zu beschreiben. Ganz hilflos fiel ich, wenigstens hundert Meter tief. Hat sie sich unwillkürlich an diesen Film erinnert, den sie bei ihrer Tante einmal gesehen hat? Geht ihr das Bild nicht aus dem Kopf? Das ist seine Familie, denkt sie, seine Frau. Sie haben keinen Gruß füreinander, kein Kopfnicken. Sie setzt sich an einen Nachbartisch, bestellt Wasser, Orangensaft, Limonade, irgend etwas. Sie blickt starr auf die andere. Die ist strohblond, sicherlich gebleicht, aber nicht dürr. Wie kann sie neben der bestehen? Sie legt ein Geldstück auf die Tischplatte, rührt ihre Limonade nicht an, geht.

Am Abend, als es klingelt, stürmt sie zur Tür, hängt wie ohnmächtig an seinem Hals. Aber Heinz-Dieter lacht nur: Ach du. Bald liegt er mit hochgekrempelten Ärmeln auf dem Fußboden, um mit Mandy und dem Jungen eine Höhle zu bauen. Du hast deine Kinder, sagt er, ich meine. Soll ich sie vergessen, mich mit ihnen nicht mehr treffen?

Aber zwei Tage später erscheint er nach der Arbeit unerwartet nicht wie sonst, auch am Tag darauf kommt er nicht und nicht am übernächsten. Sie ruft ihn auf seiner Arbeitsstelle an, er ist bei einem Kaufhallenkonzern Verkaufsstellenleiter, sie erreicht ihn schließlich. Er windet sich. Du mußt verstehen, sagt er irgendwann, da gibt es noch ein paar Dinge, auf die muß ich Rücksicht nehmen. Treffen wir uns heute abend in der Hütte am See?

Sie begreift nur seinen letzten Satz. Sie ruft Hanna an, daß sie bei den Kindern bleibt. Sie ist einen Bus vor ihm draußen am Wasser. Sie wartet, klitschnaß vom Regen, zusammengekauert vor der Tür. Bald wäre ich nicht gekommen, sagt er später, dieses Sauwetter. Ja, erwidert sie nur, denn nun ist alles gut, er ist bei ihr, er bleibt bei ihr. Sie lieben sich. Vor den Heizstrahlern trocknen ihre Sachen die ganze Nacht über.

Drei Tage darauf treffen sie sich auf die gleiche Weise noch einmal. Es ist nun Mitte Juni, einer der längsten Tage des Jahres. Diesmal regnet es nicht. Sie hocken am Ufer, blicken über die stille Fläche des Wassers hinweg in den Sonnenuntergang, eng aneinandergelehnt. Alles ist schön, alles wird gut. Als sie zu reden beginnt, vielleicht Pläne machen will, legt er ihr die Hand über den Mund.

Komm.

Mitten in dieser Nacht, mitten im Akt, noch über ihr, ist er auf einmal hellwach. So, Mädchen, sagt er, das war's. Das ist der Abschied, das letzte Mal.

Sie erstarrt, begreift nicht. Was? fragt sie. Was hat der Mann gesagt, den sie liebt?

Ja, erwidert er. Wir machen Schluß, ich mache Schluß. Ich gehe zu meiner Frau zurück.

Ich kam mir in dem Augenblick so erniedrigt vor, so benutzt, erklärt sie später den Richtern, wie vergewaltigt. Warum haben Sie ihm denn nicht ein paar Ohrfeigen gegeben? fragt darauf der Gerichtspsychiater.

Als seine Worte ihr Bewußtsein erreichen, Schluß, aus, Abschied, versucht sie ihn, der noch in ihr ist, von sich zu stoßen. Du Schwein, schreit sie, du Schwein, Schwein, Schwein! Aber er krallt sich an ihr fest. Sie rangeln miteinander, sie ringen, kämpfen. Da hält sie plötzlich einen Schraubenzieher in der Hand und stößt zu, rammt die breite Spitze dem Mann in den Bauch. Einmal, mehrmals?

Nichts ist von der vergangenen Liebe noch im Raum, von der großen Hoffnung auf Gemeinsamkeit. Alles ist nur bitter, banal. Die wenigen Zuschauer und die Richter werden reglos sitzen, wenn sie mit leiser Stimme in die Stille des Gerichtssaals hinein von den Geschehnissen dieser Nacht berichtet. Der Mann, Heinz-Dieter, bis eben noch ihr Geliebter, steht, an einen Schrank gelehnt, hält sich den Leib, an dem ein dünner Blutfaden herabsickert. Hau ab, verschwinde, sofort, sagt er leise. Oder schreit er? Das wirst du mir büßen, ich zeige dich an, das bringt dich für Jahre in den Knast: Mordversuch.

Sie starrt auf diesen dünnen Blutfaden. Will sie ihm helfen?

Bist du noch nicht verschwunden?

Die Worte treiben sie schließlich aus der Hütte. Erst draußen streift sie sich ihre Sachen über. Wie von einem unhörbaren Sturm getrieben stürzt sie davon. Natürlich ist um diese Zeit noch kein Bus unterwegs. Ein Lkw-Fahrer nimmt sie schließlich mit in die Stadt.

Das hab ich nun davon, daß ich mich um dich gekümmert habe. Meine Frau hat recht: An wen habe ich mich da verloren.

Was Heinz-Dieter gesagt, womit er sie beschimpft hat, nun erst kehrt es in ihr Erinnern zurück, aber es trifft sie nicht mehr, auch seine Schmutzwörter treffen sie nicht. Nur der eine Satz ist ganz nahe: Das bringt dich für Jahre in den Knast, ich zeige dich an.

Was hat sie getan, warum hat sie sich so vergessen?

Sie hat wenig Angst um sich. Aber was wird aus den Kindern, wenn sie Jahre von ihnen getrennt leben wird? Man steckt sie ins Heim, vielleicht werden sie sogar getrennt wie damals sie von ihren Geschwistern. Von damals weiß sie noch, was das bedeutet: Heim. Streit, Kälte, Härte, Lieblosigkeit. Sie hat die Erinnerung an ihre Heimjahre mittlerweile selten in ihre Träume gelassen.

Sie weckt die Kinder, drückt sie an sich, schickt Mandy in die Schule, bringt Heiko, den Kleinen, an der Hand in den Kindergarten. Warum gehst du heute mit, Mami? fragt der. Das kleine Stück schaff ich doch immer alleine. Sie meldet sich auf ihrer Arbeitsstelle krank, läuft durch die Wohnung, durch die Stadt, ohne Ruhe. Sie weiß am Ende nicht mehr, was sie alles unternommen hat.

Am Nachmittag ruft sie an, in dieser Kaufhalle, in der Wohnung von Heinz-Dieters Frau. Sie erreicht ihn nicht. Liegt er noch in der Hütte, hilflos, verblutend? Sie erkundigt sich im Krankenhaus. Nein, erfährt sie da, man hat niemanden seines Namens dort eingeliefert. Sie muß ihn aber erreichen. Er muß auf diese Anzeige verzichten. Das wenigstens kann er doch noch für sie tun, nein, für ihre Kinder.

Sie schläft in der Nacht nicht, sie setzt sich im Wohnzimmer vor den Fernseher, die Bilder laufen an ihr vorüber. *Paß auf, daß du nicht Sack und Seele verlierst.* Manchmal hat sie an den Satz der Kollegin aus der Fleischfabrik denken müssen. Nun erst trifft er richtig zu, und sie hat selber genug getan, daß sie alles verliert. Vorbei die Hoffnungen auf ein besseres Leben, auf Liebe und Gemeinsamkeit, eine ordentliche Familie.

Und Heinz-Dieter ist der schäbigste von allen.

Sie hat kein Glück im Leben. Sie muß Schluß machen. Sie hat einige Messer liegen, auch Rasierklingen. Sie kennt sich aus mit dem Tod und dem Töten. Sie hat oft genug zugesehen, wenn Tiere sterben.

Der Gedanke bewegt sie einige Zeit. Sie läuft in die Küche, öffnet das Schubfach, in dem sie, unzugänglich für die Kleinen, die Klingen verstaut hat, aber sie schließt das Fach rasch wieder, schiebt auch den Gedanken beiseite, sich selber aufzugeben. Sie kann es nicht. Dann sind die Kinder doch erst recht allein. Und für immer allein.

Sie nickt im Sessel ein, schreckt auf, nickt wieder weg. Schließlich kommt der Morgen. Da ruft sie noch einmal in Heinz-Dieters Wohnung an. Er selber ist am Apparat. ja, sagt er. Gott sei Dank, denkt sie, er lebt. Ich bin's, sagt sie. Da legt er wortlos auf. Er wird sie anzeigen, hat es vielleicht schon getan. Wann erscheinen die grünen Bullen, sie abzuholen?

Inzwischen sind alltägliche Dinge zu tun, die ablenken: die Kinder wecken, Mandy muß in die Schule, Heiko hat bloß zu frühstücken, Kindergarten ist heute nicht angesagt. Der Junge strahlt, freut sich. Du bleibst zu Hause, Mami? Sie nickt.

Später gehen sie zusammen einkaufen, eine Nichte, Hannas Tochter, feiert am Nachmittag Geburtstag, da sind sie eingeladen. Ohne Geschenk können sie nicht aufkreuzen. Sie entscheiden sich für einen Rahmen zum Sticken und allerlei Wollknäuel. Hannas Tochter ist geschickt, sie kann sicherlich mit den Fäden umgehen. Heiko bekommt dafür Schokopops, die er so liebt. Er darf die Tüte unterwegs schon öffnen, sich eine Handvoll zum Naschen nehmen.

Später sitzen sie im Kinderzimmer, spielen. Sie ist immer gern mit den Kindern zusammen gewesen, auch mit den Kindern der Geschwister. Das sind nun schon viele, zehn. Wenn das reicht. Ob sie heute nachmittag noch zu Hanna gehen kann? Da trifft sie die meisten. Oder wird es schon vorher klingeln?

Mami, du weinst ja. Warum weinst du? staunt plötzlich der Junge mitten im Spiel.

Da schießen ihr die Tränen nur noch heftiger übers Gesicht. Und plötzlich, in ihrer panischen Angst, in ihrer entsetzlichen Einsamkeit, ist auf einmal in ihr der Gedanke, nicht vage, sondern gleich sehr klar und eindeutig: Und wenn wir alle gemeinsam gehen, *ist das die Lösung für uns alle. Es war,* wird sie den Augenblick später beschreiben, *als ob etwas in mir platzte, eine Rakete, eine Ader, mein Hirn.* Sie ist sich auf einmal völlig sicher: So muß es passieren, es ist ganz einfach, sie muß es nur tun, nur sie. *Wenn der Kleine doch bloß geschrien hätte, vielleicht wäre ich dann wach geworden.* Aber der Kleine schreit nicht, als sie in die Flurgarderobe geht, den Hammer holt und ihren Sohn erschlägt, den sie liebt, einfach mit einem einzigen harten Schlag. Und als Mandy, die Große, wenig später aus der Schule kommt und die Tür öffnet, *ist es zu spät, aufzuhören.* Diesmal benutzt sie einen Schraubenzieher.

Sie läßt Wasser in die Badewanne ein, sie schreibt einen Zettel an die Schwester: *Ich wußte es nicht besser. Verzeih uns allen. Anna.* Sie streicht das Datum durch, korrigiert es, was Polizei und Richter später vielfach irritiert und sie fragen läßt: War alles doch eindeutig Mord, seit Tagen geplant? Dann sucht sie sich eins der Küchenmesser und zerstört sich Arme und Brust.

Sie wollte mit absoluter Sicherheit aus dem Leben scheiden, gibt der Arzt zu Protokoll, der sie als erster versorgt. *Ihr linker Arm war völlig zerfleischt. Dazu habe ich mehrere tiefe Stiche sowie über zehn Schnitte im Brustkorbbereich festgestellt. Nicht wenige der Verletzungen hätten tödlich sein können.*

Als sie in der Wanne liegt, das heiße Wasser ihren Körper umspült, verfliegt aller Schmerz, fühlt sie sich frei. Nun können sie ihr die Kinder nicht mehr wegnehmen.

Warum nur ist Hanna gekommen und hat sie vorzeitig gefunden?

6

Wollen Sie noch etwas mit sich nehmen, eine Tasche, Unterlagen?

Sie schüttelt nur wortlos den Kopf. Sie braucht nichts.

Es ist Winter, Anfang Dezember. Die Schwester hat ihr längst ein paar warme Sachen gebracht, die kann sie nun gebrauchen. Hanna ist die einzige, die manchmal zu ihr kommt, die die Busfahrt auf sich nimmt, zu ihr kommen darf, kein Bruder, niemand sonst.

Kann ich in deine Wohnung ziehen, bis du wieder da bist? hat die Schwester einmal gefragt. Du kannst sie sowieso nicht mehr bezahlen, da ist es besser, ich nutze sie, ehe sie dir die Möbel auf die Straße setzen, und du hast immer einen Platz, wohin du heimkehren kannst.

Mach, was du für richtig hältst, hat sie damals gesagt. Wann wird sie jemals noch irgendwohin heimkommen?

Nun schlägt sie den Schal um den Hals, ehe sie über den zugigen Hof läuft, in den Wagen einsteigt, umständlich. Die zusammengeschlossenen Hände machen ihr Mühe, aber man hilft ihr.

In der Nacht ist Schnee gefallen, er bedeckt Fußsteige, parkende Autos, Dächer. Sie erkennt wenig davon zwischen den Gitterstäben vor den Fenstern, nur graues Weiß. Später erst blickt sie interessiert: Hinter dem endlosen Weiß der Felder streckt sich ein See, ein heruntergekommenes graues Schloß liegt dahinter auf einem Hügel. Man hat sie schon ein paarmal die Straße zwischen den beiden Städten zu Vernehmungen gefahren, aber das Schloß entdeckt sie erst heute. Natürlich, vor Jahren ist sie einmal hiergewesen, mit wem nur? Die Kinder haben im Sand getobt, gestritten, kleine Hügel gebaut, sich wieder vertragen.

Sie werden damit rechnen müssen, daß viele Reporter und Fotografen Sie erwarten, auch Leute vom Fernsehen.

Die beiden Frauen, zwischen denen sie auf der hinteren Polsterbank sitzt, reden kaum, haben keine Worte füreinander, höchstens einmal einen Satz für sie. Sie nickt auch diesmal nur.

Wir werden von hinten an das Gerichtsgebäude heranfahren. Wir bringen Sie dort über den Hof. Die Presseheinis haben noch immer nicht mitbekommen, daß wir das manchmal so machen. Da haben Sie weniger Streß, weniger Öffentlichkeit.

Aber alles können wir Ihnen natürlich nicht abnehmen, fügt die zweite Vollzugsangestellte mahnend hinzu. Ihr Fall hat mächtig Interesse gefunden, die Zeitungen haben schon viel über Sie geschrieben. Haben Sie das nicht gelesen?

Sie antwortet nicht. Nein, die Zeitungen haben sie nicht beschäftigt.

Sie blickt durch eins der Seitenfenster. Draußen erstrecken sich schon die Hochhäuser und Steinscheiben der Neustadt. Auch die kennt sie. Ein paarmal, vor vielen Jahren, hat sie daran gedacht, dorthin zu ziehen. Warum bloß? Niemand wollte ernsthaft mit.

Kommen Sie, wir sind da.

Sie hat die letzten zehn Minuten der Fahrt verschlafen, verträumt. Nun heißt es: aussteigen, den Hinteraufgang hinauf, zwei Stockwerke.

Da, sehen Sie, da wartet die Meute. Das gefällt uns auch nicht.

Sie versucht geradezugehen. Rechts, links, noch einmal rechts. Winklige Korridore. Blitzlichter leuchten auf. Während man ihr die Handfessel abnimmt, blickt sie sich um. Offenbar ist sie nun angekommen. Der Raum ist grün, schwarz, groß, und auf den Bänken sitzen sie dicht an dicht. Fremde Neugier. Wie soll sie das durchhalten?

Na, fragt der Verteidiger, fühlen Sie sich einigermaßen?

7

Die gelernte Fleischfacharbeiterin Anna Siebecke, wie sie, unverheiratet, mit ihrem Geburtsnamen nach wie vor heißt, findet milde Richter. Nachdem sie zunächst wegen doppelten vorsätzlichen Mordes an ihren Kindern und wegen Mordversuchs an ihrem Geliebten angeschuldigt ist, wird die Anklage im Laufe des Verfahrens fallengelassen. Anna Siebecke *handelte in panischer Angst.* Auch das Gericht gelangt zu der Ansicht, daß sie sich letztlich selbst töten wollte. Anna Siebecke wird wegen zweifachen Totschlags im minder schweren Fall zu sechseinhalb Jahren Freiheitsentzug verurteilt. *Sie wollte den Kindern kein Leid zufügen, sondern sie vor Leid bewahren,* begründet der Vorsitzende Richter die Entscheidung der Kammer. Die Staatsanwältin hatte zuvor zwölf Jahre Haft beantragt. Das Verfahren wegen Mordversuchs am Geliebten ist, als das Urteil ausgesprochen wird, längst eingestellt worden. Es handelte sich lediglich um einen Fall von Körperverletzung. *Angesichts des zu erwartenden höheren Strafmaßes im Hauptanklagepunkt war die Einstellung zu verantworten.*

Der Prozeß, ursprünglich auf wenige Wochen angesetzt, konnte *wegen des labilen Gesundheitszustandes der Angeklagten* erst nach über einem Vierteljahr zu Ende gebracht werden.

Besuch vor Weihnachten

Die Gardine im Kinderzimmer braucht eine neue Blende.

Du hast mir das schon gesagt.

Und du hast es gehört, von einem Ohr durch das andere.

Was ist das: von einem Ohr durch das andere?

Du verstehst mich schon, ganz genau. Und du weißt auch, der Stecker neben dem linken Bett muß überprüft werden. Da ist ein Wackelkontakt. So oft brennt das Licht nicht. Verstehst du das: ein Wackelkontakt. Die Lampe hat nicht richtig Kontakt.

Was brauchen wir Licht neben dem Bett.

So bist du immer. Nichts als Unsinn im Kopf und immer nur das eine. Hast du das noch nicht gelernt in Deutschland? Ein Mann muß zugreifen im Haushalt, auf Ordnung sehen, sich nützlich machen. Auch damit hat er Schlag bei einer Frau.

Was soll das heißen: schlagen bei einer Frau? Ein Mohammedaner prügelt keine Frau. Er macht anderes.

Er hielt sie, die sich abgewandt hatte, plötzlich von hinten an den Armen, riß sie an sich heran, griff über ihre Arme hinweg nach vorn, daß sie sich wand, kreischte, lachte.

Laß das, nicht jetzt. Da sind die Kinder. Und gleich kommt Yvonne aus der Schule.

Es war das alte Spiel, und sie mochten es beide, auch jetzt, gerade jetzt, mitten am Tag. Er schob sie mit harten Schenkeln aus der Küche über den Flur, und sie spürte seine Bartstoppeln unter ihren Händen, ihren Lippen, biß in seinen Seehundsbart, den Schnauzer, den Fliegenfänger, den Kitzler, den sie mit vielen Worten benannte, weil sie ihn so mochte…

Später, als sie im Bad stand, sich wieder ein bißchen herrichtete, Rot auf die Lippen auflegte und Schwarz auf die Lider, verfolgte er ihre Handhabungen mit einem spöttischen Lächeln, an den Türpfosten des Bades gelehnt, und sie betrachtete seine schmale braunhäutige Brust, nun schon wieder ganz ohne Lust. Seine Rippen drückten sich durch das bißchen Haut und Fleisch, aber alles war überwuchert von dem dunklen Flaumhaar, das sie manchmal so verrückt machen konnte. Sie hatte einige seiner Leute wenig bekleidet kennengelernt, an Stränden, in Bädern, sie alle hatten die gleiche ebenmäßig glatte Haut. Nur er war unterm Hals anders.

Wenn ich mit Yvonne heute zu meiner Mutter fahre, kann ich mich auf dich verlassen?

Sie handhabte den Lidstift, sah den Mann durch den Spiegel an.

Du wirst dich um die Kinder kümmern, um alle drei, auch um Rico? Der kriegt sein Fläschchen, er braucht seine neue Windel, mindestens zur Nacht. Du wirst aufstehen, wenn er schreit, nach ihm sehen?

Hab ich die Kleinen etwa ungeschickt angefaßt, nicht versorgt?

Ja, wenn ich dir alles in die Hand gegeben habe. Aber du hast dich noch nie einen Tag lang allein um sie kümmern müssen.

Ich werde sie schaffen, verkraften.

Das sagst du so. Aber Mutter ist allein in ihrer Wohnung, in drei Tagen ist Weihnachten, da müssen wir sie einfach besuchen. Sie hat Geschenke für uns, und wir haben Geschenke für sie, verstehst du. In eurem Marokko habt ihr doch sicherlich auch so was, nicht nur euren Allah. Wir werden jedenfalls alle komisch, wenn Weihnachten kommt, der Tannenbaum, Zweige, Kerzen, der Weihnachtsmann. Ich könnte heulen, wenn ich mir vorstellen müßte: Meine Kinder haben das nicht. Und Mutter hat das nicht. Wenn sie schon nicht zu uns kommen kann, jetzt nach dem Unfall, soll sie wenigstens mich und Yvonne haben, wenn auch nur für einen einzigen Tag. Du verstehst mich doch, Ahmed?

Sagen die Kinder nicht Papa, lieben sie mich nicht?

Und du gehst auch nicht weg, nachts, wenn du denkst, sie schlafen? Nicht in eine Kneipe, wie manchmal?

Wenn du wieder einkaufst, noch mal, auch mein Bier, was soll ich wegrennen?

Ob Omi sich über meine Geschenke freuen wird?

Was fragst du, Mädchen. Omi freut sich doch über alles, was von dir kommt.

Auch über den Kalender mit meinen Bildern?

Gerade über den. Der kriegt seinen Ehrenplatz. Du kennst doch Omi.

Sie saßen im Zug, sie sahen das flache Land vorübergleiten, Wiesen und Waldstücke, die zwei Flüsse, die Werke mit den Schornsteinen. Das heißt: Die Elfjährige schmökerte in einem Buch und hatte zugleich Kopfhörer übergestreift, hörte irgendwelche Musik, harte Rhythmen, die sie mal zu schwingenden, mal zu zuckenden Bewegungen veranlaßten. Daß sie dabei noch lesen konnte, das Gelesene begriff!

Sie musterte die Tochter, die ihr auf dem Fensterplatz gegenübersaß, zwei-, dreimal kurz aufblickte, lächelte und dann wieder ganz in ihre Welt zurücksank. Um die mußte sie sich jetzt nicht kümmern. Die genoß ihre Ferien und die Fahrt zur Großmutter. Fünf Jahre war sie bei der aufgewachsen, da war jede Fahrt zur Oma heiß ersehnt und eine Fahrt nach Hause.

Der Zug hielt wieder auf jeder Station. Da hatte sie Zeit zum Nachdenken, zur Erinnerung. Sie stand auf, trat auf den Gang, schob ein Fenster herunter, ließ den kalten Winterwind über ihr Gesicht wehen. Wie viele Jahre war sie wenigstens zweimal im Monat die Strecke abgefahren, hin und zurück. Dreizehn Stationen, die sie auswendig kannte, eine knappe Stunde bis nach Hause. Mutter, Vati, ich krieg dort die Lehrstelle, nur dort, die zu mir paßt, laßt mich raus, weg, fort.

Damals hatte der Vater noch gelebt, die Schwester war daheim gewesen, Bianka, da war die Wohnung nie leer. Aber Bianka hatte, kaum daß die Wende da war, die angestammte Heimat schließlich genauso aufgegeben wie sie, nur entschiedener. Und nun lebte die Schwester fern am Rhein, und sie selber hing da unten in dieser kleinen Stadt. Und unversehens waren die Kinder gekommen, Yvonne, als sie gerade achtzehn war. Und nach der großen Pause, als sie sich schon damit abgefunden hatte, die drei Kleinen.

Immer hast du von fünf Kindern geträumt, fünf eigene Kinder wolltest du, unbedingt, sie sollten nicht nur einen zum Streiten haben, hast du lachend gemeint. Nun sind's über Nacht vier geworden. Willst du da eines Tages auch noch das fünfte? Hatte die Mutter das im Spaß oder im Ernst gefragt? Nö, keins mehr, hatte sie damals jedenfalls entschieden geantwortet. Da hatte sie schon heftig gezweifelt, daß ihre Ehe bestehen blieb, und sie hatte die erste Flucht ins Frauenhaus hinter sich.

Nun war sie noch immer nicht geschieden, aber sie lebte schon mit dem nächsten Mann zusammen. Was für Fragen würde die Mutter für sie haben, nachts, wenn sie noch sitzen und endlos reden? Wenn Yvonne sich längst in ihr altes Zimmer zurückgezogen hat, um ungestört Kassetten zu hören und zu schmökern?

Sie schloß das Fenster, trat ins Abteil, tippte die Tochter an, schob ihr schließlich den einen Kopfhörer vom Ohr.

Komm, pack zusammen, wir sind gleich da.

Hilde Wolk stand am erleuchteten Fenster, immer noch auf eine Krücke gestützt, blickte ihnen entgegen. Sie wußte ja, wann der Zug ankam. Sie winkte schon von weitem. Wie mußte sie sich auf ihren Besuch freuen.

Petra, mein Mädchen, Yvonne, Schatz. Schön, daß ihr euch Zeit für eure alte Oma nehmt.

Mama, du und alt.

Na kommt, setzen wir uns ein bißchen.

Wir haben dir einen Weihnachtsstrauß mitgebracht, Oma. Gefällt er dir?

So ein hübsches Stück. Mitten auf den Eßtisch werde ich ihn stellen, wenn ich wieder allein bin.

Und Geschenke haben wir mitgebracht, kannst dir's ja denken. Willst du sie gleich sehen?

Yvonne hat dir was gebastelt, mit viel Ausdauer. Nun ist sie natürlich neugierig, was du für ein Gesicht machst, wenn du's auspackst.

Na trotzdem, holt erst mal Atem.

Dann guck ich mich gleich wieder in meinem alten Zimmer um, ja? Darf ich, Omi?

Während die Tochter davontollte, spürte sie gleich wieder dieses schlechte Gewissen in sich aufsteigen. Wenn ich wieder allein bin, hatte die Mutter schon nach fünf Minuten gesagt, sicherlich ohne Absicht. Aber der halbe Satz bedrückte. Sie suchte eben viel zu selten nach Gelegenheiten, zu ihrer Mutter zu fahren. Doch wie sollte sie's ändern? Die Mutter zu sich nehmen oder mit den Kindern selber hierherziehen? Ihrer beider Leben waren in unterschiedlichen Bahnen verlaufen, nun mußte man annehmen, was kam.

Während sie in der Küche stand, darauf wartete, daß das Wasser für den Kaffee aufkochte, sah sie sich um. Nichts deutete darauf hin, daß die Mutter irgendwo Hilfe brauchte. Wenigstens ließ sie sich's nicht merken. Das Geschirr war ordentlich weggeräumt, Fußboden und Möbel waren blitzblank gewischt. Aber wie schwer war's der Mutter gefallen, das alles zu erledigen, ihr den intakten Haushalt vorzuspielen? Mit einigem Schrekken dachte sie daran: Sie hatte noch gar nicht nach Mutters Bein gefragt. Wie lange brauchte sie die Krücke noch?

Später saßen sie im Wohnzimmer, tranken den Kaffee – nun fing die Mutter doch schon an, ihn sich mit reichlich heißem Wasser zu verdünnen –, packten endlich die Geschenke aus, vor allem diesen Kalender. Yvonne hatte sich wirklich Mühe gegeben, sie hatte ein paar ihrer früheren Zeichnungen herausgesucht, ein paar neue dazugemalt, mit Farbstiften, Bleistift und Wasserfarben hantiert, alles auf vorgefertigte Kalenderseiten geklebt.

Das sieht ja richtig toll aus, Kind, sagte Hilde Wolk. Da dank ich dir aber.

Gleich danach stieg das Kind in die neue Jeanshose, eins der Geschenke der Großmutter. Sie paßte wie angegossen. Ihre erste Levis! Mutter hätte ihr die nie kaufen können. Mit gerötetem Gesicht stand das Mädchen im Bad vor dem Spiegel, reckte sich, streckte sich, aber der Spiegel war viel zu kurz, ihr ganzes Glück vorzuführen.

Inzwischen bereiteten Hilde Wolk und ihre Tochter in der Küche das Abendbrot vor. Sie redeten dabei über Gott und die Welt. Gerda Hering hatte sich scheiden lassen, Heike Franz war der Mann weggestorben, Krebs. Eine Freundin aus Mutters Jugendtagen war mit siebzig noch nach Hannover gezogen.

Wenn du magst, ruf ein paar Freundinnen von früher an, besuch sie. Da erfährst du Lustigeres.

Mama, wir sind zu dir gekommen.

Dennoch, anrufen konnte sie. Seit sie bei der Mutter war, dachte sie an zu Hause, war Unruhe in ihr.

Ahmed, kommst du mit den Kindern zurecht? Ist irgend etwas? Weinen sie, oder haben sie Hunger? Gehst du nicht weg, Ahmed?

Warum sollte ich? Sie wollen gleich schlafen.

Ach, Ahmed, kann ich dir vertrauen?

Rico liegt schon, ist gewindelt. Rebecca kaut noch an ihrer Schnitte. Du kennst sie.

Ahmed, paß bloß auf sie auf.

Vertraust du ihm wirklich?

Natürlich fragte die Mutter gerade danach.

Er ist nicht der Vater deiner Kinder. Ach, Mädchen, ich will so sehr, daß du glücklich bist. Wirst du weiter mit ihm zusammenleben? Wie lange kennst du ihn nun?

Zwischen uns läuft alles gut. Was sollte sich ändern? Die Kinder kommen mit ihm aus, er mit ihnen, sie haben einen Vater, und ein Mann ist wieder im Haus. – Aber laß uns von anderem reden, und sieh mich nicht dauernd so an. Ich werde ja noch rot unter deinen Blicken.

Na gut, nickte die Mutter. Spielen wir eben ein bißchen Karten. Oder Mensch-ärgere-dich-nicht, da kann Yvonne mithalten. Und wenn's uns langweilig wird, greifen wir zu den Würfeln oder sehen fern.

Irr dich nicht in der Kleinen. Die spielt dir einen Skat besser als ich.

Und ich hab eine harte Schule bei meinen Freundinnen.

Hör mal, Mutter. Morgen früh geh ich für dich einkaufen, räum für dich auf, sag mir, was noch zu machen ist.

Sieht's bei mir so aus, als ob ich Hilfe brauche, als ob ich's allein nicht schaffe? Aber wir können zusammen meinen Tannenbaum schmücken.

Das haben wir früher jedes Jahr gemeinsam gemacht. Da wird die Kleine auch ihren Spaß dran haben.

Bei mir heißt sie immer nur die Große.

Später, als sich Yvonne schon in ihr Zimmer zurückgezogen hat, im Bett liegt, um im neuen Buch zu schmökern, auch ein Geschenk von der Oma, versucht sie noch einmal zu Hause anzurufen. Aber niemand hebt ab. Ahmed wird den Stecker herausgezogen haben, sagt sie. So machen sie's manchmal, damit niemand nachts die Kinder mehr stört.

Ausgesetzt?

Der Bahnhof war groß, fremd, ein Gewirr von Schienen, Steigen, Schnee, hastenden Leuten, die sich überholten, stießen, drängten. Über allem hingen Lichterketten, schallte es aus einem Lautsprecher: Dreimal werden wir noch wach, heißa, dann ist's Weihnachtstag.

Klaus Hilpert stand zwischen allem und fror. Er mochte diesen Bahnhof nicht, ein gesichtsloser Kreuzungspunkt zwischen Nord-, Süd- und Weststrecken, und er mochte die Jahreszeit nicht, die die Scheinheiligkeit allerorten förderte und Profit aus maßlos angeheiztem Konsum- und Geschenkeverschleiß versprach. Klaus Hilpert, Mitte Dreißig und seit vier Jahren geschieden, war auf dem Weg ins Hessische. Er hatte zum dritten Male nacheinander seine Kinder zu Weihnachten nicht zu seinen Eltern mitnehmen können. Was wollte ihm seine Frau noch nach Jahren beweisen? Wofür ihn strafen? Wollte sie den beiden alle Erinnerungen an ihre Großeltern nehmen?

Klaus Hilpert hatte noch eine Viertelstunde Zeit bis zu seinem Anschlußzug nach Süden, Fulda und Frankfurt; aber es war Verspätung angesagt. Wie lange? Zehn Minuten. Ob es sich da lohnte, noch einen Kaffee trinken zu gehen?

Klaus Hilpert lief auf dem Bahnsteig auf und ab, musterte abwesend die Auslagen der Kioske, die zu erwartende Zugfolge. Das bißchen früher Schnee dieses Winters hatte in den letzten Tagen wegtauen sollen, da war unerwartet über die Nächte hinweg noch einmal Frost gekommen, hatte das an Weg- und Straßenrändern, auch hier auf dem Bahnsteig zusammengeschobene Weiß vor dem vollständigen Wegfließen bewahrt. Aber ein richtiger Winter war das auch wieder nicht.

Er hätte sich nicht immer von neuem in die Vergangenheit und seine Sentimentalitäten flüchten dürfen. Das Leben ging weiter. Er hätte eine seiner neuen Bekanntschaften der letzten Jahre ernsthaft vorantreiben sollen. Liebe gab es nun einmal in seinem Alter nicht mehr, dafür Zuneigung, genug wechselseitiges Verständnis. Weshalb hatte er gezögert? Er stünde vielleicht nicht so frierend und allein auf einem zugigen Bahnsteig herum.

Als er sich so weit in seine Gedanken hineingesteigert hatte – wie oft schon und wie nutzlos –, sah er den Jungen. Das heißt: Ihm war das Kind natürlich schon seit einiger Zeit aufgefallen. Es stand am Geländer zur Bahnsteigunterführung, allein, blickte sich um, lief hin und her wie er selber, aber der Kleine hielt sich auf so merkwürdige Art am Geländer fest, ließ es nicht los, als hätte es ihm jemand befohlen. Warum kümmerte sich niemand um den Kleinen, oder hatte er seinen Begleiter verloren? Ein Junge von vielleicht fünf, sechs Jahren.

Du wartest wohl auf deinen Vater oder deine Mutter? Hast du Sorgen, kann ich dir helfen?

Was fragt man ein fremdes Kind, das offenbar allein auf einem Bahnsteig steht? Konnte der Kleine überhaupt Deutsch sprechen, verstand er ihn? Er hatte etwas Südländisches an sich, trug üppiges lockiges Haar, das unter der Mütze hervorquoll, es war tiefbraun, seine Augen waren genauso braune Kugeln. Aber seine Haut war hell.

Wie heißt du? Willst du mir nicht deinen Namen nennen? Ich bringe dich zu Leuten hier im Bahnhof, wo du dich aufwärmen kannst.

Nicht wegbringen. Nicht! Nein!

Der Junge schrie auf, kreischte, als Hilpert ihn berührte. Er krallte sich mit beiden Händen fest an das Geländergitter, schrie noch immer. Hilpert trat sogleich zwei, drei Schritte zurück, er sah, daß ein paar Vorübergehende ihn neugierig anstarrten, stehenblieben. So weit kam es noch, dachte er, daß er wegen eines fremden Kindes in merkwürdigen Verdacht geriet.

Ist schon gut. Weine nicht, schrei nicht, ich tu dir ja nichts.

Er lief nun doch ins Bahnhofsinnere, um an einem Imbißstand einen Kaffee zu trinken, blätterte unschlüssig in einer Zeitung, überflog ein paar Artikel. Als er zehn Minuten später auf den Bahnsteig zurückkam, hielt der Junge immer noch das Geländer umfaßt und war allein. Er hatte nun Tränen in seinen großen Augen. Sie weiteten sich noch mehr, angstvoll, als er Hilpert wiederkommen sah. Wenn sich hier keiner um den kleinen Burschen kümmerte, dachte er, er schon. Man sah dem Kind ja deutlich an, daß etwas mit ihm nicht stimmte. Irgendwo mußte es hier auf dem Bahnhof doch Leute geben, die für derartige Fälle von Amts wegen zuständig waren ...

Hier ist der Junge. Mein Chef sagt, bei euch vom Bundesgrenzschutz ist er am besten aufgehoben. Ihr müßt ihn sowieso weiterbringen in ein Heim. Da kann er sich schon mal an euch gewöhnen.

Na, danke schön. Ein Kindergarten waren wir noch nicht. Hat sich wirklich keiner um ihn gekümmert? Es muß doch auffallen, daß der Junge weg ist.

Wir haben den Kleinen über Funk ausrufen lassen, ein paarmal. Es war vergebens.

Hat er seinen Namen genannt, habt ihr erfahren, woher er kommt?

Er ist unheimlich verängstigt und schweigt, bringt kaum mal ein Wort hervor. Er ist nachts gefahren, mit einem roten Zug. Soviel wenigstens habe ich herausbekommen. Und daß er Stefan oder Steffen heißt oder Steven. Seine Stimme hat eine eigentümliche Färbung, aber es ist normales Deutsch, was er spricht.

Na, dann komm mal her, kleiner Mann. Der Onkel von der Polizei hat auch so einen kleinen Jungen zu Hause. Der hört am liebsten Musik. Hörst du auch gern Musik?

Der Junge stand noch immer an der Tür, hielt die Hand der fülligen jungen Frau vom Bahnhofssicherheitsdienst, die ihn hergebracht hatte. Er klammerte sich an sie, riß ihre Hand fest zu sich heran, kaum daß der ältere der beiden Polizisten Anstalten machte, aufzustehen und auf sie zuzugehen. Seine Augen weiteten sich entsetzt.

So ging's mir am Anfang auch, Abwehr, nichts als Abwehr. Nun will er mich nicht mehr loslassen. Er hat keinen Hunger, er ist wirklich nicht ausgehungert. Aber Lollis hat er gefuttert, wie verrückt. Vielleicht kauft ihr ihm ein paar. Und Cola trinkt er, nicht wenig. Versucht damit sein Zutrauen zu gewinnen.

Sie brauchten Kraft, sanfte Gewalt, um ihn von der jungen Frau zu trennen, ihn davor zurückzuhalten, daß er ihr nachstürzte.

Sie hatten ihm schließlich alles besorgt, eine große Flasche Cola samt Becher und Strohhalm, einige Lollis, verschiedenfarbig und mit unterschiedlichen Mustern, auch mehrere Sorten Kekse. Sie hatten alles vor ihm auf dem Tisch ausgebreitet, aber der Junge, verschlossen und verschüchtert, griff nicht zu, auch nicht, als sie ihm immer mehr ihrer Ausrüstungsgegenstände vorführten, Trillerpfeifen und etliche Signallampen, eine Panzerweste, ein Handy. Am Ende schien's ihnen schon ein Erfolg, daß er wenigstens Strickmütze und Mantel abgelegt hatte und ihnen nicht davonlief. Erst als sie auf die längst überfällige und doch so naheliegende Idee kamen, ihn vor den Fernseher zu setzen, wurde er allmählich lebendiger und ein bißchen neugierig. Eine Vorweihnachtssendung lief, Schlitten fuhren durch schneeweiße Wälder, Kinder, als Engel oder kleine Schneemänner verkleidet, tanzten oder bewegten sich ruckartig wie Marionetten. Das schien den Jungen zu interessieren und zu erheitern.

Kennst du das? Du weißt doch: Übermorgen ist Weihnachten, da kommt zu allen der Weihnachtsmann. Wo wohnst du, wo kommt zu dir der Weihnachtsmann? In Frankfurt vielleicht? Kennst du die Stadt: *Frankfurt*?

Sie sagten ihm langsam die Namen verschiedener Städte vor, Göttingen und Kassel, Hamburg und Fulda, aber der Junge reagierte mit keinem Zucken des Mundes, mit keinem Wort, schon gar nicht mit einem Lächeln.

Der Ältere hatte noch einmal herumtelefoniert: Irgendwem mußte dieser Junge doch fehlen. Gab es denn keine Vermißtenmeldung, die auf dieses Kind paßte: sechs Jahre alt, tiefbraune Kulleraugen, fast schwarzes Haar, ordentlich gekleidet mit Jeanslatzhose, geringelter Strickmütze und rotgrünem Anorak? Doch er hatte auch am späten Nachmittag keinen Erfolg.

Wenn du bei euch zu Hause aus dem Fenster guckst, was siehst du da? Bäume?

Ja.

Einen Garten oder Wald?

Ja.

Siehst du hohe Häuser, ganz hohe Häuser, Hochhäuser?

Ja.

Oder niedrige Häuser, wo die Dächer gleich über den Fenstern sind?

Ja.

Es war zum Aus-der-Haut-Fahren. Da hatten sie ihn schließlich so weit, daß er mit ihnen sprach, und dann gab er solche stereotypen Antworten, bejahte die widersprüchlichsten Dinge. Aber wenigstens damit konnte man etwas anfangen, vielleicht sogar Entscheidendes: Seine Mutter hieß Petra oder Greta, so hatte er erklärt, und sein Vater Achim. Oder Achmed?

Am Nachmittag erhielten sie schließlich die Nachricht: Der Junge mußte doch erst einmal in ein Heim, bis sich seine Eltern oder andere Verwandte meldeten.

Sie gingen mit Vorsicht an ihre Aufgabe heran, aber der Kleine wehrte sich sofort zäh mit Händen und Füßen, als er spürte, daß er erneut weggebracht werden sollte. Erst als man ihm versprach, mit Blaulicht und

Signalhorn durch die Stadt zu fahren, ließ er sich anziehen und folgte ihnen. Stumm saß er danach auf dem Rücksitz, genoß wohl sogar, was sich ereignete: Der Wagen stürmte durch die lichtergeschmückten abendlichen Straßen, an Dutzenden, Hunderten Autos vorüber, die Platz machen mußten, und alle Leute starrten auf sie.

Da wird so ein Kind aufgegriffen, und nach aller Aufregung und Angst, die so einen Wurm quälen, wird er stundenlang von einem zum andern weitergereicht.

Alle wollen sein Bestes.

Jugendamt und Psychiater, Heimschwestern und Polizei, Bahnhofsdienst und Sicherheitsgruppe. Aber was sich da an zusätzlichem Streß in so einem kleinen Kopf anhäuft, wer macht sich darüber Gedanken?

Höchstens wir.

Ich sehe den Jungen schon, wie er sich an uns klammert, wenn wir vor der Heimtür stehen. Da kannst du kein Blaulicht mit hineinnehmen.

Irgendwer hat festgestellt, daß der Zug, mit dem der Kleine ankam, auf Gleis acht eingefahren sein muß. Das ist der Zug aus Dessau. Dort auf dem Querbahnsteig ist er jedenfalls aufgegriffen worden.

Der Heimleiter und eine der Erzieherinnen saßen im Chefbüro und tauschten sich über ihren Neuzugang aus.

Es war ein roter Zug. Hat er auch Ihnen gegenüber von einem roten Zug gesprochen?

Ja. Rote Züge sind wohl jetzt Regionalbahnen. Da könnte es stimmen, daß er von Dessau kam.

Oder von irgendeinem Ort unterwegs. Halle, Eisleben, Nordhausen liegen an der Strecke.

Sie sind im Dunkeln losgefahren, hat der Junge gesagt. Da kommen einige Orte wohl schon nicht mehr in Frage.

Ein Junge aus dem Osten also. Schließlich hat er doch was über seine Familie gesagt?

Im ersten Heim gestern abend war er wohl noch störrisch. Auch vorher bei der Polizei und beim Arzt. Der fand ihn übrigens völlig gesund, gut ernährt, ordentlich gekleidet. Das ist auch unser Eindruck. Abends hat man ihn dann gebadet, danach wollte er nicht ins Bett. Das Zimmer, das man ihm anbot, sei schmutzig, sagte er, auf dem Bett sei Blut. Man brachte ihn schließlich in ein anderes Zimmer, dort war er allein untergebracht. Aber er konnte nur schwer einschlafen.

Hat man zu diesen merkwürdigen Andeutungen, Blut und Schmutz, etwas herausfinden können, eine Erklärung?

Nein.

Hat er übrigens bei uns noch einmal von irgendwelchem Blut auf dem Bett gesprochen?

Nein. Aber er hat angefangen, von seiner Familie zu erzählen. Ja, hat er gesagt, er hat noch Geschwister.

Kleinere, größere? Wieviel?

Es sind wohl kleinere Geschwister. Wo sind sie jetzt? haben wir gefragt. Sie sind krank, sie sind zu Hause geblieben, im Bett.

Und wie ist er hergekommen? Hat er sich dazu geäußert?

Er ist ziemlich klug, wenigstens geschickt für sein Alter. Erst wollte er uns verbergen, was geschehen ist. Schließlich bot er uns zwei Varianten für die Ereignisse an. Erstens: Er ist mit Mama und Papa unterwegs gewesen, hat immer getrödelt und so seine Eltern verloren. Übrigens sagt er immer Mama und Papa, nicht Vater und Mutter oder Mutti.

Und zweitens?

Er war nur mit dem Papa unterwegs. Und der wollte Essen einkaufen, ist aber nicht wiedergekommen.

Da verliert ein Vater sein Kind auf einem Bahnhof, und er rennt nicht, es wiederzufinden, den Verlust zu melden? Dutzende hätten ihm geholfen. Nein: Da hat jemand bewußt und gezielt ein Kind ausgesetzt. Sein eigenes?

Bittere Heimkehr

Du siehst, Petra, ich bin noch kein wertloser Schrott, kein altes Eisen trotz meiner Krücke. Drei Wochen Gehgips, wenn ich die überstanden habe, werd ich wieder die Alte.

Paß nur auf, wenn der Schnee erst richtig kommt oder das Glatteis. Ich mache mir solche Sorgen um dich.

Einigen wir uns so: Du machst dir keine Sorgen um mich, ich mache mir keine Sorgen um euch. Dann geht es uns allen besser.

Ach, Mama.

Sie fielen einander noch einmal um den Hals, drückten sich, küßten sich. Ein schönes Fest und viele Grüße an deinen Ahmed, den ich noch immer nicht kenne, und an die Kinder.

Dir auch ein paar schöne Tage.

Ich hab dir gesagt: Ich trinke einen guten Rotwein, höre endlich wieder einmal ein paar von den uralten Platten, wenn der Apparat noch mitmacht, oder ich sehe fern. Dazu brennen die Kerzen am Weihnachtsbaum. Schön habt ihr ihn mir geschmückt.

Sie blieb am Fenster stehen, sah Tochter und Enkelin nach, die in den trüben Nachmittag hineinliefen. Es war den Tag über wieder deutlich milder geworden. Es gab wohl auch in diesem Jahr keine weißen Weihnachten.

Das sahen sie später auch vom Zug aus: Wo sich am Tag zuvor noch endlose Schneefelder zwischen den Dörfern und Straßen hingestreckt hatten, zeigte sich nun schon wieder der blanke dunkle Acker. Wenigstens waren die Spitzen der Furchen abgetaut und ließen manche Felder wie riesige schwarzweiß gemusterte Streifenteppiche erscheinen. Nein, das gab kein weißes Weihnachten, gewiß nicht einmal Frost danach, vielleicht überhaupt nicht bis Silvester. Gut für die Mutter.

Hast du eigentlich schon einmal richtige weiße Weihnachten erlebt, Yvonne? Oder kennst du's nur aus den Märchen: Schnee hoch auf den Dächern, jeder Schritt wird schwer, du stapfst durch tiefes Weiß, kommst kaum voran?

Vielleicht, wenn wir weiter oben in den Bergen wohnen würden. Die haben dort immer Schnee, können Ski laufen, sooft sie wollen, Schlitten fahren.

Sie antwortete der Tochter nicht mehr, sie war in Gedanken nun schon zu Hause. Vielleicht hätten sie besser daran getan, bereits am Morgen zurückzufahren. Aber hätte sie das der Mutter antun können: Gleich nach dem Aufstehen schon wieder verschwinden? Sie hatte früh gleich Ahmed angerufen, später noch einmal vor Mittag, aber sie hatte keine Verbindung bekommen. Natürlich, er hatte auch diesmal den Telefonanschluß am Abend herausgezogen und nicht wieder zurückgesteckt. Das sah ihm ähnlich. Er war schußlig. Er vergaß so viel, vor allem, wenn es um Technisches ging. Wer weiß, was sie nun für ein Chaos erwartete, Rico in vollen Windeln, weinend, und der Quirl Steven, kaum zu bändigen, hatte das Kinderzimmer auf den Kopf gestellt, sein Spielzeug auch über Flur und Wohnzimmer verteilt. Na komm, Yvonne, wappnen wir uns für das, was sie angerichtet haben.

Sie verließen den Zug. Sie sahen: In ihrer kleinen Stadt war der Schnee bei weitem noch nicht so weggetaut wie unterwegs. Sie lagen eben schon ein bißchen höher, in der Nähe der Berge.

Sie nahmen den Bus in ihr Neubaugebiet, von der Haltestelle bis zu ihrem Haus waren es keine zwei Minuten Weg. Der getaute Schnee, schon wieder gefroren, knirschte unter ihren Füßen.

Wollen wir den Kleinen was vorspielen, den Weihnachtsmann?

O ja.

Natürlich war Yvonne nur zu gern dazu bereit.

Sie schlossen die Eingangstür auf, klingelten nicht, stiegen hinauf in den dritten Stock, öffneten dort vorsichtig die Tür. Dahinter lagen die Zimmer still. Schliefen die Kinder allesamt, oder waren sie ausgeflogen?

Heißa, bald ist Weihnachtstag, rief die Mutter, verstellte dabei ihre Stimme. Hier ist der Weihnachtsmann. Sind hier artige Kinder, so antwortet mir.

Sie unterbrachen ihr Lärmen, traten in den Flur, lauschten. Die Mutter hielt die Tochter an der Hand gefaßt.

Wir haben sie erschreckt, nun haben sie Angst. Wenigstens weinen sie nicht.

Sie liefen in die Küche, sahen ins Wohnzimmer. Alles war einigermaßen sauber und aufgeräumt, nur in der Spüle lagen noch ein paar Teller und eine Pfanne, übereinandergestülpt.

Da sind sie wohl doch miteinander ausgeflogen, einen Nachmittagsspaziergang machen.

Aber Ricos Wagen steht noch unten im Hausflur. Hast du ihn nicht gesehen? Rico ist dann bestimmt nicht mit. Der faule Bursche läuft doch ungern auch nur zehn Schritte.

Als die Mutter nun in die anderen Zimmer blickte, sah sie Ricos dunklen Haarschopf unter der hellen Decke des Ehebettes hervorlugen. Na bitte, dachte sie. Machen nur die Großen einen Ausflug. jedenfalls hängen ihre Anoraks nicht an der Garderobe.

Yvonne, sieh doch mal rüber ins Eck, in die Kneipe. Vielleicht sitzen sie dort, eine Bockwurst essen, und Ahmed trinkt ein paar Bierchen, weil sein Vorrat zu Hause längst alle ist. Sieht ihm ähnlich.

Während die Tochter davonlief, packte die Mutter ihre Tasche aus, vor allem natürlich die mitgebrachten Geschenke von der Großmutter, für jedes Kind zwei Päckchen, eingeschlagen in grünrotes glitzerndes Weihnachtspapier. Die kamen später wohlgeordnet neben den Adventskranz im Wohnzimmer. Dann konnte auch die letzte Kerze angezündet werden: Es war vierter Advent.

Sie saß noch und wartete, daß das Wasser für den Kaffee im Topf zu sieden begann, da kam die Tochter schon zurück, läutete an der Tür Sturm.

Ja doch, hör auf, Rico zu wecken, ich komm ja schon. Hast du Ahmed und die Kinder gefunden? Warum kommst du allein?

Sie haben sich heute den ganzen Tag nicht sehen lassen. Aber Ahmed war da, mitten in der Nacht. Sie haben ihn schließlich hinauswerfen müssen. Er hat sich gestritten.

In der Nacht? Und wo können sie da jetzt sein?

Später wird sie ihren Zustand in dieser Minute zu beschreiben versuchen und sagen: In diesem Augenblick war mir, als stürzte mir das Blut aus dem Kopf, als sollte ich sterben, ich war wohl weiß wie eine Kalkwand. Ich ahnte plötzlich, daß irgend etwas Schlimmes geschehen war. Ich konnte mir natürlich nicht vorstellen, was es war, aber es mußte etwas Furchtbares sein, und es war meinen Kindern geschehen. Diese große furchtbare Angst war in mir, überall, in meinem ganzen Körper, noch ehe ich in das Schlafzimmer lief.

Mama, was hast du, wie guckst du denn? fragte Yvonne.

Aber sie hörte nicht auf ihr ältestes Kind, sie dachte jetzt an die anderen, die Kleinen. Sie schaltete das Deckenlicht im Schlafzimmer ein, beugte sich über das Bett, ihre Hand tastete nach dem Kopf, dem Körper des Jungen, sie spürte, daß sie Kaltes berührte, da riß sie das Deckbett zurück.

So fand sie ihre jüngsten Kinder, beide tot, auch Rebecca, die sie bislang, unter der Zudecke verborgen, noch gar nicht wahrgenommen hatte. Und wo war Steven, ihr Steven?

Aus den Ermittlungen

Der Notarzt

Ich hatte an jenem Sonntagnachmittag Dienst. Ich war froh, für dieses vierte Adventswochenende eingeteilt worden zu sein. Dafür hatte ich Weihnachten frei, alle Feiertage, auch Silvester, mußte erst Anfang des neuen Jahres wieder mit Bereitschaften rechnen. Aber nun wäre ich gern anders eingeteilt gewesen. Ich habe selber zwei Kinder fast im gleichen Alter. Da steht man mit trockener Kehle vor zwei so kleinen Leichen.

Bevor ich mich um die beiden toten Kinder kümmern konnte, mußte ich ihre Mutter versorgen. Sie stand unter erheblichem Schock, wollte aber immer mit den beiden im Schlafzimmer sein, neben ihnen, bei ihnen. Ich konnte sie schließlich mit Hilfe einer beherzten Nachbarin ins Wohnzimmer bringen, ihr eine Spritze geben, die ihre Erregung wenigstens etwas zu dämpfen vermochte.

Ich weiß nicht, ob sie da schon begriffen hatte, was vorgefallen war. Ihre Kinder waren keines natürlichen Todes gestorben, irgendwer hatte sie mit äußerer Gewalt zu Tode gebracht. Ich entdeckte die Zeichen dafür sofort. Das etwa vierjährige Mädchen trug deutliche Drossel- und

Würgemale am Hals. Am Körper des jungen und auf dem Laken unter ihm fand ich vertrocknete Blutspuren. Die Kinder mußten, nach dem Leichenzustand zu urteilen, in der vergangenen Nacht verstorben sein, vor über zwölf Stunden.

Es gab, soweit ich sehen konnte, in der Wohnung keine Anzeichen für einen heftigen Streit oder irgendwelche Auseinandersetzungen, nur eine gewisse Unordnung. Die Betten und Kissen lagen zerstreut, die Laken waren halb heruntergezogen. Aber das konnte auch von der unglücklichen Mutter verursacht worden sein.

Während meiner Anwesenheit in der Wohnung war schließlich noch die Rede von einem weiteren Kind, einem Jungen, der verschwunden war.

Der Kriminalkommissar

Am Anfang erfuhren wir das Wichtigste von dem Mädchen, der Schwester der beiden toten Kinder. Während sich nebenan der Notarzt und eine Nachbarin um ihre Mutter kümmerten und der vermutliche Tatort, das Schlafzimmer, nach Spuren untersucht wurde, saß die Elfjährige am Küchentisch und starrte unentwegt auf ihre Hände, als sie stockend berichtete, ohne daß wir viel fragten. Später ließ ich sie in die Nachbarwohnung hinüberbringen, und wir vernahmen die Nachbarin. Die Mutter der Kinder war erst später am Abend in der Lage, uns einigermaßen zusammenhängend Auskünfte zu geben.

Da war die Gerichtsmedizin längst im Hause, wir hatten unsere Fahndungsersuchen herausgegeben, die Großmutter war in ihrem Heimatort verständigt und wollte noch am selben Abend mit einem Taxi anreisen, selbst eine Schwester im Rheinland war informiert.

Was wir inzwischen wußten, war dies: Petra El-Mourali hatte drei Kinder mit ihrem marokkanischen Mann. Das aber war nicht dieser Ahmed, mit dem sie nun seit einigen Monaten zusammenlebte. Ihre fünfjährige Ehe, immer hin und her gerissen zwischen Hochstimmungen und Streit, Versöhnungen und Aggressionen, war nie gut gelaufen. Ein paarmal hatten die Schläge und Temperamentsausbrüche von Mouhammed El-Mourali sie mit den Kindern schon ins Frauenhaus getrieben. Nun hatte sie die Scheidung eingereicht, ihr Mann war damit einverstanden und längst weggezogen. War er in der vergangenen Nacht zurückgekehrt, war er in die Wohnung eingedrungen, mit Ahmed in Streit geraten, weil er die Kinder hatte zurückholen wollen? Frau El-Mourali konnte sich das nicht vorstellen. Die Erziehung und Versorgung der Kinder blieb, anders hatte sie es im Umgang mit ihrem Mann nicht kennengelernt, der Frau überlassen. Was sollte er sich mit den Kleinen belasten, unfähig, tagtäglich für sie zu sorgen? Mouhammed El-Mourali hatte sein Einverständnis auch schriftlich erklärt, daß die Kinder bei ihr blieben.

Und Ahmed? Aber weshalb sollte er den Kleinen etwas antun? Er mochte sie doch, sie mochten ihn, sie sagten Papa zu ihm, und sie selber mochte ihn. Sie träumten von einer gemeinsamen Zukunft. Was war nur vorgefallen? Wer hatte sich in der Wohnung aufgehalten?

Während Petra El-Mourali noch zweifelte, wurden wir bald sicherer. Ihr Noch-Mann Mouhammed kam für uns nicht in Frage. Wir machten ihn bald in einem Wohnheim in der Umgebung ausfindig, und er hatte ein Alibi, war die Nacht über ständig mit Landsleuten zusammen gewesen und hatte das Heim nicht verlassen.

Dagegen Ahmed: Er war in der vergangenen Nacht mit allen Kleidungsstücken, die ihm gehörten, aufgebrochen, sozusagen mit Sack und Pack. Nur ein Paar alter Schuhe war zurückgeblieben, dafür hatte er das neue Paar angezogen, das sein Weihnachtsgeschenk hatte sein sollen. Und eine große Tasche fehlte. Und das meiste vom gemeinsamen Geld.

Als wir am Bahnhof nachfragten, konnte sich eine Zeitungsverkäuferin erinnern: Ein dunkelhaariger junger Mann hatte am Morgen mit einem Kind auf dem Bahnsteig gewartet. Sie hatten eine Tasche neben sich abgestellt, keinen Koffer. Wieso das der Verkäuferin derart in der Erinnerung geblieben war? Da erklärte sie: Als er hin und her lief, hinkte der junge Mann etwas.

Hatte dieser Ahmed einen auffälligen Gehfehler? Ja? Da wurde uns die Gefahr, in der der Junge Steven lebte, bewußt: Wenn er in der Nacht Zeuge des Todes seiner Geschwister gewesen war, wenn er etwas wußte, gesehen hatte, mußte man auch um sein Leben fürchten.

Wohin konnte sich Ahmed abgesetzt haben? Seine Lebensgefährtin nannte uns ein paar Namen, Adressen und Telefonnummern, unter anderem die Adresse eines Bruders, den sie selbst schon mit den Kindern besucht hatte: in Halle.

Der Bruder Youssuf

Wir sind eine große Familie, wir kommen aus den Bergen dort in Marokko, wo die Berber zu Hause sind. Wir sind viele Brüder, immer sind bei uns viele Brüder gewesen, Männer. Aber wenig Land, wenig Arbeit, wenig Verdienst. Gehen wir nach Deutschland, dort kann man leben, haben sie gesagt und nach Hause geschrieben, und da ist wieder ein Bruder gekommen. Zuerst sind wir alle in Frankfurt gewesen, jetzt ziemlich verstreut. Ich bin vor Ahmed gekommen, Ahmed nach mir, vor fünf Jahren. Ich bin in diese Stadt gefahren, dort habe ich Helga getroffen. Du gefällst mir, habe ich gesagt, du mir auch, hat sie geantwortet. Da sind wir zusammengeblieben. Nach sechs Wochen haben wir geheiratet, so habe ich Aufenthalt in Deutschland. Nun haben wir schon Kinder, zwei, Zwillinge. Helga ist eine schöne kräftige Frau. Du kannst alles bei uns haben, hat ihr Vater gesagt, Hilfe, Wohnung, aber du mußt zugreifen. Anpacken, hat er gesagt. Also habe ich angepackt. Und nicht immer Familie zu Besuch und durchessen, hat er gesagt. Also habe ich sie weggeschickt. Aber manchmal es ist schwierig mit berberische Familie.

Ahmed haben wir zwei Städte weiter geschickt. Da ist eine gute schöne Frau, haben wir gesagt. Hat Kinder, kommt nicht zurecht mit dem marokkanischen Mann. Vielleicht kannst du helfen. Da ist Ahmed geblieben.

Berberische Brüder brauchen viel Geld für Telefon. Youssuf telefoniert mit Ahmed, Ahmed ruft Youssuf an, alle telefonieren mit Frankfurt. Drei Tage vor Weihnachten ruft Ahmed an. Ich bin zu Hause allein mit Kindern, erzählt er. Frau ist fortgefahren zu ihrer Mutter. Sie hat Vertrauen zu dir, sage ich, sorge für die Kleinen, ordentlich. Ja, sagt er. Kurz vor Mitternacht ruft er wieder an. Er ist voll Zorn. Er hat gestritten, sich geschlagen, er muß das erzählen, sagt er. Ausländer fort, haben sie ihn beschimpft, Rechte, Radikale. In einer Kneipe, eben. Bist du ohne Sinn, habe ich gesagt, hast du Allah vergessen. Du sollst auf die Kinder aufpassen, nicht wegrennen in Kneipen. Jetzt bleib, schließ die Tür ab, habe ich gesagt.

Das alles habe ich in dieser Nacht gesagt. Danach habe ich nicht mehr mit Ahmed gesprochen. Ich weiß nicht, wo er sich aufhält. Mich hat er nicht besucht.

Die Kriminalpsychologin

Noch vor Weihnachten vergangenen Jahres, am zweiten Tag nach den Ereignissen erhielten wir die Nachricht: Der kleine Steven ist gefunden, er lebt, ist gesund. Der Anruf erleichterte uns alle. Steven war mittlerweile in einem Heim in der Nähe von Kassel untergebracht. Man hatte ihn mutterseelenallein auf diesem Umsteigebahnhof aufgegriffen.

Ich erhielt den Auftrag, den Jungen zurückzuholen und seiner Mutter zu übergeben. Frau El-Mourali ließ sich jedoch nicht abhalten: Sie wollte selbst mitfahren. Da entschieden wir, sie mitzunehmen. Wahrscheinlich half ihr das am ehesten.

Ich erinnere mich noch deutlich: Wir fuhren in einen sonnigen Wintertag hinein. Während im Flachland der Schnee schon weithin weggetaut war, lag er hier auf den Höhen der Berge, über die wir kamen, noch unversehrt. So hatte ich wenigstens ein bißchen weiße Weihnachten, dachte ich. Wenn nur der Anlaß ein anderer gewesen wäre.

Frau El-Mourali verhielt sich während der Fahrt sehr still. Manchmal weinte sie, meistens schlief sie. Natürlich stand sie noch unter dem Einfluß der Beruhigungsmittel, die ihr der Arzt gegeben hatte.

Unser Fahrer brauchte etwas Zeit, in der fremden Gegend das Heim zu finden. Es lag hinter einer langgestreckten Siedlung dicht am Wald, hatte einen geradezu hochherrschaftlichen Treppenaufgang. Frau El-Mourali fiel es schwer hinaufzusteigen, doch sie wollte nicht im Wagen warten.

Dem Jungen geht es den Umständen entsprechend gut, sagte man uns, er ist nicht verletzt, er hat reichlich gegessen, geschlafen. Aber natürlich wollte seine Mutter keine Erklärungen, sie wollte ihr Kind. Als der Junge schließlich ins Zimmer trat, an der Hand einer Erzieherin, an die er sich klammerte, stürzte sie auf ihn zu, kauerte sich zu ihm nieder, drückte ihn, umarmte ihn, aber wir bemerkten es alle gleich: Der Kleine stand seltsam starr, hilflos unter den ungestümen Gefühlsbekundungen seiner Mutter. Er streckte ihr seine Arme nicht entgegen, zeigte keine Freude.

Ich will nicht nach Hause.

Aber warum denn nicht? Jeder will nach Hause.

Ich will nicht. Ich will nicht ... in dieses Haus.

Ich habe kein Wort von diesem Dialog vergessen. Gut, daß Frau El-Mourali dann rasch den Einfall hatte, der den Widerstand des Jungen überwand.

Wir bringen dich zur Oma. Oma ist da, sie nimmt dich mit.

Fünf Minuten später gab es noch einmal Probleme. Der Junge wehrte sich, in unser Fahrzeug zu steigen, vor allem wollte er sich nicht angurten lassen. Empfand er's als Zwang, Gewalt?

Auf der Heimfahrt wurde nicht über Vergangenes gesprochen, nur über Zukünftiges: was man mit der Oma unternehmen konnte, zum Beispiel. Auch der Junge fragte nicht nach den Geschwistern.

Wenn ich aufgefordert werde, meinen Eindruck wiederzugeben: Ich glaube nicht, daß der junge Zeuge der Verbrechen an seinen Geschwistern war. Das ist ihm erspart geblieben. Aber er hat sie, als er aus dem Schlaf gerissen und für die Bahnfahrt angezogen wurde, in den Betten liegen sehen. Er hat wohl auch das Blut auf den Laken bemerkt. Deshalb diese heftige Aversion, in die Wohnung zurückzukehren. Ich sage das deutlich: Das ist nur mein Eindruck. Ich hatte keine Gelegenheit, mich gründlich mit dem Jungen zu beschäftigen.

Soviel ich erfuhr, verbrachte Steven das Weihnachtsfest anschließend zusammen mit Mutter und Schwester Yvonne bei seiner Großmutter.

Noch einmal: Der Kriminalkommissar

Das war erst einmal das Wichtigste: Der Junge war wieder bei seiner Mutter, und er war gesund. Alles andere dagegen war wirklich zweitrangig. Wir würden schließlich auch den finden, der ihn hilflos auf diesem Bahnsteig zurückgelassen und seine Geschwister getötet hatte, wir würden ihn überführen. Es kam kein anderer für die Tat in Frage. Wir hatten ja etwas in der Hinterhand, das uns sicher machte, den hoffentlich entscheidenden Beweis: Die Gerichtsmediziner hatten an den Leichen der Kinder unverkennbare Fremdspuren festgestellt, eine Vielzahl von Hautpartikeln. Nur der Täter konnte sie hinterlassen haben: seinen genetischen Fingerabdruck.

Aber warum hatte dieser Ahmed El-Raisouli die Kinder seiner Lebensgefährtin umgebracht?

Petra El-Mourali erzählte uns, wie sie ihn aufgenommen hatte, wie sich schließlich eine enge Beziehung ergeben hatte. Liebe? Ja, Liebe. Warum nicht Liebe. Ahmed ließ sich verständnisvoll mit den Kindern ein, tollte mit ihnen herum. Warum hätte sie ihm da die Kleinen nicht anvertrauen sollen, für zwei halbe Tage, eine Nacht? Nun ja, sie hatte bei ihrer Rückkehr Unordnung in der Wohnung erwartet, Chaos, Tohuwabohu, aber nichts anderes, doch nichts Schreckliches, Unfaßbares. Daß sie telefonisch nachts und am Vormittag niemanden erreicht hatte, war nicht beängstigend gewesen. Sie hatten manchmal tagelang vergessen, das Telefonkabel wieder in die Anschlußdose zu stecken.

Nein, es fiel ihr schwer, in dem Mann, dem sie sich nach ihrer gescheiterten unglücklichen Ehe zugewandt hatte, den Mörder ihrer Kinder zu sehen. Warum nur hätte er es tun sollen? Aus heiterem Himmel? Warum nur?

Die Frage, wir ahnten es, sollte auch uns lange Zeit immer wieder beschäftigen.

Weihnachten kam und unterbrach den Fluß der Ermittlungen. Aber wir hatten bald einige Erkenntnisse, die uns wichtig schienen. Wir konnten zum Beispiel den Weg rekonstruieren, den Ahmed El-Raisouli am Abend vor der Tat durch die Stadt gegangen war. Er hatte sich, wenigstens drei Stunden lang, in drei verschiedenen Gaststätten in der Nähe der Neubauten aufgehalten, nicht nur in diesem Café am Eck. Er hatte Bier getrunken, auch ein paar Schnäpse, und er hatte, immer allein, den Kontakt zu anderen Gästen gesucht, mit denen er reden, sich unterhalten wollte.

Wir machten auch einen dieser Gäste ausfindig. Ja, er erinnerte sich an diesen Südländer, an diesen kleinen Marokkaner mit dem Bärtchen. Nein, er hatte nichts gegen Ausländer. Aber er wollte, sagte er, allein bestimmen, mit wem er sich unterhielt, wer ihn antatschen durfte im Gespräch. Ja, er hatte den anderen abgewiesen, dessen Hand vom Arm genommen, ihn vielleicht auch zurückgestoßen, aber es war zu keiner körperlichen Auseinandersetzung gekommen. Nur Worte waren gefallen. Laß mich doch in Ruhe, Allah, so vielleicht, oder: Nerv mich nicht, Schnauzbärtchen. Da war der Kleine schließlich zornig davongeschossen, und sie hatten gesehen, daß er hinkte. Daß er ein Marokkaner war, sagte er, hätte er erst durch uns erfahren.

War das die Auseinandersetzung mit den Rechtsradikalen, über die sich Ahmed El-Raisouli am Telefon gegenüber seinem Bruder Youssuf aufgeregt hatte?

In diesen Tagen erschien auch ein junges Pärchen bei uns auf dem Amt. Sie hatten in der Zeitung, erklärten sie, das Bild des gesuchten Marokkaners gesehen und gelesen, was in unmittelbarer Nähe ihrer Wohnung vor Weihnachten passiert war. Sowieso war im Neubaugebiet von nichts anderem als diesem Kindermord die Rede. Nun konnten sie vielleicht zur Aufklärung beitragen. Sie hatten nachts nach einer Einweihungsfeier auf dem Balkon ihrer neuen Wohnung gestanden, noch eine Zigarette geraucht, da hatten sie alles gesehen: die hell erleuchteten Fenster in dem Haus schräg gegenüber, den Mann, der hektisch hin und her rannte. Erst hatten sie geglaubt, es wären zwei, die wild miteinander gestikulierten, sogar aufeinander einschlugen. Aber nachdem sie nacheinander Fernglas und Videokamera herbeigeholt hatten, zeigte die Vergrößerung: Es war doch nur einer, der das ganze Theater veranstaltete.

Er hantierte am Herd, ließ Flammen hochschießen, wusch etwas im Bad, trug anderes hin und her, packte wohl. Aber nein, Kinder hatten sie nicht in der Wohnung gesehen, zu keinem Zeitpunkt. Nur: Der Mann schwankte nicht betrunken, wie sie erst angenommen hatten, er hinkte. Und wenige Minuten nach drei gingen mit einem Schlag alle Lichter aus.

Hatten sie uns geholfen? Natürlich, sagte ich. Hätten Sie freilich die Situation da drüben mit der Kamera gefilmt, nicht bloß angesehen, könnten wir sicher noch mehr mit Ihren Aussagen anfangen.

Doch nun wußten wir ziemlich exakt, wann der Täter das Haus verlassen hatte.

So gingen unsere Ermittlungen voran, und Silvester nahte. Da schlug die Nachricht in unserer Abteilung ein wie eine Bombe: Sie hatten Ahmed El-Raisouli gefaßt, in Frankfurt am Main, bei einer allgemeinen Razzia im Rotlichtmilieu, auf der Suche nach Drogendealern. Die Kollegen in Frankfurt waren sehr aufmerksam gewesen. Ahmed El-Raisouli hatte ja noch nie einen gültigen Paß oder eine Aufenthaltsgenehmigung vorweisen können – bisher hielt er sich immer illegal in Deutschland auf. Diesmal klappte er den Paß eines Frankfurter Bruders auf, aber die Polizisten der Bereitschaft fielen nicht auf den Trick herein. Vielleicht hatten sie auch unser Fahndungsfoto vor Augen. Nun zog Raisouli von seinem Frankfurter Gasthof, wo er sich am 23. Dezember für längere Zeit eingemietet hatte, schon nach einer Woche in ein weniger luxuriös eingerichtetes Pensionszimmer um. Gleich nach Silvester sollte er uns überstellt werden.

Klar, daß wir bei der nachfolgenden kleinen Vorsilvesterfeier unsere Gläser ziemlich hoch schwenkten: *auf unsere gemeinsamen Erfolge.*

Täter in anderer Sache?

Auch in Halle wendet sich in dieser Zeit um Weihnachten jemand aus freien Stücken an die Polizei, ein junges Mädchen, Heike Pfeffer. Sie hat schon einmal langwierig mit der Kripo zu tun gehabt, ist mehrfach angehört und gründlich befragt worden. Nun sucht das junge Mädchen im verwinkelten Gebäude der Polizeidirektion die Beamtin auf, mit der sie damals gesprochen hat, findet sie und erklärt ihr ohne Umschweife: Ich habe das Bild in der Zeitung gesehen, den Mann mit dem Bärtchen, der wegen dieses Mordes an den Kindern gesucht wird. Ich kenne ihn. Ich erkenne ihn wieder. Er war es, der mich in der Nacht im November zu vergewaltigen versucht hat.

Heike Pfeffer wohnt in Halle, noch bei ihrer Mutter. Heike ist zweiundzwanzig. Sie hat Näherin gelernt, in diesem Beruf auch gearbeitet, dann kurze Zeit als Verkäuferin, nun ist sie arbeitslos. Sie hilft der Mutter im Haushalt, sorgt für die zwei jüngeren Geschwister, aber immer nur zu Hause herumsitzen, das ist auch der Mutter zuviel. Geh ein bißchen aus, sagt sie, geh ein bißchen unter Leute, du mußt doch was haben von deiner Jugend, nicht bloß Arbeit.

Heike Pfeffer ist zart von Figur, und sie ist scheu. Sie kann das nicht: wild auf andere zurennen, sie anquatschen, mit ihnen lange reden und ihnen gleich vertrauen. Auf sie müssen andere zukommen und nicht gleich mit der Tür ins Haus fallen.

So jemand hat keinen großen Freundeskreis, nicht unendlich viele Bekannte. Freilich, da sind noch ein paar Schulfreundinnen, auch ein Mädchen aus der Lehrzeit und eine Verkäuferin. Aber die meisten haben feste Freunde. Da fühlt man sich leicht als fünftes Rad am Wagen und bleibt zurück, wenn andere sich vergnügen, sich etwas vornehmen. Freilich, ein paarmal war da schon ein Bekannter, der sich näher für sie interessierte. Aber wie es so ging: Nach ein paar Wochen war alles vorbei, die Beziehung zerbrochen, noch ehe sie überhaupt richtig zustande gekommen war.

Am 10. November 1997 ist Heike Pfeffer nach einiger Zeit wieder einmal mit ein paar Mädchen und deren Bekannten verabredet. Im *Genschmän* spielt eine neue Band, auch ein paar Sänger haben sich angekündigt, Aufsteiger aus Dresden, wie es heißt. Da muß man doch mit dabei sein. Heike Pfeffer verspürt wenig Bock darauf, *sich ein bißchen in der Szene auszukennen.* Das ist nicht ihre Welt. Aber mal wieder unterwegs sein, wenn die anderen es wollen, da muß sie nicht kneifen. Sie amüsieren sich alle reichlich, auch die stille Heike tanzt ein paarmal. Später beschließen sie weiterzuziehen, das Lokal zu verändern. Tapetenwechsel? Na gern. Heike Pfeffer ist mit dabei. Im *Café Dreizehn* sitzt man ruhiger, und trotzdem ist genug Abwechslung dort. Im *Café Dreizehn* verkehren Gott und die Welt, Studenten, Ausländer, Maler, gewöhnliche Leute wie sie, da findet man immer wen zum Quatschen.

Irgendwann nach zwei Uhr sitzt Heike Pfeffer plötzlich allein, ohne die mitgekommenen Bekannten, im *Café Dreizehn.* Die Freunde sind verschwunden, heimlich, haben sich auf die berühmte englische Art verabschiedet. Nicht gerade angenehm, aber so ist's ihr schon einmal passiert.

Heike hat am Abend ein paar Gläser Rotwein getrunken, auch eine Cola mit Rum, nun will sie ihr letztes Glas Rotwein an der Bar wenigstens noch in Ruhe genießen. Doch sie kommt kaum dazu. Links und rechts reden ein paarjunge Männer auf sie ein, versuchen sie zu Schärferem zu animieren: Schnaps, Likör, ein Manhattan – was möchte sie?

Besonders ein junger Mann mit tiefschwarzem Seehundsbart erweist sich als hartnäckig. Er hat noch Schwierigkeiten mit der deutschen Sprache, aber wohl auch ein bißchen mit seiner Zunge überhaupt.

Du hast keinen Freund? fragt er. Wir können Freund sein. Und er greift mehrfach nach ihrem Arm, ihrer Hand, so fest, daß sie etliche Kraft braucht, um sich seinem Griff zu entwinden.

Laß das, sagt sie, ich will das nicht. Wir kennen uns doch gar nicht.

Du leidest Ausländer nicht.

Quatsch, sagt sie. Was hat das mit Ausländern zu tun? Ich mag alle nicht, die dumm auf mich einquatschen, mich gleich anfassen.

Zehn Minuten später hat sie bezahlt, den Mantel übergestreift, das Lokal verlassen. Die Nacht ist kühl, ziemlich dunkel, der Himmel bedeckt. Heike Pfeffer will zu dem großen Taxistand am Bahnhofsausgang und von dort nach Hause fahren. Die knappe halbe Stunde durch die nächtliche Stadt heimwärts zu laufen hat sie keine Lust mehr.

Sie ist noch keine zwei Minuten unterwegs, da hat sie unvermittelt das Gefühl, nicht allein durch die Straße zu gehen. Als sie sich schließlich umwendet, ist tatsächlich dieser Mann mit dem Schnauzbart hinter ihr. Er rennt, hat ein bißchen Mühe, ihr zu folgen, offenbar hinkt er, aber er kommt immer näher, ist rasch neben ihr.

Was rennst du? Es ist nicht gut allein in der Nacht. Wir gehen zusammen.

Ich kann gut allein gehen. Laß mich in Ruhe.

Stört dich, daß mein Fuß hinkt? Ich bin stark, sieh meine Hände.

Reden sie so? Was reden sie auf diesen knapp zweihundert Metern gemeinsamem Weg? Später kann sie sich kaum mehr erinnern. Sie hat auf einmal Angst, läuft in einen Seitenweg hinein, schon dem Bahnhof gegenüber, zwischen den Autos kann sie sich vielleicht verstecken. Da spürt sie plötzlich eine Hand, die sie zurückreißt, und sie stolpert, fällt auf den Rücken, und er liegt über ihr, seine Hände sind unter ihrem Mantel, an ihrem Körper, greifen zu. Sie will schreien, schreit wohl auch, da greifen diese Hände nach ihrem Hals, pressen, drücken ihn, daß sie sich aufbäumt, soweit sie es noch kann.

Als sie allmählich aus ihrer Ohnmacht erwacht, sucht sie sich zurechtzufinden: Eine Mauer ist nahe, eine leere niedrige Front, von der der Putz gebröckelt ist, darüber reihen sich Büsche, liegt weggeworfener Müll. Auf der anderen Seite stehen Autos, eine endlose Reihe. Mühsam erhebt sie sich, richtet ihre Kleidung ein bißchen her. Sie blutet nicht, lebt. Sie weiß gleich wieder, was mit ihr geschehen ist. Wie lange braucht sie zum Taxistand? Gleich gegenüber stehen die Wagen. Sie schleppt sich zum letzten. Der Taxifahrer stutzt, als sie erzählt, was ihr widerfahren ist. Hat er nicht eben so einen Mann mit Schnauzbart gefahren? Er sieht sie an, beruhigt sie, bringt sie sofort in die Klinik. Im Wagen wird sie noch einmal ohmächtig.

Heike Pfeffer verbringt eine Woche auf der Intensivstation, vier weitere Wochen in einem normalen Krankenhausbett. Nun hat sie dieses Bild in der Zeitung gesehen und sagt: Ich erkenne den Mann. Hat man inzwischen diesen Taxifahrer gefunden? Der muß sich doch auch an das Bärtchen erinnern können.

Sie irrt sich nicht? Ist Ahmed El-Raisouli auch der Täter, der Heike Pfeffer fast zu Tode gewürgt hat?

Ein halbes Jahr Prozeß

Er ist klein, trägt eine rote Samtjacke, ein schwarzes Hemd, dazu diesen Schnauzer. Anfangs lächelt er gelegentlich, später wird er kaum Gefühle zeigen, nur aufmerksam zuhören, mindestens den Eindruck beständiger Aufmerksamkeit erwecken. Er wird auch weniger auffällige Kleidung tragen.

Er wird kein Wort deutsch sprechen, der gesamte Verfahrensablauf, jedes gesprochene Wort muß ihm übersetzt werden. Das streckt den Prozeß. Aber es ist notwendig, seine Deutschkenntnisse sind bescheiden. Und juristisches Fachwissen geht ihm ganz ab. Obgleich: Gerichtsabläufe hat er schon kennengelernt.

Er bekommt einen fairen Prozeß. Sechs Monate lang, von Juli an, mühen sich sechzehn Frauen und Männer Termin für Termin um Klarheit in der Sache: drei Richterinnen, zwei Schöffen, zwei Verteidiger, der Staatsanwalt und zwei Nebenklägervertreter, zwei Dolmetscher, etliche Gutachter, eine Protokollantin. Es wird zwei längere Unterbrechungen geben. Die Dolmetscher müssen ausgetauscht werden. Aber fast auf den Tag genau ein Jahr nach der Tatnacht wird er verurteilt einen Tag vor Weihnachten. Am gleichen Tag, ein Jahr zuvor, hat er sich in Frankfurt eingemietet, war er auf der Flucht, lag schon alles hinter ihm.

Nein, läßt er übersetzen, er ist unschuldig. Er hat die Kinder nicht getötet, er hat auch diese junge Frau nicht genötigt und gewürgt, er kennt sie nur flüchtig, von einem Lokalbesuch. Er ist ein gläubiger Moslem, er tut Kindern nichts zuleide, er achtet sie.

Was weiß er noch von jener Nacht vor Weihnachten?

Er kann sich nicht erinnern. Er ist durch die Gaststätten, hat viel getrunken, schließlich haben ihn Rechte geschlagen, davongejagt: Ausländer raus.

Als Sie mit Ihrem Bruder telefonierten, sich über das Erlebte noch einmal erregten, machten Sie keinen betrunkenen Eindruck.

Ich kann mich nicht an ein Gespräch mit meinem Bruder erinnern. Ich weiß erst wieder Bescheid, als ich in die Polizeizelle kam.

Wann haben Sie zum letzten Mal nach den Kindern gesehen? Weshalb sind Sie zu ihnen gegangen?

Ich habe alles vergessen. Ich bin Epileptiker, ich habe Anfälle, danach vergesse ich alles. Und ich hatte getrunken. Da wird es noch schlimmer.

Auch viele Zusammenhänge seines Lebens sind ihm angeblich entfallen, er hat überhaupt viel vergessen.

Wann sind Sie nach Deutschland gekommen?

Ich habe vergessen.

Das war 1993, sagen die Akten. Und woher stammen Sie, aus einem Dorf, einer Stadt?

Ich hab es vergessen.

Haben Sie keine Erinnerungen an Ihre Kindheit mehr, an Tanten, Onkel, Lieblingsspielplätze? Wie lauten die Namen Ihrer Brüder? Welcher war der älteste?

Wir waren immer viele Geschwister. Ich habe alles vergessen.

Er hat vergessen, daß er lesen und schreiben gelernt hat. Erst recht hat er vergessen, wo er sich in Deutschland aufgehalten, wann er um Aufenthaltsgenehmigungen nachgesucht hat.

Und wie sind Ihre eigenen familiären Verhältnisse?

Ich habe vergessen.

Sie haben tatsächlich vergessen, daß eine Frau und zwei Kinder noch immer auf Sie zu Hause warten? Ihre Eltern haben es Ihnen und Ihren Brüdern ein paarmal geschrieben. Nie haben Sie die Scheidung eingereicht.

Hat er tatsächlich ein so schlechtes Gedächtnis, oder spielt er es nur? Und wie groß sind seine tatsächlichen Erinnerungslücken in der entscheidenden Nacht vor Weihnachten?

Jedenfalls: Er äußert sich nicht zur Sache und wenig zu seiner Person. Da müssen die Zeugen und Gutachter kommen, damit man sich mit ihrer Hilfe ein Bild machen kann. Der Notarzt sagt aus, die Polizisten, die als erste am Tatort waren, werden vernommen, die Kellnerinnen erzählen von ihren Kneipengästen und wieviel Ahmed El-Raisouli getrunken hat, die Polizisten und Erzieher aus Hessen berichten von ihren Erlebnissen mit dem sechsjährigen Steven. Die Nachbarn von gegenüber, die jungen Leute mit der Videokamera, sind inzwischen auch Eltern geworden; ihre Aussagen wurden von der Polizei schon so ernst genommen, daß die Ereignisse, die sie gesehen haben, bereits einmal nachgestellt worden sind. Sie haben Raisouli gesehen, wie er sich Essen zubereitete. Vor der Tat oder danach? Und wann packte er seine Tasche?

Von diesem allen ist die Rede, vor allem aber von Petra El-Mouralis Vertrauen und Zuneigung für den neuen Lebensgefährten Weshalb sollte sie ihm mißtrauen? wiederholt sie nun noch einmal. Er war lieb, freundlich und nett zu den Kindern.

Und temperamentvoll.

O ja, temperamentvoll. Eben ein Marokkaner.

Und Sie hatten keine Angst nach den Erfahrungen mit Ihrem Ehemann, daß dieses Temperament eines Tages in Zorn und Aggressionen umschlagen könnte?

Nein, keinen Tag. Ahmed war ganz anders.

Freilich, auch ihr gegenüber hat er kaum über seine Vergangenheit gesprochen und natürlich nichts erzählt von einem Streit, bei dem er das Messer zog und dem eigenen Neffen in den Rücken stach. (Das trug ihm eine Vorstrafe ein wegen Körperverletzung.) Und nichts von dem Verfahren, das noch immer gegen ihn läuft: Widerstand gegen die Polizei. Er hat sich in einen Streit auf dem Frankfurter Hauptbahnhof eingemischt, eine Polizistin zu Boden gerissen und gewürgt.

Eines Tages ist auch der kleine Steven im Gerichtssaal, ein Wirbelwind, der sich kaum bändigen läßt. Offenbar hat er, was mit ihm vor Jahresfrist geschah, ganz gut bewältigt? Die Richter werden es später bezweifeln.

Und dann liegen die Tatortfotos, die Fotos der toten Kinder auf dem Richtertisch, und die Gerichtsmediziner erläutern die Ergebnisse ihrer Untersuchungen.

Die viereinhalbjährige Rebecca ist erdrosselt worden. Der Täter hat minutenlang Kraft aufgewandt, um das Strangulationswerkzeug am Hals geschlossen zu halten, bis das im Kopf massiv gestaute Blut den Tod bewirkte, Atemstillstand eintrat. Kein einmaliges kurzes Ziehen ruft dieses Ergebnis hervor. Oder hat der Täter die Schnur, das Band, den Faden fest verknotet? (Das Drosselwerkzeug ist übrigens nie gefunden worden.)

Und der anderthalbjährige Rico ist ähnlich erstickt. *An seinem Körper fanden sich keine typischen Strangmerkmale. Schon die stumpfe, andauernde Gewalteinwirkung gegen den Brustkorb, der Druck mit der bloßen Hand auf die Atemorgane führte zum selben Ergebnis wie bei der Schwester. Blutstauung im Kopf, Ersticken, Atemstillstand. Nein, es liegt keine echte Drosselung vor, wir entdeckten keine Würgemale.*

Sie belegen ihre Ergebnisse mit einer Fülle von Einzelheiten, beantworten Dutzende Fragen. Auf eine zeitliche Abfolge der Tötungen allerdings können sie sich nicht festlegen.

Ahmed El-Raisouli lehnt es übrigens ab, sich die Fotos anzusehen.

Entscheidend aber bei den Ausführungen der gutachtenden Ärzte: Es hat intensiven Körperkontakt zwischen Opfern und Täter gegeben. Der Täter hat seine deutlichen Körperspuren hinterlassen. Die aber deuten nur auf einen: auf El-Raisouli. Sein genetischer Fingerabdruck überführt ihn.

Aber auf die Frage, warum die Kinder sterben mußten, ist das noch keine Antwort.

Inzwischen geht es auch um diese junge Frau, Heike Pfeffer.

Ihr Prozeß, ihr Fall, ist mit dem der getöteten Kinder verbunden. Der Täter scheint derselbe zu sein. Doch hat Heike Pfeffer die Wahrheit gesagt, ist sie glaubwürdig? fragen die Verteidiger.

Heike Pfeffer ist auch vor Gericht schüchtern, zurückhaltend, scheu. Die direkten Fragen bedrücken sie. Aber sie ist sich sicher: Der Mann mit dem Bärtchen da auf der Anklagebank war es, der hat sie malträtiert, gewürgt, an den Körper gefaßt. Wenn sie noch Zweifel hatte nach der unscharfen Wiedergabe des Zeitungsbildes – nun, so direkt mit ihm konfrontiert, muß sie wieder zittern. Alle sehen ihre Erregung, ihr körperliches Betroffensein.

Ihre Verletzungen, sagt der medizinische Gutachter, ihr ganzer seelischer und physischer Zustand nach der Nötigung, nach dem Würgen, auf der Intensivstation lassen den Schluß zu: In anderen Fällen hat eine derartig intensive, direkte Gewalteinwirkung unmittelbar auch schon zum Tode geführt. Heike Pfeffer ist ihrem Tod durch glückliche Umstände entgangen. Durch ihre Konstitution, vor allem durch ihre rechtzeitige Ohnmacht, die den Täter von weiteren Drangsalierungen abhielt? Oder hat er sie schon für tot gehalten?

Schlimm, unverzeihlich, was der jungen Frau widerfahren ist, sagen die Verteidiger, was aber beweist, daß Ahmed El-Raisouli der Schuldige war, was beweist die Behauptung, eben er sei es gewesen, sie habe ihn wiedererkannt?

Eines Nachts zieht der gesamte Gerichtstroß los, um sich unter ähnlichen zeitlichen und äußeren Bedingungen ein Bild von den Ereignissen zu machen: Ortstermin um Mitternacht. Da drängen sich dann alle zwischen der endlos langen, nach oben hin abfallenden Mauer und der dichten Reihe parkender Autos und starren auf die Schmutzpfützen zwischen dem lädierten Kopfsteinpflaster des Bürgersteigs: Hier also ist es geschehen, kaum zwanzig Meter entfernt von der auch nachts sehr belebten Durchfahrtsstraße zum großen Rondell des Riebeckplatzes. Gegenüber steht die lange Reihe der wartenden Taxis, leuchten die hellen Lichterkolonnen des Bahnhofsvorplatzes. Kann man da seinen Peiniger erkennen, ihm deutlich ins Gesicht blicken?

Der Taxifahrer wurde schon damals von der Polizei gefunden und verhört. Nun wiederholt er vor Gericht: Er kann sich an das Ziel der nächtlichen Fahrt mit dem möglichen Täter erinnern, eine Straße im Südwesten hinter der Altstadt. Dort wohnt – ergab sich schon damals – Bruder Youssuf. Der wurde bald darauf nach seinem Alibi in jener Novembernacht befragt. Natürlich war er da zu Hause. Hätte er aber nicht sagen müssen: Nicht ich bin mit dem Taxi gekommen, wohl aber mein Bruder? Und hätte die Polizei das seinerzeit nicht ermitteln müssen? Hätte nach solchen Feststellungen nicht Schlimmeres, eben der Tod der beiden Kinder, verhindert werden können?

Der Taxifahrer erkennt Heike Pfeffer wieder. Aber war dieser angeklagte Raisouli mit Sicherheit sein Fahrgast?

Anfang Dezember, zu Beginn des sechsten Verhandlungsmonats, als längst wieder Gutachten zur Tötung der Kinder zur Debatte stehen, zum Beispiel die widersprüchlichen Angaben zu seinem Alkoholkonsum in der Tatnacht, läßt Ahmed El-Raisouli durch seinen Verteidiger unvermittelt erklären: Er bekennt sich zu der Straftat an Heike Pfeffer, zu dieser Tat in der Nacht zum 12. November. Er war mit dieser Frau in beiden Lokalen, *Genschmän* und *Café Dreizehn*. Gegen drei haben sie das *Café Dreizehn* verlassen, zusammen. Er erinnert sich, er wollte gern mit ihr schlafen. Später waren sie in unmittelbarer Nähe des Bahnhofs, *da muß das passiert sein, was Frau Pfeffer aussagt. Mein Mandant hat daran keine Erinnerung. Er erinnert sich erst wieder, als er auf ihr sitzt, irgendwie erregt. Da wird ihm bewußt: Was ich hier mache, ist nicht richtig. Danach ist er sofort aufgestanden und weggelaufen. Mein Mandant berichtigt damit eine frühere, anders lautende Erklärung zum Sachverhalt. Er ist im übrigen nicht gewillt, irgendwelche weiteren Erklärungen zum Gegenstand abzugeben oder auf Fragen dazu zu antworten.*

So verhält er sich auch. Er beantwortet keine Zusatzfrage, an diesem Tag nicht, auch nicht später. Also muß man es akzeptieren. Doch wenn Raisouli von Heike Pfeffer nun tatsächlich nur deshalb abließ, weil er annahm, sie sei schon tot? Dann war es doch versuchter Mord, dann lag kein Rücktritt vom Versuch der Vergewaltigung vor…? Doch wer will das beweisen? Raisouli wird nichts dazu sagen.

Aber weshalb mußten die Kinder sterben? War es ein Geist, der es befahl?

Es ist im Prozeß öfter von diesem Geist die Rede. Er kennt ihn, sagt Ahmed El-Raisouli, seit seiner Kindheit. Dieser Geist ist eine finstere Figur, er trägt eine Kappe, er hat ihn im Traum wie im Wachzustand erlebt. Er sagt zu ihm Schlechtes, Fürchterliches, er sagt ihm, was er machen soll. Er bringt ihn auf die Straße, zerrt an ihm, reißt ihn aus dem Schlaf. Raisouli hat sich mit Youssuf darüber ausgetauscht, mit der ganzen Familie. Im Oktober vergangenen Jahres hat der Geist zum letzten Mal zu ihm gesprochen. Nein, er redet selber nicht mit dem Geist. Er ist besessen von ihm.

War der Geist auch in der Nacht, als die Kinder starben, bei ihm? Hat der Geist ihn aufgefordert, etwas zu tun?

Nein, in jener Nacht hat er den Geist nicht erlebt. Wie konnte er: Er hat ja alles vergessen. Erst nach der Verhaftung hat er mit dem Bruder wieder über diesen Geist gesprochen, als Youssuf ihn in der Haft besuchte.

Oder war der Alkohol schuld?

Herr Raisouli, sagt einmal der gutachtende Psychiatrieprofessor, will den Eindruck erwecken, ein maßloser Alkoholiker zu sein. Er trinkt, sagt er, *immer bis zum Wegsacken.* Aber wenn er an jenem Dezemberabend tatsächlich so viel getrunken hätte, wie er angibt, er säße nicht mehr vor uns, er wäre tot. Ich empfehle dem Gericht, ihn als *alkoholgewöhnt* anzusehen, nicht aber als Alkoholiker. Und in der Tatnacht können wir von einem *mittelschweren Rausch* sprechen. Der schränkte freilich Herrn Raisoulis Steuerungsfähigkeit ein.

Und welche Rolle spielte die Epilepsie, von der genauso oft gesprochen wird? Schon als Kind litt Raisouli nicht nur unter Rachitis, der Englischen Krankheit, die ihn heute noch hinken läßt, er litt auch unter epileptischen Anfällen, heißt es. Die Verteidiger haben den Antrag gestellt, seine Eltern aus Marokko einfliegen zu lassen, damit sie als Zeugen dazu aussagen können. Ahmed El-Raisouli sagt nicht: Ich hatte in jener Nacht einen epileptischen Anfall, da ist es geschehen. Er gibt es nur zu bedenken.

Das Gericht hat zur Sache Experten geholt, zum Beispiel einen Professor aus Köln. Nein, sagt der als Resümee seiner Ausführungen: Die Aggressionen eines Epileptikers richten sich nur im äußersten Ausnahmefall gegen einen anderen, Dritten, das ergibt die unheimlich exakte Statistik, sie richten sich fast immer gegen einen selbst. Und die Phase der höchsten Erregung, der Aggression, ist kurz, dauert nur Minuten, danach erfolgt ein Ausklingen. Das freilich kann dauern, Stunden. Vor allem aber: Wer sich in solchem Stadium epileptischen Anfallsgeschehens befindet, hat öfter mit Anfällen zu rechnen. Der Zeitraum eines ganzen Jahres ohne epileptische Zugriffe ist für den Professor undenkbar. Hat Herr Raisouli mit solchen Anfällen innerhalb des vergangenen Haftjahres zu tun gehabt? Es ist nichts bekannt.

Ahmed El-Raisouli, dem die schwierigen Sätze des Professors peinlich genau übersetzt werden, bittet an diesem Tag plötzlich um eine Pause. Danach muß einer seiner beiden Verteidiger wieder eine Erklärung abgeben: Ahmed El-Raisouli hat während der Haftmonate durchaus solche Anfälle überstehen müssen, mehrere Ärzte und Schwestern haben ihn deshalb aufgesucht, ihm Medikamente verabreicht, Schaum, von dem der Professor sprach, hat ihm vorm Mund gestanden, Mithäftlinge haben seinen Zustand mitbekommen.

Da muß der Anstaltsarzt als Zeuge zum Prozeß gebeten werden, ferner ein Mithäftling, der in der Zelle neben Raisouli lag. Dabei ergibt sich: Raisouli ist zwar ein paarmal auf die Krankenstation eingeliefert worden, aber seine Aufenthalte dort haben nie etwas mit Epilepsie zu tun gehabt, eher etwas mit seinem Magen- und Darmtrakt; auch ist er nie bei einem Anfall aus dem Bett gekippt. Und der Mithäftling kann sich vor allem daran erinnern, daß er den andern gefragt hat: Warum kommst du nicht mit zur Gymnastik, warum machst du dir nicht ein bißchen Bewegung, warum ißt du so schlecht? Nein, über ein Poltern in der Zelle haben sie eigentlich nicht gesprochen.

Dafür poltert es jetzt umso heftiger in Ihrer Zelle, Herr Raisouli, erklärt plötzlich die immer zurückhaltende Vorsitzende Richterin, zeigt offen und wenig gehemmt ihren Unmut. Ganz heftig poltert es dort, sagt sie, und zwar seit Tagen. Sie schmeißen Ihr Essen auf den Boden, Herr Raisouli, Sie werfen sich selber auf das Linoleum, auch heute morgen. Sie weigern sich, hierher zum Gericht zu kommen, so daß man von der Justizvollzugsanstalt aus anfragt, ob man Sie notfalls auch mit Gewalt herbringen soll. Sie schlucken Glasscherben und Rasierklingen, Herr Raisouli, aber das ist wohl nicht die richtige Speise für jemanden, der einen kranken Magen hat. Sie essen auch in der Isolierzelle nicht, dafür rauchen Sie Unmengen. Der Arzt befürchtet Probleme mit Ihrem Kreislauf. Deshalb mußte ich Ihren Zigarettenkonsum rigoros einschränken lassen. Sie bekommen keine Zigaretten mehr, solange Sie so unvernünftig sind. Hatten Sie in den letzten Tagen wieder solche Anfälle, von denen Sie uns erzählten?

Da ist er kleinlaut, antwortet: nein. Und: Er hat sich ja gar nicht geweigert zu kommen. Man hat ihn nur zornig gemacht.

Übrigens wird es wenige Tage vor Weihnachten noch einmal ähnliche Vorkommnisse geben. Am Morgen des vorletzten Verhandlungstages, ehe Staatsanwalt, Nebenkläger und Verteidiger plädieren, zeigt die Vorsitzende Richterin Fotos: die Zelle von Ahmed El-Raisouli, ziemlich demoliert. In der Nacht hat er dort abermals randaliert, hat geschrien, sein Bett angezündet. Zwei Uhr vierzig nachts haben auch Ihre Mithäftlinge Anrecht auf ihren Schlaf, sagt die Richterin. Fühlen Sie sich nicht wohl?

Ich bin krank, erwidert Raisouli, ich kann dem Prozeß nicht folgen.

Da wird der Amtsarzt herbeigeholt. Aber der erklärt nach der Untersuchung: Er kann körperlich nichts finden. Raisoulis Kreislauf ist stabil. Es sind wohl nur die Dauer des Prozesses, die ihn psychisch erregt, und das bevorstehende Urteil, das ihn belastet.

Was muß man noch erzählen, wovon berichten? Der Gerichtspsychiater gibt sein umfangreiches Gutachten ab, und er spricht zum ersten Mal deutlich aus, was alle längst ahnen: weshalb die Kinder sterben mußten. Es war ganz einfach. Sie wachten in der Nacht auf und weinten, verlangten vielleicht nach der Mutter. Und Raisouli, erregt, wurde mit dieser Situation nicht fertig, beherrschte sie nicht. Er konnte die Kinder nur zur Ruhe bringen, indem er sie tötete. Aus heiterem Himmel.

Der Professor ist im Umgang mit schwierigen Angeklagten sehr erfahren, seit Jahren nimmt er an jedem größeren Prozeß als Gutachter teil. Aber Ahmed El-Raisouli bereitet selbst ihm Probleme. Der Angeklagte, einem anderen Kulturkreis entstammend, mit anderen Gewohnheiten, Emotionen und Denkweisen, hat sich zu keinem Zeitpunkt kooperativ gezeigt, er hat ihm bei der Untersuchung wenig geantwortet, hat vor allem zur Tatnacht völlig geschwiegen. Da sind alle auf Vermutungen, auf Konstruktionen angewiesen, das Gericht, auch er, der Professor. Und dabei wäre es in mancherlei Hinsicht besser gewesen, Raisouli hätte gesprochen, er hätte erzählt, was in der Nacht im einzelnen geschah, zu seinen Gunsten. Man hätte ihn besser einschätzen, eindeutiger bewerten können.

Dann erläutert der Professor ausführlich, was dafür spricht, in der Tötung der Kinder durch den Angeklagten eine einheitliche Affekttat zu sehen, *eine* Tat, einen sogenannten *zweistufigen Affekt.* Raisouli hat sich am Abend um die Kinder gekümmert, sie versorgt, durchaus. Er konnte der Mutter davon berichten, die hörte das Kinderlärmen im Hintergrund. Aber als er von seinem Kneipengang wiederkehrte, war er aufs höchste verwirrt. Die Auseinandersetzung an der Bartheke hat er als tiefe Schmähung verstanden. Er hat den Bruder sofort anrufen müssen, vor ihm am Telefon geweint. Sei ein Mann, hat der Bruder gesagt, nimm dich zusammen. Aber er hat sich nicht zusammennehmen können. Als dann die Kinder aufwachten, zu weinen begannen, traf bei ihm mehreres zusammen, *unglücklich zusammen*, sagt der Professor, *vier Faktoren*, sagt er. Erstens: *Ralsoulis labile Persönlichkeitsstruktur.* Raisouli scheint nicht besonders intelligent zu sein, doch er ist alles andere als schwachsinnig im Sinne des Gesetzes, er zeigt keine Anzeichen tiefgreifender Bewußtseinsstörungen, wohl aber ist eine deutliche emotionale Persönlichkeitsstörung vorhanden. *Diese Labilität verstärkt sich erheblich in Belastungssituationen.* Zweitens: *dieser Grad der Alkoholisierung.* Zwar lag kein Vollrausch vor, wie Raisouli es sehen möchte, er wäre sonst orientierungslos und zu gezielten Handlungen nicht fähig gewesen. Drittens: *die Auseinandersetzung in der Kneipe*, die er als Attacke von rechts begriff, als Angriff auf ihn als Ausländer. Und viertens: *die unerwartete akute Belastung*, die jähen Ohnmachtsgefühle gegenüber dem Verhalten der Kinder. Durch diese vier Faktoren geriet Raisouli gewissermaßen blitzartig in einen affektiven Ausnahmezustand, war seine Steuerungsfähigkeit erheblich beeinträchtigt und er zu derart aggressiven Handlungen fähig.

Ein Affekt ist eine Handlung in einer Richtung, auf einen Ausgang zu. Nach ihrem abrupten, eruptiven Ausbruch nimmt der Täter seine Umgebung nicht wahr, nur sein Opfer, ist er desorientiert, bis er aus dem Zustand der Erregung erwacht, erkennt, was er getan hat, und darauf reagiert, unterschiedlich: indem er das Opfer zu retten oder sich selber zu töten versucht. Zum Beispiel. So etwa der Professor. Wann aber erwachte Raisouli aus seiner Erregung?

Das Gericht möge prüfen, ob die Tötungen der Kinder als ein kontinuierliches einheitliches Handeln begriffen werden können. Die Kinder wurden ungefähr zur gleichen Zeit munter, Ralsoulz ging gegen sie gemeinsam vor. So kann man es sich vorstellen. Danach erfolgte Raisoulis Erwachen in die Realität *nach der Tötung des zweiten Kindes. Es wäre dies gewiß eine erhebliche Entscheidung zu Gunsten des Angeklagten. Man müßte nicht zwei Taten annehmen*, wobei die zweite härter zu ahnden wäre. Freilich, Fragen und Zweifel bleiben. Es gibt keine Erkenntnisse über die konkreten Abläufe dieser Nacht, über die Vorgänge bis zur Flucht. Und zu vielem wagt der Professor keine Erklärung: zum Geschehen auf dem Bahnhof zum Beispiel, als der kleine Steven zurückgelassen wird. Dennoch: *Im Angeklagten war an jenem Abend keine Bereitschaft zur Tat vorhanden, er wollte die Kinder nicht töten. Erst ihr unerwartetes Erwachen überforderte ihn, ließ ihn hochgradig aggressiv handeln.*

Der Staatsanwalt, die Nebenkläger und das Gericht schließen sich mit unterschiedlichen Bedenken dieser Interpretation der Geschehnisse an. Der Staatsanwalt läßt die Anklage auf vorsätzlichen heimtückischen Mord fallen, klagt auf Totschlag im schweren Fall. *Wir haben hier über eins der schlimmsten Verbrechen zu befinden. Nur weil zwei Kinder ihre Mutter vermißten, mußten sie sterben. Sie haben, Angeklagter, eine Spur des Grauens hinter sich hergezogen. Nicht weil Sie Ausländer sind, fordere ich eine hohe Strafe für Sie, sondern weil Sie schwere Verbrechen begangen haben.* Zusammen fünfzehn Jahre – für die Taten an den Kindern und an Heike Pfeffer.

Auch die Verteidiger haben nun überraschend keine Zweifel mehr an der Schuld ihres Mandanten, vierzehn Jahre jedoch halten sie für ausreichend.

Und Raisouli selbst, zum letzten Wort aufgefordert? *Was soll ich sagen*, erklärt er da, zuckt mit den Schultern. *Ich kann nichts dazu sagen.*

Wir haben in diesem Saal schon mit manchem Angeklagten gesessen, erklärt am Tag vor Heiligabend die Vorsitzende Richterin in ihrer Urteilsbegründung, *sie zeigten Reue, das Geschehene ging ihnen nahe. Ihnen nicht. In diesem langen Prozeß haben Sie keinmal Betroffenheit gezeigt. Sie haben sich auch in moralischer Hinsicht vielfach schuldig gemacht. Frau Pfeffer hatte noch einen guten Geist, ihren Schutzengel. Sie kam davon. Für die Kinder gab es solchen Schutzengel nicht mehr*

Fünfzehn Jahre also, auch nach Auffassung der Kammer, sieben Jahre für sexuelle Nötigung im besonders schweren Fall und zwölf Jahre für die einheitliche Affekttat an den Kindern, beides zusammengezogen zur gesetzlichen Höchststrafe von fünfzehn Jahren. *Wir sehen keine Gründe, unter diesem Strafmaß zu bleiben.*

Sie wußten, daß Sie in extremen Belastungssituationen ausrasteten, sich nicht mehr im Griff hatten, die Kontrolle über sich verloren. Aber Sie haben dem nicht gegengesteuert, im Gegenteil, Sie haben sich solchen Situationen immer wieder ausgesetzt: im Streit mit Ihrem Neffen, auf dem Frankfurter Hauptbahnhof, in der Begegnung mit Frau Pfeffer

Was hindert eigentlich daran, das Schlimmste anzunehmen, das, freilich nur eine Vermutung, sich nicht beweisen läßt? Ahmed El-Raisouli, immer auf der Flucht, seit die Frankfurter Polizei merkwürdigerweise den Haftbefehl gegen ihn außer Kraft setzte, sucht eine Bleibe, einen Unterschlupf. In Frankfurt wird ihm der Boden zu heiß, deshalb setzt er sich nach Halle ab. In Halle muß er glauben, Heike Pfeffer getötet zu haben. Da kriecht er bei Petra El-Mourali unter, spielt ihr Liebe vor, den einfühlsamen Vater ihrer Kinder. Ständig zusammen ist er mit ihnen allen erst ab Mitte November, unmittelbar nach seiner Begegnung mit Heike Pfeffer … Wird da nicht verständlicher, warum er den Verhandlungen so ungerührt, kalt folgte? Was hatte er denn wirklich für ein Verhältnis zu den Kindern?

Wir haben immer zu Ihren Gunsten entschieden, weil wir manche Fakten nicht kannten, weil Sie geschwiegen haben. Wären wir nicht von einer Affekttat ausgegangen, Ihre Strafe hätte lebenslänglich lauten müssen. Nach deutschem Recht sind das in der Regel fünfzehn Jahre. Bei Ihrer Strafe von fünfzehn Jahren liegt es ganz an Ihnen, ob Sie sie voll verbüßen. Wenn Sie sich weiterhin so verhalten, wie Sie es derzeit tun, werden Sie Ihre Strafe bis zu Ende absitzen, als hätten Sie lebenslänglich erhalten.

Immer haben nur wenige Zuhörer an den Prozeßterminen teilgenommen. Nun, am Tag der Urteilsverkündung, ist der kleine dunkelgrüne Gerichtssaal mit der schlechten Akustik fast bis zum letzten Platz besetzt. Auch Hilde Wolk ist gekommen und ihre zweite Tochter. Und vorn, wo sonst die Gutachter sitzen, hat man in letzter Sekunde Heike Pfeffer und Petra El-Mourali Platz nehmen lassen. Heike Pfeffer wird, Tränen in den Augen, die Urteilsverkündung bis zum Schluß durchstehen und in dieser Stunde noch einmal, vielleicht zum ersten Mal, ganz tief ihr Glück begreifen, das sie dem Tode entkommen ließ.

Petra El-Mourali vernimmt nur das Urteil: fünfzehn Jahre, dann kippt sie ab, sackt sie weg, so daß sie gehalten und aus dem Saal geführt werden muß. Am Tisch von Verteidigung und Angeklagtem aber wächst ihr noch einmal Kraft zu, und sie stürzt an Raisoulis Platz. Warum? bricht es aus ihr hervor, warum hast du's getan? Warum hast du die Kinder getötet? Sag's mir ein einziges Mal, daß ich's verstehe! Sind sie dir nicht immer mit Liebe entgegengekommen? Bin ich dir nicht mit Liebe begegnet?

Es sind Fragen, die sie wohl ihr Leben lang quälen werden.

Reihe S.

Die neue Sachbuchreihe im Taschenbuch

ISBN 3-86189-609-5 12,90 € [D] / 14,10 sFr

»Erfreulicherweise endet die gut lesbare Darstellung nicht da, wo die meisten Heß-Biografien enden, sondern geht auch ausführlich auf den Nürnberger Prozess und die Jahre im Spandauer Gefängnis ein.«
(Dresdner Neueste Nachrichten)

»Jetzt räumt ein neues Buch mit dem Mythos Heß und dem Märchen vom Friedensstifter auf!«
(BILD)

ISBN 3-86189-608-7 8,90 € [D] / 14,10 sFr

Schopenhauers Lachen entspringt einem äußerst subtilen Humor, einem sarkastischen und bärbeißigem Witz. Seine provozierende Angriffslust ist gefürchtet, nichts und niemand entgeht ihr. Selbst die Erörterung der tiefsten philosophischen Probleme verknüpft er auf unnachahmliche Weise mit den menschlichen Alltäglichkeiten.

ISBN 3-86189-606-0 7,90 € [D] / 14,10 sFr

»Vor Gericht und auf hoher See sind wir in Gottes Hand« lautet eine in Juristenkreisen beliebte Redewendung. »Recht haben und Recht bekommen« sind zweierlei, weiß Wolfgang Schüler, selbst Rechtsanwalt, aus eigener Erfahrung zu berichten.

ISBN 3-86189-605-2 7,90 € [D] / 14,10 sFr

»Aus den Gutachten über Mord und Totschlag ist so ein Lesebuch zur Zeit-, Sozial- und Kriminalgeschichte des vergangenen Jahrhunderts geworden.«
(dpa)

»Pflichtlektüre für angehende Juristen, Kriminalisten und Krimiautoren – und alle, die die dunklen Seiten von Berlin kennen lernen möchten.«
(Zitty Berlin)

Mehr Bücher unter **www.militzke.de**

Reihe M.

Die neue Krimireihe im Taschenbuch

ISBN 3-86189-507-2 7,90 € [D] / 14,10 sFr

In den späten Siebzigern schließt sich Alex Danco der RAF an und verschwindet in Spanien. Der BND fahndet nach ihm und setzt seinen jüngeren Bruder Max unter Druck. Ein Anruf führt Max in ein baskisches Dorf. Doch der BND stellt den Brüdern eine Falle.

ISBN 3-86189-508-0 7,90 € [D] / 14,10 sFr

Ein Schüler eines Bochumer Gymnasiums springt von einem stillgelegten Förderturm in den Tod. Die Aussage eines frühpensionierten Studienrates, die »Loreley« habe auf dem Förderturm gestanden, veranlasst Kriminalhauptkommissar Berninger, sich trotzdem des Falles anzunehmen.

ISBN 3-86189-504-8 7,90 € [D] / 14,10 sFr

Karen Nichols ist neu im Geschäft. In ihre Detektei in Los Angeles kommt eine Frau, als sei sie einem Hollywood-Film der vierziger Jahre entsprungen. Karen soll ihren Freund ausfindig machen, der spurlos verschwunden ist. Sie folgt der Spur des Profi-Zockers ins Spielerparadies Las Vegas.

ISBN 3-86189-506-4 7,90 € [D] / 14,10 sFr

»Halbe Engel« vereint neun Geschichten um das Polizeirevier Friedrichshorst. Vom Kriminalkommissar über den revierseigenen Automechaniker bis zur Putzfrau sind alle vertreten, die auf dem Revier arbeiten.

ISBN 3-86189-505-6 7,90 € [D] / 14,10 sFr

Ein Toter wird im Kuppelbau eines sowjetischen Ehrendenkmals gefunden – ein Mitglied des Polizeisportvereins, Kampfsporttrainer für Straßenkinder. Das Motiv für den Mord ist nicht zu finden. Im scheinbar ganz normalen Leben des Toten gibt es nur eine sonderbare Person, Elmar aus Baku. Die Spur führt nach Aserbaidschan ans Kaspische Meer.

Mehr Krimis unter **www.militzke.de**